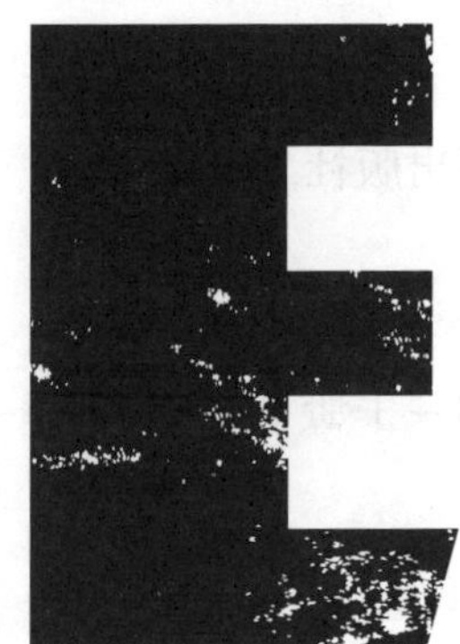

ADVANCED MANUAL
进阶手册

魏海涛◎著

企业管理出版社
ENTERPRISE MANAGEMENT PUBLISHING HOUSE

图书在版编目(CIP)数据

AE进阶手册 / 魏海涛著. -- 北京 : 企业管理出版社, 2017.5

ISBN 978-7-5164-1511-5

Ⅰ. ①A… Ⅱ. ①魏… Ⅲ. ①广告—销售管理—手册 Ⅳ. ①F713.8-62

中国版本图书馆CIP数据核字(2017)第094758号

书　　名： AE进阶手册
作　　者： 魏海涛
责任编辑： 徐金凤　李　蕊
书　　号： ISBN 978-7-5164-1511-5
出版发行： 企业管理出版社
地　　址： 北京市海淀区紫竹院南路17号　　邮编：100048
网　　址： http://www.emph.cn
电　　话： 总编室（010）68701719　发行部（010）68701816　编辑部（010）68701638
电子信箱： qyglcbs@emph.cn
印　　刷： 北京宝昌彩色印刷有限公司
经　　销： 新华书店
规　　格： 170毫米×240毫米　16开本　18印张　300千字
版　　次： 2017年5月第1版　2017年5月第1次印刷
定　　价： 49.80元

序

我一直保持着每周去一次书店的习惯，倒不是一定要在书店买书，毕竟那里在平日里从不打折。现在书价不菲，我一般很少在书店里面购买图书。但是走一遍书店，看看有什么新书，倒是相当不错的选择。成都近来也多了不少好的书店，其中我常去的就是方所。这间位于成都太古里的书店布置得相当不错，人一旦走了进去，便可以沉醉在书的海洋里难以自拔。像我这样的爱书之人，只能叹息时间越来越少，可阅读之书却是越来越多。

猛然在新书展架上一瞥，一本好书（直觉告诉我）跃入眼帘。这是一本大部头的书籍，封面上豁然四个大字："极简设计（Keep it Simple）"，大字下面的小字更是吸引着我的眼球："苹果崛起之道"。于是我拿起这本书开始翻阅起来。这本书是和苹果公司一直合作的青蛙设计创始人Harmut Esslinger先生的著作。整本书是全彩印刷，搭配Harmut Esslinger先生撰写的介绍文字，读起来实在引人入胜，就想一口气阅读完毕，实在是给人荡气回肠的感觉。

几日之后，网购的《极简设计——苹果崛起之道》寄到，我立即拆封阅读，三个小时阅读完毕。合上整本书，我有一种酣畅淋漓的感觉，不得不从内心佩服Steve Jobs的长远眼光和独特的发展观念，以及Harmut Esslinger的全新设计意念，二者相辅相成，终于成就了苹果自Jobs回归之后的辉煌。读完这本书，领悟到一个道理：在移动互联网改变这个世界的时候，没有良好扎实的专业基础，谈何创新？Jobs一生都畅言："或者就是为了改变世界！"但是我们太多时候只是看到了苹果和Jobs发布各种新品时候的光彩，却从来没有注意到Steve Jobs还在没有被赶出苹果之前就已经意识到未来世界将是一个移动互联网生态链统治的世界。早在1982年，他就和Harmut Esslinger一起展开和实施了“白雪公主设计”策略，当时所设计的MacBook、Lisa（后来JonyIve重新设计改名iMac）、Bashful平板电脑（2010年重新推出时命名为iPad），还有白雪公主设计策略的移动电话、手表电话（后来推向市场时候改名为iPhone和Apple Watch）。Harmut Esslinger用一句非常经典的话来总结“白雪公主设计”经历：“历史就是未来！”

不错，历史就是未来。这也是我撰写本书的一个重要出发点！我在与广告行业的同行交流中，他们总是流露出一种观点：广告是没有标准的，所以不管是客户还是广告人本身，都是无法判断和衡定哪个广告是好广告。我很反感这样的观点。在我看来，这是一种对客户不尊敬的托词，只是广告行业中的一部分人掩盖自己专业知识匮乏和专业精神不足的借口罢了。

面对移动互联网，这部分广告从业人员，更是在抛弃一切传统和基础的广告常识的前提下，盲目地提倡所谓的广告创新，创作无数广告（特别是地产类广告）。这些广告基本还是以噱头或者移动互联网的某件行业大事来造造自我广告的声势，至于这样的声势是不是满足了客户市场的需要，是不是广告受众群体想要看的信息，他们全然不顾。

曾经受人邀请，我在四川大学商学院参加了成都五家广告公司举办的广告知识论坛。论坛的第一个环节就是讨论AE（营业担当）的职责问题，上台的三个人讲了半天，没有一个讲到了AE的职责重点和关键因素。似乎在他们的嘴里和脑海里，AE不过就是广告公司和客户之间跑腿的角色而已，只要当好“传话筒”，不要出错就是好的AE了！至于这项工作是不是有衡定的标准，是不是有考核的关键点，没有人提到，这是我感到非常遗憾的。

从我的工作经验来看，任何工作都是必须有衡量标准的。没有衡量的标准，谈什么PDCA，谈什么KPI考核，也就更谈不上TQC质量全面控制了。不要忘记了，广告公司也是企业，既然是企业，肯定难以避免的就是企业管理和企业岗位职责。企业管理不仅是打考勤、统计工资奖金那么简单，必须要落实到人的具体工作管理环节和方法上，也就是工作流程和工作工具，要用合理的工作流程来规范每一个员工的岗位职责，用适合的工具来提高员工的专业素质，这样才能为客户提供相对专业的服务，才真正能够用量化标准考核一个员工是不是胜任这个工作岗位。

遗憾的是，我见到太多不讲企业管理（工作流程和工作工具等）的广告企业，他们要么是以美术的观念统领了公司的一切，要么就是以松散的游击队式的工作方法替代了一切，这也导致了广告企业很难有做强、做专业的机会。当国际化广告公司纷纷朝着移动互联网时代的需求转型时，本土的广告公司依然难以形成移动互联网资源整合的转型。比如日本电通集团针对移动互联网时代的客户需求，收购整合了安吉斯集团的资源，形成了电通安吉斯集团，下设人群启动、Reinventing the supply side、iProspect、iSobar、mcgarrybowen、O.M.P、Posterscope（china）和电通数码等数字营销和数字品牌、数字广告推广的新型移动互联网企业，而电通安吉斯也有效利用这些资源为国内外企业在移动互联网时代开展全新的数字营销和品牌推广迈出了全新的一步。能够取得这样的成绩，在我看来，全部仰仗了电通集团扎实的专业基础和严格的工作标准。在电通集团，仅仅一个普通的AE按照工作流程必须要做到的岗位职责都是非常明细化和量化了的，财务管控、策略统筹、项目控制、协调统一和创意把控五个方面都细化到每一个环节需要执行的步骤和需要填写的表单，真正实现了工作可追溯化，责任可明确化。这是对客户负责的具体体现，更是营业担当对担当二字的重要承诺！

本书有幸出版，非常感谢企业管理出版社领导和各位编辑的大力支持，也非常感谢对中国广告行业发展留下过不可磨灭功绩的龙之媒广告人书店和它的创始人徐智明先生。徐先生亦是本人多年之好友，更是本人在广告行业的良师益友，在此深表我对徐先生的敬意！同时要感谢北京电通日海广告有限公司深圳分公司的前总经理王越先生，日本ADK集团上海

ASATSU广告有限公司前任总经理波户智久先生，没有他们二位的谆谆教诲，本人难以学习到很多宝贵的经验。

最后致谢我深爱的女友敬小梅。在我写作期间，她给予了我很大的支持和帮助，她一直默默地操持家务，让我有时间反复斟酌用字用词，修改书稿中不足之处，小梅同时也对书稿中不妥之处提出合理的修改建议；于此而言，她也是我的良师益友！此书的出版，有小梅不可忽视的重要作用！

希望本书的出版，能够对入职AE的广告人在专业上和职场上或多或少有一定的帮助！

魏海涛

2016年11月于家中

目　录

第一章　AE不得不面临的转型

第二章　信息时代什么样的人才能做AE

第三章　重新开始AE的基础素质训练

第四章　扎好马步，从收集和判断优秀广告开始

第五章　做好AE必须具备的基本功

第六章　AE的项目管理能力

第十三章 提案和演讲，征服客户的有利工具

第十四章 信息时代，AM的管理能力

第十五章 团队的领导能力

第一章 AE 不得不面临的转型

1. 移动互联网时代的到来迫使 AE 面临转型

已经是晚上 11 点了，我终于把台湾天下文化出版的这本《Becoming Steve Jobs》繁体书阅读完毕了。望着书页上面贴满的花花绿绿的便签小条，我忍不住又把这些便签小条上的批注重新阅读了一遍。还记得最早阅读台湾远流出版公司出版的《洞见时代结构的企划书》之时，看到书籍的封底豁然印刷着一句话，“好书是一辈子的良师益友，不论书中所传达的是一个观念、一个道理，甚或一句话，只要能够对我们有所启发，都让我们享用无穷。”

是啊！一本好书的价值就是在这里，阅读完毕之后的那种刻骨铭心总是让人难以忘记的。至少当我从这本《Becoming Steve Jobs》繁体书中再次感受 Steve Jobs 独特的思考和精益求精的工作态度之时，不得不再次对自己的工作进行一次深深的反思，或许这就是书籍对我的魅力所在吧。

2012 年，我出版了第一本关于广告营业担当的书籍——《从零开始做 AE》。令我意想不到的是，短短几年时间，科技的发展竟然如此迅速，移动互联网的快速崛起，已经令我们所处的世界发生了天翻地覆的变化。周遭的许多实体企业不是面临倒闭，就是已经倒闭。电子商务的风起云涌让许多实体企业猝不及防，似乎完全失去了在市场上反击的力量，只能任由电子商务对自己市场的一点点侵蚀，在绝望中等待着“死亡”的到来。

作为广告行业 AE 的我和千千万万的同行们，难道也要面临这样的局面吗？合上《Becoming Steve Jobs》这本书的时候，我就开始不断地思考这个问题。事实上，答案已经在《Becoming Steve Jobs》一书中可以找得到了。被 Apple 公司扫地出门的 Steve Jobs，于当年而言，更多的是一份单纯执着于理想的狂妄和自大，或许当他全力以赴去要求打造出 Macintosh 这个产品的时候，他更多的是以自我理想为中心的工作态度。所以，他在办公室树立起了那一面具有非凡象征意义的黑色海盗旗，不管是参与这个项目的 Andy Hertzfeld，还是 Burrell Smith 等一大群杰出的青年才俊，都为之疯狂而投入。

但是当 Steve Jobs 后来被 Apple 这个他一手创办的公司扫地出门的时候，他开始了一段对他人生具有重要意义的思考。不管是他创办 NeXT 公司，还是投资 Pixar Animation Studios，他的冥思让他最终领悟到“stay foolish, stay hungry”的真谛所在。所以当他重返 Apple 的时候，他所推出的 iMac、iPod 和 iPhone 重新震撼了世界，用科技改变了所有人的生活，这或许就是思考的力量吧！但是这样的思考究竟给当年自负的 Steve Jobs 带来了什么呢？

在此，我想最能代表我想法的就是两个字：改变！

说出这两个字是非常容易的，但是要去真正做到，在我看来，恐怕不是一件那么容易的事情吧！至少我认为，一个人一旦习惯了他现在的工作方式或者工作节奏，要去做出改变，哪怕是一点点的改变，恐怕都是非常困难的，何况需要面临移动互联网，做出可能是 180 度的巨大改变，这就不是嘴上喊喊——我要改变，就可以实现的。

但是不得不承认的是，移动互联网时代已经来到了我们身边，作为广告公司 AE 的我们不得不去面对这个已经在改变着我们生活和学习、工作方式的时代。在这个时代，我们应该怎样去适应它所带来的变化，怎样在这个时代不断的变化之中，做好营业担当的工作，调整我们必须调整的工作方式和工作节奏，这恐怕是每一个作为 AE 的营业担当不得不去思考的问题吧。

或许这个问题一时半会儿是不会有最终答案的，或者说是明确的答案的，但是我们应该有信心去寻找到属于我们并适合这个时代的答案。就如同 Steve Jobs 最早推出 iPhone 的时候，或许他也不能确定消费者对于取消了实体键盘的手机，会不会欣然接受呢？但是市场和现实都证明了 Steve Jobs 的洞见和坚持是正确的，因为他始终有信心，相信这个全新的产品，是未来不得不经历的变化！今天所有广告公司的营业担当也是一样的，我们必须去迎接全新时代带给我们的挑战，去寻找那个我们必须要寻找到的答案。

重新再次感叹一句之前就说过的话：AE 不易为呀！要做好 AE，真不是一件容易的事情。但是凡事都是需要恒心的，只要有恒心，就没有做不到的事情。不是有一个说法吗：没有做不到，只有想不到。在接下来的章节里面，让我们一步一个脚印地走上一条移动互联网时代AE成长和发展的全新道路吧。

不要忘记：stay foolish, stay hungry.

2. AE：生存还是毁灭

不得不承认Jobs影响了很大的一批人，特别是在他过世的那几个晚上，成都的广告从业人员齐聚“东郊记忆”，挥舞着手中的iPhone，齐喊着Jobs的名字，那一副场景，如同向前辈宣誓一般，要继承Jobs的遗志——创新到底！更可怕的是，中国某城市更是于2011年10月12日宣布将斥资5000万元培养1400名“乔布斯”，我虽然数学不好，但是点开计算器还是可以得出培养每一个“乔布斯”需要的费用大约是35714元人民币。虽然细看新闻才明白该工程特定的培养对象是“全市事业单位和部省属单位”，但是也确实令人惊掉下颚！我不禁产生了一个疑问：像Steve Jobs这样的创新型人才是可以培养出来的吗？

或许答案在每一个人的心中是不同的，但是就广告企业一位优秀的AE而言，的的确确是需要通过后天的培养和实践来完成的。

AE制度在中国也实施了很多年了，只要是广告公司，里面就一定有AE这个职位。但究竟有多少人对AE有足够的认识呢？目前在广告行业里面依然有一部分人把AE等同于广告业务员，说白了就是拉广告业务的！君不见，还有各式各样的广告公司招聘AE，基本上都写不出对AE这个职位有什么具体的要求，似乎说不出到底要求AE的标准是什么。写得字数多一点的呢，有如下面这一则招聘广告：

① 热衷广告行业，为人坦诚，有良好的客户服务心态。工作积极主动，思维敏捷，沟通能力强。

② 具有很强的组织协调能力，有良好的项目、团队管理经验，能带领团队完成各类广告作业项目。

③ 熟悉广告公司作业流程，有丰富的品牌规划、营销传播、产品促销、媒体投放和公关活动经验。

④ 书面作业能力优秀，有一定策略思考能力，能独立完成方案撰写和提案。

⑤ 具有 × 年以上大中型广告公司相关岗位从业经验，有 4A 广告公司从业经验者优先。

⑥ 熟悉 × × 行业竞争势态、产品 / 品牌构成、业务运作流程者优先。

写得简单的呢，干脆一句话带过：

● 有 × 年以上广告行业 AE 工作经验，形象气质好、沟通协调能力强者优先。

前一则的招聘广告几乎把 AE 描绘成了一个“Superman”，几乎无所不能，从“品牌规划、营销传播、产品促销、媒体投放”一直到“公关活动”基本都有从业过的经验，好像这个世界上就没有 AE 不能做的事情。

后一则招聘 AE 的广告简单到了极点，估计这个广告企业本身对 AE 就没有什么要求吧，所以惜字如金，绝不多说几句话，反正是愿来就来，不来也不强求。我想这样的广告公司、这样的招聘方法，对自己职业生涯有明确规划的人有几个敢去应聘？

不由得重新翻阅《广告大师奥格威》一书，里面有一段非常精彩的文字来描述 AE：

给董事会的备忘录（未注明日期）：

不久前，我在飞机上，无意中听到我身边两位旅客的对话。他们是这么说的：

“你从事什么工作？

“我在广告公司担任 AE。

“会计师（Account）？

“不是。

“你写广告？

“不是。

“那么谁写广告？

“撰文人员。

“这个工作一定很有意思。

“不见得轻松呢，我们做很多的调查。

“你做调查？

“不，我们有调查人员在负责。

“那是你负责把广告卖给客户的咯？

“不，是撰文人员。

“你需要帮公司找新客户吗？

“那不是我的事。

“对不起，恕我唐突——那你的工作到底是什么？

“我是个行销人员。

“你帮客户做行销？

“不，他们自己做。

“难道你是管理阶层？

“不是，不过快了。”

这段文字在最初阅读的时候，实在感觉是糊里糊涂，这个身为 AE 的美国同行，言语之间绕了多少个圈，最后也没有把自己想陈述的意思表达清楚，不知道这算不算是一种悲哀呢？事实上，现实生活中的 AE 可能比这个情况更糟糕，不仅不能从文字上把自己的工作重点表述清晰，更在实际工作中不清楚自己到底应该做些什么工作，才能满足 AE 这个工作岗位的需求。

到了移动互联网时代，这种现象更是有增无减，人们接收信息的数量之庞大，屏蔽信息的速度之快捷，选择性阅读的机会越来越大，给广告工作带来了更多的阻碍。AE 究竟应该怎样去适应这样的变化，这对于每一个身为 AE 的工作人员而言，都是一种挑战！

但是这样的挑战似乎还没有让更多的 AE 的反应速度跟得上社会和企业的需要。越来越多的“90 后”“00 后”开始步入职场，相对而言，他们是在移动互联网的环境里长大的一批人，思维和观点与我们截然不同。身处在社交圈和在线消费的浪潮之中的他们，需要的不仅仅是每天在社交网络的刷屏频次，在购物网站的流连忘返，更要明白在信息剧增的今天，如何用最简洁、最精确的言语来描述自己的工作及其重点。

合上书本，你能做到这一点吗？如果不能，那么只能说明你只是在行动上跟上了移动互联网的潮流，但是在思想上和观点上还没有学会用移动互联网的思维来思考自己的工作。这让我想起了莎士比亚的名句：“生存还是毁灭，这是一个问题？”对于大多数本土广告公司的 AE 而言，怎么样去适应移动互联网带来的冲击，确实是一个问题！ AE 这条路不好走，究竟 AE 应该怎样在移动互联网时代进行转型？向什么方向转型？这些都成为摆在 AE 跨入新时代的门槛。作为 AE 的你，已经在考虑了吗？

3. 移动互联网时代 AE 需要的改变

在成都本地的很多广告公司里面依然有着 AE 的职位，上互联网用百度一查，依然可以查询到 2016 年众多本土广告企业的关于 AE 的招聘信息。

比如在成都本土相当出名的一家广告企业对其资深 AE 的招聘要求是这样描述的：

职位名称：资深 AE

职位要求：

① 三年以上的 ×× 行业 AE 服务经验，能独立带领团队服务 ×× 行业项目；

② 有责任心，具备良好的客户服务意识，良好的应变能力和沟通协调能力。

③ 具有一定的谈判能力和良好的执行力。

④ 拥有良好的逻辑思维能力及承受压力的心理素质。

而另外一家广告企业的 AE 招聘广告描述则是这样的：

岗位职责：

① 负责移动搜索 ×× 在线广告账户管理及优化。

② 了解客户需求，并为客户提供广告效果分析。

任职要求：

① 大专及以上学历，良好的客户服务意识；

② 较强的抗压能力和团队协作意识，具有广告行业或互联网行业工作经验者优先；

③ 1 年以上销售、客服工作经验，具备较强的应变能力和谈判技巧；优秀应届毕业生可适当放宽要求。

之前在拙著《从零开始做 AE》，我曾经就这个问题探讨过，遗憾的是，整整四年过去了，这样的招聘广告依然存在。前一则招聘广告延续了传统广告公司的一贯风格，在整个招聘广告中，AE 就是广告公司和客户之间的传话筒，反正客户不管是高兴还是愤怒，你作为 AE 都得给我承受着，对于客户的各种意见和要求，脑筋要转得快，帮助公司一一应付。至于面对移动互联网的到来，对于客户的冲击是不是存在，似乎事不关己高高挂起。

后一则招聘广告看似和移动互联网有着密不可分的关系，但是实际上含含糊糊，完全没有交代清楚。比如，“具有广告行业或互联网行业工作经验者优先”，这里存在一个问题，到底是以有广告行业工作经验者优先呢？还是以拥有互联网行业工作经验者优先呢？如果是以后者优先，那么请问，互联网行业里面难道只有一种职位吗？程序编写人员算不算互联网行业的工作人员呢？如果是程序员来应聘，试问他能够符合后面描述的“1年以上销售、客服工作经验，具备较强的应变能力和谈判技巧”的条件吗？

从这两则广告公司关于 AE 的招聘广告可以看出，现在的广告公司似乎还感觉移动互联网技术距离自己很远，要么是完全不用搭理，要么是含含糊糊搭个边，根本没有意识到在移动互联网时代，作为一名合格的 AE 必须随着时代和技术的进步而调整自己的定位以及工作方式，仅仅是以“传话筒”的形式来服务客户，敢问哪个客户愿意为此买单？

而“了解客户需求，并为客户提供广告效果分析”其实是对 AE 比较正确的要求，但是和前一条一样，摆在招聘者面前的有个可能始终让他们搞不清楚的问题——提供什么样的广告效果分析？现在的网络广告作为新媒体出现之后，全新的分析指标也层出不穷，作为广告公司是不是已经和客户在合作之前达成了共同衡量广告效果是否达成的指标呢？

我对前一则关于 AE 招聘的广告感到十分失望，几十年如一日，根本谈不上变化。从此推论，这样的广告企业也不会随着时代和技术的变化而变化，更谈不上因应企业的需求进行服务上的调整和变化。难怪我遇到的很多本土广告主，不愿意把广告战略规划完全交到广告公司的手中，想必也是这个原因吧。

后面的招聘广告几乎谈不上是 AE 的招聘广告，不但没有把要招聘的人的要求和需要他完成的工作交代清楚，更是依然在混淆 AE 和广告媒体销售代表的概念，似乎他们这样的广告公司要招聘的人就是一个超级英雄，既要出去拉客户，又要回公司执行客户的要求。我想说的是，不是找不到这样的人才，而是他能够有这么多时间来完成这些工作吗？如果时间上都无法满足，能够谈得上为客户提供更加优质的服务吗？

环顾今日，“90 后”“00 后”逐渐走上工作岗位了，其中也想必有不少积极投身广告行业、从事 AE 工作的人员吧。不可否认的是，他们是完全在互联网经济下成长起来的一代，移动终端设备（手机、平板电脑等）是他们成长生活中必不可少的要素。但是他们在进入公司之后，却面对着移动互联网的冲击感到茫然无措，虽然天天逛着淘宝、京东，虽然时时用微信晒着这样那样的新奇，虽然分分用支付宝和微信支付消费着，但是有没有深刻思考过，怎么样利用移动互联网技术进行品牌和广告的传播呢？

我想在此介绍我相当佩服的现任 BBDO 广告公司亚太区董事长的苏雄先生，他在接受采访的时候，就直言不讳地谈到移动互联网时代广告公司面临的困境和改变。苏雄先生认为现在全球广告业最大的问题是缺少独有资源和技术，提供给客户的资源同质化、商品化，没有独有的东西。新的趋势在于媒体影响下广告形式的变化，“内容”是十分重要的突破口。“广告公司没有资源就没有价值，而内容是永远都不会过时的。以前是广告公司去找客户，现在是客户主动来找广告公司。所以做任何东西要找对平台，从传播的角度看就是内容。”

在苏雄看来，在未来数字化平台中，回归源头还是需要好的创意和想法。苏雄说道：“广告业一百多年，经历了很多平台的变迁，为什么这个行业还是存在，因为对创意的想法是不会过时的。只是以前的工具的复杂性和颠覆程度没有这么大，这次数字科技的颠覆性太大了，已经不是广告业的颠覆，是人类生活模式的颠覆。我们现在这 20 年变化还在不断发酵，广告业还在探索新的做法，但转型到新形态还需要更长的时间。”

4. AE 在移动互联网时代的定位

要说到重新定位，其实我觉得这是一个做人的基本原则，那就是不断地回顾和反省，不断地总结，让自己获得新的进步。虽然移动互联网时代已经到来，我觉得还是要准确地再次解释“Account Executive”是什么。这需要从两个方面来讨论，第一个方面就是广告公司内部。相信大家不会忘记“广告掮客”这个词汇吧，以一定的成本获得广告位置，再加上合理的广告利润，就销售给需要这个广告位置的广告主。或许这是一个看似简单的流程，但是必须清楚地认识到，作为 AE，您必须清楚成本、营业额和税金之间的关系，保证广告公司获得足够的合理利润。这就是我想谈到的 AE 的第一个关键任务：广告代理商合理利润管理！这是最重要的一点，往往却被广告从业者忽视。

在广告公司内部 AE 第二项重要的工作就是协调各个部门之间的关系，推动项目工作的顺利进行，这也是项目管理的一个部分。一个广告代理公司可能包含市场部、客户服务部、创作部和媒介部，甚至可能还会有制作管理部，要保质保量地按时完成客户交代的各项广告工作，身为协调人的

AE 肩负着异常重大的责任。

下面从另外一个角度来看待 AE，就是从客户的角度。AE 在整个广告从业生涯里面，应该说打交道最多的就是客户了，因此获得客户的认可是很关键的。但是如何获得客户的认可呢？这就需要 AE 做好以下几点：

首先是熟悉客户的企业、产品和客户所在的行业。要做到这一点其实相当不容易，很多 AE 会误解我的这句话，片面地理解作为 AE 需要比客户的工作人员还要了解客户的企业、产品和客户所在的行业。恕我直言，这是根本做不到的。你一定会问了：那你说这句话究竟是什么意思？原因很简单，所谓隔行如隔山，作为 AE 的你的专业是在营销和广告上面，而且你不可能天天都泡在同一个行业和企业里面。就算你只服务一个客户，但是也不是一辈子都在客户的行业里面吧。所以作为 AE 的我们是不可能比客户更了解他们的企业、产品和所在的行业，但是这样并不代表我们不去深入了解和渗透客户的企业、产品和客户所在的行业，这样做的根本目的不是在于比客户知道得多，而是训练作为 AE 的商业分析和判断能力。这好比学生时代学习英语，英语老师总是提醒学生们，要去理解地学习英文，不是死记硬背，而是学会用英文思考。相同的道理，我们对客户了解越深入，就越能够用他们的思维来思考，也就能够站在客户的角度去了解市场、洞察消费者、发现问题并找到解决的办法了，这就是客户服务上所谈到的客户融合力。

其次就是项目管理的能力，要知道客户和作为 AE 的你进行沟通和交流，这本身就是客户对你的一种信任。建立在这种信任的基础上，他们把广告推广的任务交给了你，你是代表你所在的广告代理公司承接，而不是代表你个人来承接，在你的身后还有一个服务团队，他们不会人人都去和客户接触、交流，他们所得到的任何任务指令，都是由作为 AE 的你所传达和安排的，他们的工作如何开展，是不是保质保量地按时完成，是不是符合客户和市场的要求，这林林总总的细节，都需要作为 AE 的你去安排、监督和管理。这好比一列火车，你就是车头，后面跟着客车车厢、行李车厢、餐车车厢和后勤车厢等。试想一下，车头都茫然不知所措，到处乱窜，后果会是怎样？

AE 最后一个重要工作就是策划。在整个广告代理公司里面距离客户和市场最近的就是 AE，因此要做到比公司里面的任何人都更了解客户和市场，这是 AE 必须达到的工作标准。只有做好了这一点，AE 才能真正了解客户的需求，了解市场的状况，才能和团队一起为客户制订准确的营销推广策略，火车头的作用才会真正发挥出来，带着团队往正确的方向前进。

而在移动互联网时代，策划的含义已经得到了升华，准确把握消费者和广告媒介之间的接触点也成了关键。移动终端设备逐步成为人们了解信息和获取信息的来源，而互联网的快速发展也促使消费者可以在每时每刻的任意地点获取自己想要的信息，这为精准化营销奠定了坚实的基础，也成为大数据统计的来源。

AE 在进行策划工作的时候，必须对市场状况、竞争者状况和消费者的共识等大量的数据进行消化，从其中找到关键点，去努力创造信息的差异化吸引点，吸引消费者主动搜索和关注你所宣传的信息。

所以“Account Executive”到底是什么，说到这里，相信您已经很明白了吧！“Account Executive”肩负着五个方面的重要责任。

① 财务管控：广告代理公司的成本控制和利润管理，保证公司财务目标的达成；

② 策略统筹：通过和客户、市场的接触和沟通，从消费者内心需求的角度来思考策略问题，通过对消费者和各种新旧媒体的接触点权衡，来思考战术问题；

③ 项目管理：保证利用各种有效的项目工具促使工作的顺利进展；

④ 协调统一：协调公司各个部门的工作，使团队的力量最大化；

⑤ 把控创意：为客户完成的创作都是符合市场和目标消费者的需要，创造差异化信息源。

我们重新给 AE 下一个定义吧：“Account Executive”就是广告公司中广告业务执行的具体负责人，在深入了解客户企业、产品和行业的基础上，运用良好的商业判断力，在准确的推广策略指导下，带领服务团队为客户做好适应时代需求的营销推广工作。

如果你已经开始对你即将要做的工作有所认知了，就和我一起深入围绕“Account Executive”所肩负的五个方面的重要责任探讨 AE 的方方面面吧。

5. 优秀的 AE，从哪里起飞

《从零开始做 AE》出版之后，许多读者在网上留言，直言要加入到了 AE 的工作行列。而每年仅成都广告企业对 AE 的招聘也是众多，在和他们的交谈中，可以感受到他们对这份工作充满了期待。曾经就遇到一个四川师范大学广告专业的学生，毕业之后就一心想找到一家广告公司就职，在先后多次碰壁之后，她终于如愿以偿地进入了一家广告公司，担任 AE 工作，服务两个生产饮料产品的客户。工作对于她来说，还是非常的艰辛。由于刚刚毕业，她所面对的难题和所需要进一步学习的知识都是非常多的，加之经常加班，她感到一年以来的工作还是非常辛苦的。正好这个时候，我遇到一个机会，一个大型的通信运营公司正要招人，这家大型的通信运营公司不仅待遇不错，工作也没有那么辛苦，但是当我询问她要不要让我推荐她去试一试的时候，她却很坚决地谢绝了我的好意。她告诉我：她很喜欢目前的这份工作，她很期望自己未来成为一个出色的 AE！

这句话对我来说，感觉非常震撼。其实现在有她这样想法的年轻人非常多，他们都希望通过自己的努力，在广告行业的客户服务工作上做出成绩，成为一个成功的 AE。那么一名成功的 AE，从哪里开始迈出第一步呢？

我一直对国内广告企业或者广告行业对“Account Executive”的翻译不是很认同。“Account Executive”在中文里面的翻译到现在也没有统一，“客户经理”“业务代表”“客户服务”，各种称谓的翻译都有。本土广告公司对 AE 的称谓和国际广告公司的不尽相同，就是欧美系的广告公司和日系的广告公司也是不一样的。就我个人而言，更加偏向于日系广告公司对“Account Executive”的称谓翻译——营业担当。

什么是担当？“担当”一词来自于日本，所以这种说法在日韩企业里相当普遍。而日语中的“担当”（引き受ける）含有担负和责任的意思，是指专门执行某项工作的人，同时必须对这项工作的结果承担责任。

提到责任问题，这应该说是一个迈步走向成功 AE 的第一个关键契机。负责的精神和态度可以体现在工作的很多方面，或者说注重并把握好每一个工作的细节，这就是负责。其实在移动互联网时代，更需要责任心。“培育精益求精的工匠精神”——这是李克强总理在 2016 年政府工作报告中发出的号召，而恰恰是在广告行业里面，这样的工匠精神却是缺失最严重的地区。

我一直保持着用手机拍摄出街广告的习惯，每当拍摄到一些出街的广告画面上出现的错误，不得不去质疑，这个项目的 AE 是不是不经检查和思考就把作品递给了客户？我们没有权力去指责客户自己不检查，但是作为 AE 负责的表现，把控创意，检查好每一个即将出街的作品，却是必要的工作。经常在电梯里面看到不少广告，职业的习惯让我总是多看几眼。无意中看到一个很别致的广告，之所以说它别致，是因为画面上只有两个斗大的字：别看！其中“别”字被故意设计得反了过来，“力刀”偏旁在左边，“另”字在右边，初看是比较吸引人，在两个中文字上面还有两个特别大的英文单词：No Look！看到这里我呆了好半天，这是什么翻译呀，说好听一点，是典型的中式英文翻译，说不好听一点，完全就是乱来，怎么可能是这样翻译呢？这是出街的广告，是给大众观看的，那么出于对客户的责任心，只要涉及英文翻译，是不是应该请专业的英语人员来翻译呢？哪怕是这样简单的翻译。如果 AE 在给客户提交这个稿件的时候多一点责任心，应该看得出来把“别看”翻译成“No Look”是多么的荒唐。姑且不论这个广告有没有必要上英文？是不是还要给外国人看？至少作为广告代理公司，也不能保证没有一个看广告的中国人看不懂英文吧。如果看广告的人看到了这样荒唐的广告，他会嘲笑谁？结果不言而喻，他们嘲笑的对象一定是客户，因为那个广告下面落着清清楚楚的客户的企业名称。将心比心地说严重一点，他们会认为这家企业的产品值得他们去购买吗？我郑重建议想在 AE 道路上走出一片天地的人，常常阅读一下大卫·奥格威先生（David Ogilvy）的名著《一个广告人的自白》，里面有一句话，应该说对于今天的广告行业及其从业人员，都是具有教育意义的：“消费者不是低能儿。她是你的妻子，别侮辱她的智能。”

虽然已经过去了这么多年，我依然从奥格威老先生的这句话里面体会到了“责任”这两个字，作为相濡以沫、一生相伴的两个人，相互之间就是一种责任，相互照顾，相互体贴。当你有了这种责任感的时候，你会在言行上草率地对待你生活中的另一半吗？不要说你生活中的另一半，任何人都不是低能儿。前面提到的“别看”广告，就是以不负责任的心态为客户创作了不负责任的作品。放眼今天这样的广告，其实也是不少的。很多广告设计上只是把英语作为装饰陪衬放在上面，翻译是否正确概不理会。作为最后把控创意的AE应该有责任和义务来对这些稿件进行管理和控制，但是一些 AE 并没有真正做到这一点。我比较偏向于日系企业对“Account Executive”的称谓翻译，什么是担当，那是必须铭刻在心的责任，这种责任是对客户把广告推广工作交给我们的一种承诺，也是对客户信任我们的一种承诺。

因此，想成为成功的 AE，首先就从培养和树立自我在生活和工作中的责任心开始吧，这是向成功起飞的保证。

6. AE 应该有的心态

什么算是成功的 AE？整个中国的广告行业几乎没有统一的标准。到了移动互联网时代，面临着广告行业的整体转型，恐怕要确立一个统一的标准更是难上加难。但是，有一点是肯定的，那就是要获得客户的认可。要做到这一点，不是那么容易的事情，需要服务精神和专业技能等多方面的因素汇集在一起。人其实都是情感动物，只要你作为 AE，能够让客户切身感受到你的好处或者优势，我相信作为客户的一方也不是木头一块，也会动之以情，最后用友善的态度对待你的。

但是事情往往就是这样的一种规律，说起来简单的事情，实施起来就会遇到这样或者那样的问题，成为通向目标路途上的种种障碍。在我所接触到的广告企业的 AE 里面，多数人把 AE 的工作简单地区分为了两种，要么就是为公司拉业务或者客户，要么就是甘心地成为客户和公司创作部之间的“传话筒”。更有甚者对 AE 这份工作，在干了一段时间之后，逐渐充满了失落感，对前途感觉一片茫然。

其实，我在 2010 年的时候暂时离开了广告行业，不再从事任何广告工作，但是依然进行客户服务的工作，成为某通信运营商的代理商，开拓和发展国家刚刚提出的“三网合一”的建设项目。

当时的房地产开发商对于“三网合一”并不是很了解，所以每次当我拜访新的客户的时候，他们的弱电总工程师们总是围绕着“三网合一”提出这样或者那样的问题，让人喘不过气来。有一次，我遇上了一位非常资深的弱电工程师，他年纪已近 60 岁，思维依然非常敏捷，询问的问题也是环环相扣，逻辑性十分强。

“从规划红线到楼道使用什么光缆？如何架设？要设立多少个点位？

“就我们的楼盘而言，这样的一个小高层，从楼道分纤箱出来设立一对多少的布局才能满足入户需求？

“横向光缆布线是直接链接室内的多媒体智能终端箱吗？”

第一次接触到这样的工程师，顿时让我哑口无言，心里暗暗叫苦：完全没有料到工程上的事情这么复杂，而负责的总工程师又是那么仔细，所询问的每一个问题都是你所无法回答的。我当时犹如木桩一般呆立在那里，气氛相当尴尬。憋了好半天，我才憋出一句话来：“对不起！我只是推销 FTTH（光纤入户）的代理商，公司有专门的技术人员，下次我带他一起前来拜访，给您做详细的解释，好吗？”

遗憾的是，那位总工程师回绝了我，“那就不必了，这些都是FTTH（光纤入户）最基本的常识，你都不去了解和知晓，还要下次带专业技术员过来，我看就不必这样麻烦了。我们直接联系通信运营商在这个片区的分局，相信他们比你更熟悉，因为我们的工期确实没有时间了！”这段话让我从头凉到了脚，这个客户我跟从的时间也不少了，和他们开发商的许多人员也打了不少交道，花费的时间和精力也是很多的，现在基本上可以说失去了。

最终我失去了这个客户，虽然不是广告行业里面的案例，但是这个事情却一直深深地印刻在我的脑海里面。从那次之后，我没有选择放弃，虽然从广告行业一个大跨步跳跃到了另外一个完全陌生的行业，但是当年日本上司“不惧挑战”的教诲，让我重新燃起希望的火焰。

从那之后，我开始从网络上大量地收集整理关于“三网合一”的资料。在这个过程中，我逐渐意识到，我们现在所处的社会，正处于一个巨大的变型期，犹如第二次工业革命一样，它给全球带来的冲击力是无比巨大的。要想在移动互联网时代立足，放弃对新知识和技术的不断追求，恐怕只能是落伍的。

AE 每天所要接触的人是非常多的，如果你一个人需要负责二三个客户的话，那真是够你忙的了。或许你上午还在思索怎样解决银行的问题，下午你就必须全力以赴地参加通信行业的广告推广会议，两个完全不相干的行业，促使你必须在最短的时间里面调整你的思维，否则犯错误的又是你了。而要迅速地调整自己作为 AE 的思维，唯一的办法就是对不相干的行业所具有的知识进行全面的收集、整理和了解。其实现在是很方便的，不像以前网络不发达的时代，要了解一个行业的特征，还非得跑到这个行业的市场里面去。我始终记得在深圳为了服务好一家音响企业，我带着市场媒介部的全体员工，顶着深圳的高温，在华强北各个专业的音响市场，挨家挨户地收集宣传手册和宣传单页，然后装作家庭需要购买音响设备的顾客，和每家店铺的老板就产品性能、特征和价格开展交谈，一天下来往往是满头大汗，浑身上下没有一处是干爽的。而这样的市场研究往往不是一两天能够完成的，占据大量的人力不说，还消耗了大量的时间。

如今网络如此发达，电商如此之多，在手头动一动鼠标，很多资料就可以从百度或者谷歌而来，不再需要花费大量的人力和时间一一去收集了。

广告始终面对的不是一个行业的客户，就算是在中国独有的所谓房地产广告公司，面对的也是一个复杂多变而又让人捉摸不透的地产专属行业。

如果始终抱有“不知者不罪”的心态，去面对需要开展广告推广的行业，AE 始终是无法做好自己的工作的。VR 技术里面有一个术语，叫作“沉浸式体验”，意思是让人完全沉入到那个环境中，能够体验到那个环境中所有的一切，就如同真实存在一般。同样，AE 也应该有“沉浸式的心态”，完全沉入到所要开展广告推广的产品或者服务当中，没有设身处地的体验，如何能够体会到这个产品或者服务的真正与众不同的特点呢?

第二章　信息时代什么样的人才能做 AE

1. AE 应该是目标明确的人

再次写下这个题目的时候，我不敢确定自己是不是能够把这个题目以崭新的视角来分析和阐述清楚。直到快深夜 11 点了，我打开了电脑的音乐，里面传来日本“神思者”的专辑音乐《故宫》。“神思者”是我非常喜欢的一个日本乐队组合，他们所撰写的每一首曲子都是那么让人心旷神怡，似乎他们不是在拨动乐器，而是在拨动听者的心弦！我始终认为这首曲子之所以动人，是因为他们创作的目的非常明确。

因此，我心目中的 AE，应该是目标性非常明确的人。可是当《从零开始做 AE》出版四年之后，我回到曾经工作过的广告公司，不断遇到的是公司 Boss，抑或者是公司的 AE，在交谈 AE 的工作包含什么的时候，依然得不到非常明确的回答。

直到今天，他们依然含含糊糊地谈论着 AE，什么听取客户意见和要求，准确传达回广告公司，协助创意设计人员创作出客户满意的稿件，维系好与客户的关系云云。当问及要做到这些，有没有具体落地的实际操作的工作之时，茫然便布满了他们的脸。

在谈论 AE 的目标性问题之前，不能不提及一个人，这是一个在成都商场上能呼风唤雨的重要级人物，他是摩尔百盛的总经理——黄志强先生。我记得当我还在百盛工作的时候，作为黄总的下属，他有一次找我们贩促部的所有同事谈话，他谈到了对广告的理解，我感觉他的理解远比今天成都广告行业里面多数人的理解要正确得多。他形容广告是一个载体，负责传递准确的、消费者需要的信息给终端消费者，以便最终激发消费者的消费欲望，“不能说广告一出街，销售就可以上去了，这是不可能的事情”。黄总多次这样告诫我们贩促部的人员，不要把广告的功能和作用扩大化，这样做是毫无意义的行为。

有了这个正确的认识，百盛在广告管理方面也获得了很多的成绩。黄总对此总结说：“这就是 do good thing!do thing right!”当时我们并不是很理解这样的语言，今天终于可以明白一点儿了，特别是在阅读了日本京瓷公司创始人，现在的 KDDI 董事长稻盛和夫先生的《活法》一本书后，所得到的感触更加深刻。书中有一段话对我的影响非常之大，当时稻盛和夫刚刚毕业于鹿儿岛大学工业部，去了一家做陶瓷产品的企业。企业不是很景气，稻盛和夫和他的一位同学一起在企业的研究室工作，他的同学和他反复研究出了一种新产品，但是稻盛和夫一看研究成果，就采取了否定的态度:“不行！”这是当时稻盛和夫说得很坚决的一句话,因为稻盛和夫认为:“……不惜一切代价，努力创造世所公认的‘尽善尽美’的产品，这对于以创造目标的人来说是非常重要的，甚至是一种义务。”

这句话说得很好，其实我很希望每一个做 AE 的人都能够仔细阅读，认真思考一下，去真正体会其中的含义。黄总后来和我谈到，其实每一个人做一件事是很容易的，但是要做对的事情和把事情做对，这就非常难了，因为这要看一个人做事的目标是不是很清晰明确。

在后来的工作中，我逐渐理解黄总的这句话了，这的确不是一件容易做到的事情。2008 年 3 月，公司要为一个酒店客户制作一本画册，其中的照片需要进行拍摄，负责这件工作的 AE 直接想到的是报价，在忙活了几天关于报价的事情之后，才开始安排准备拍摄的基础工作。他简单地写了一张单子，上面有需要拍摄的 14 个场景。但是当单子拿到我的面前的时候，我问他：你这张单子只是写了拍摄的地点，但是有关拍摄的要求却一个字都没有，这样的工作指令会令拍摄的人感到极大的困惑和迷糊。

我抽时间叫来了这个 AE，和他交谈，在交谈的过程中，发现他对于即将展开的拍摄工作在内心一点标准都没有。我问他：“你希望照片拍摄成什么样子？”他完全不知道该怎样回答，或者说是回答不出来。我很直接地指出他缺乏目标性，所以导致了他根本在心中没有形成工作的标准。

其实这一点对于 AE 来说是非常可怕的，往往 AE 缺乏目标性，会导致他们在客户面前不知道应该说什么好。更可怕的是当拿到创作部的作品的时候，他们没有标准来判断这样的作品是不是符合客户的需要。所以往往他们拿了作品，也懒得检查了，就直接交给客户，作品不能过稿或者被毙掉，便成了家常便饭。所以可以看出，AE 缺乏目标性，其实受害的不仅仅是他一个人，还有创作部和企业！

我常常看到，每当作品不能过稿或者被毙掉，AE 就会指责创作部的能力不足。其实我要说的是，创作部是被冤枉的，真正应该反省和寻找原因的，恰恰是 AE。

所以，我要给所有的 AE 一个建议，开始工作之前，认真思考一下，整理清楚自己做这项工作需要达成什么样的目的。有时间的话，您可以到品牌几何网站去收集一些国际广告企业的工作指令单来看看，至少奥美广告的九阴真经第一个需要填写的就是广告目标。目标清晰了，很多工作就自然而然地形成了标准，不要忘记了 AE 工作的一个职责就是保证项目的顺利进行。有了明确的目标，作为 AE 的你就清楚自己做什么事情是正确的，怎样做才能够满足客户的需求。就如前面说到的那名要完成酒店客户照片拍摄问题的 AE 一样，能不能在工作之前思考以下几个问题：

① 总共需要拍摄多少张照片，才能满足客户的需要？

② 客户对这些拍摄的照片有没有要求的标准？有的话，是什么标准？

③ 作为 AE，能不能做一张表格，上面详细列举需要拍摄的地点，拍摄要求，期望达成的标准，工作完成的数量和时间？

④ 做出这样的表格之后，再加上工作时间进度表，联合客户和拍摄人员，以及营业部、创作部召开一个项目说明会，看看客户还有什么补充意见，深入了解一下创作部和拍摄人员还有什么不清楚的？

⑤ 怎样安排时间节点比较合理，才会不影响和耽误后面的设计进度？

2. AE 在信息时代是公司的“火车头”

广告公司要在信息时代高速发展，AE 就是“火车头”。如果没有 AE 的话，恐怕公司所有的工作都需要老板亲力亲为，老板岂不是累到吐血。老板和 AE 之间的关系可以说是相当紧密的。老板辛辛苦苦地找回来的业务，都必须交给 AE，AE 要是项目做得不好，只怕就彻底毁掉了老板的一番心血。

AE 平时需要处理的工作是非常多的，常常叹息时间不够用，这是正常的现象。但是在如此重压的工作中，是不是应该多思考一下呢？ 2005 年我服务一家牛奶客户的时候，招聘了一个姓申的小伙子，那个时候这个小伙子刚毕业三年，有一点工作经验。他之前一直在一家国有大型企业里面任职，因为希望自己能够多一点发展，于是从国企辞职出来了。面试他的时候，我就发觉这个小伙子与众不同，有主见，而且非常好学。虽然他从来没有从事广告相关的工作，但是他每天都带着几本广告书籍，一有空闲就开始翻阅。特别是在中午，别人都在午休，他就一个人静静地在会议室阅读。

他是营业部里面第一个非常熟练填写创意简报的。刚开始的时候，他其实对创意简报非常不熟悉，因为他之前从事的工作根本没有这道程序，他就从我这里拿了不少原来的创意简报，一个一个地仔细分析，了解别人是怎么填写的。更重要的是，他在家里看到比较好的广告，就记录下来，然后去收集广告中商品的信息，试着填写创意简报，并拿给公司经验非常丰富的那个加拿大创意总监评判，不断提高自己的专业能力。

中国人常说：功夫不负有心人。一次工作证明了他的不懈努力是有用的。那天客户紧急下单，需要做一款牛奶的主视觉设计。当时我正好参加另外一个客户的工作会议去了，因为会议非常重要，那边的客户要求与会人员都关闭了手机。客户在联系我未果的非常紧急的情况下直接给小申下了工作单。拿到工作单的小申无法联系上我，就试着自己开始收集关于这个产品的种种资料，并翻阅 IMI 上关于本地区消费者牛奶消费习惯的资料，然后填写了创意简报，下单要求创作部开始设计。当我赶回公司的时候，创作部已经开始在他的主持之下召开创意会议了。事后，那位加拿大的创意总监告诉我，他非常认可小申的工作，认为他在创意简报中对产品的 USP① 抓得非常准确。

当我看到创作部的设计稿件以后，我也非常认同创意总监的说法，整个产品的宣传牢牢抓住了“营养均衡”的概念，在主视觉画面上，可以看到产品本身演化出了一双强有力的臂膀，成 180 度水平，牢牢抓住了吊环，就好像一个身体健壮的运动员以最优美的姿态在吊环上做出平衡的动作。这个广告送到客户那里，客户毫不犹豫地就签字通过了。

这次事情，让我看到了小申的能力，以后我把重要的事情基本都放心地交给他去处理，小申总是能够圆满地完成。其实每一位领导随着职务的提升，面临的工作压力也会越来越大，工作量也随之增加，在他们的心里，何尝不期盼有一个出色的人员可以来协助自己。而什么是出色的工作人员呢？就是在工作中多一个心眼、善于思考的人。

注① USP：（Unique Selling Proposition）20 世纪 40 年代，由达彼思广告公司的罗瑟·瑞夫提出的重要广告概念：独特的销售主张。

遗憾的是，在现实的生活工作中，这样的 AE 实在太少，更多的 AE 是不愿思考，总是领导催促一下，自己跳一下，工作上缺乏思考，更谈不上积极主动地工作了。我曾经遇到一个 AE 来向我抱怨，说她的上司简直无理取闹，给她安排了工作，结果又不说清楚，导致工作最终出错。我当时问她："上司给你安排工作的时候，你有没有认真用笔记录？有没有思考这样布置是不是合理？有没有全盘考虑，交代的工作还有哪些地方遗漏？"她想了一会儿，告诉我都没有。我告诉她，没有用笔记录，光靠脑筋很有可能产生记忆的疏漏，或许不是上司没有交代，而是自己忘记了，要知道，好记性不如烂笔头；另外，你不是传话筒和录音机，你需要认真思考一下所交代的工作核心是什么？需要怎样去完成？为了完成好这项工作，你还需要什么样的信息？这些信息是不是已经都给到你了？

图 2-1　作者在成都泽洪广告服务"新希望"时推出的平面广告

图片来源：作者自行拍摄于发布在白马候车亭站牌广告的出街画面

从小申的这个案例中，我领悟到一个道理，天下没有不合群的部门，只有不会沟通交流的部门。假如没有营业部，可能创作部就会抓狂到底。

我的一位朋友叫阿杰，曾经供职于上海李奥贝纳广告。一次，我们邀请阿杰来成都做交流讲学。交流讲学是在成都罗马假日广场附近的一个茶楼举办的，由于事前做了宣传的缘故，当天现场来了 60 余人。

整个茶楼被成都广告人坐满了，阿杰介绍了他在李奥贝纳的一些经验，并和现场的本地广告人分享了他创意的不少作品。在提问阶段，一个成都广告设计人员站了起来，他问道："我觉得阿杰先生的创意设计真的很不错，你是怎么做出这样好的创意来的呢？"

阿杰回答他说，在自己看来，创意是带着枷锁的舞蹈，这个枷锁就是营业部所给予的创作方向和调性，也就是我们熟悉的 Brief（创意简报），只有方向正确了，才能做出好的创意。回答完了之后，阿杰用眼光询问对方，这样的回答不知道您是不是满意？谁知道，提问者听完阿杰的回答，很疑惑地提出了新的问题："什么是 Brief 呀？"我看到，提问者的脸上一片茫然，而阿杰当时也被这个问题问得呆立在那里。

不难发现，这其中说明的问题，由于没有 AE 的方向指引，这个广告设计人员一定在平时的工作中感到茫然和无助，因此在思考创意的时候也就开始天马行空，最后连自己的思维漫游到宇宙的什么地方去了都不知道。前面说到小申的故事，其中也说明了 AE 提炼出准确的创意概念是多么重要。试想一下，如果当时小申不去思考，就是按照客户的要求下个单，又快又轻松。但是我估计创作部就会完全崩溃了，你要我怎么设计呀？客户更不可能一次通过这个创意稿了。

在日常的工作中，我坚决要求 AE 填写 Brief（创意简报）单。但是我常常听到 AE 这样说，填写这个单子好复杂呀，还不如口头交代来得直接。事实上，错误往往就是出现在口头传达，填写 Brief（创意简报）单不仅仅只是一道程序，更重要的是让 AE 有时间来思考客户的任务，提炼出其中的核心点，保证广告信息传达的准确性。

就像我们小时候在学校练习作文的时候，老师在最初都会要求我们先写出作文的中心思想，然后围绕中心思想组织内容，再开始撰写作文。可惜，我们常常在自己长大之后，在实际工作中，把这些实用的方法忘得一干二净。广告也是在作文，唯一不同的就是作文只需要一个人来完成，但是广告确实需要一个团队、很多人在一起完成。所以找到产品的 USP，提炼出创意核心，创作部才能围绕这样的创意核心，组织图形元素，设计出客户满意的稿件。

AE 不能因为自己的一时偷懒，忽视了给予创作部应有的方向指引，这样的话，创作部会彻底抓狂的。2008 年我在服务一个星级酒店客户的时候，常常听到创作部的总监大骂 AE，"做什么做嘛，明明你交代这样做，做完了，你又要改动。"我急忙过去了解才知道，AE 完全没有仔细思考客户的需求，客户怎么说就怎么下单，结果是做了一次客户不满意，又打回来修改，反反复复，创作部前前后后已经修改了十多次了，难怪创作部的总监会大为光火。

最后我想总结几点创作部不能没有 AE 的原因。

●提供最精准的策略方向，以及清楚而详细的工作 Brief

在这里，我想告诫所有的 AE，千万不要忘记自己的定位。你们都是创作部的眼睛，缺少了你这双看清楚客户需求的眼睛，创作部就像黑夜中的大船，完全找不到航向，只能抓瞎，当然做不出好的作品来呀！

● 协助他们了解市场及竞品动态

不要忘记了你的重要职责，市场月报不仅仅是给客户看的，更重要的是给创作部看，这样才能和创作部保持一致的信息沟通，更能促使创作部时刻了解竞争对手的动态，在开展创意的时候，更加有的放矢。

● 提供你的市场看法，找出创意切入点

千万不要把 Brief（创意简报）单丢给创作部就撒手不管了，自己去做逍遥大爷，这样创作部一样还是会抓狂的。他们只会敷衍了事，谁叫你给他们的感觉是不用心呢？所以一定要向创作部提供你对客户市场的看法和观点，组织创意会议，和创作部共同找到创意核心，为创意找到切入点。

● 协助他们不会为了创意忽视可行性

创作部不是营销部，不要指望他们能够了解太多的营销，一定要协助他们了解营销的目标，就像奥格威所说的：“广告的目的就是为了销售！”创意表现的根本核心是在于用图形的语言和计算机技术传达客户的产品信息，促动消费者的购买欲望。特别是在信息时代的今天，创作部门可能不只有美术创作人员了，也可能还会融汇入计算机程序和 UI 设计人员。AE 有责任和义务了解传播载体的情况，协助美术设计和编程人员之间的沟通，保证广告创意的可行性。

● 与他们阵线联盟，一起卖创意

AE 始终是客户和广告企业沟通的桥梁，所以一定要在创意作品出来之后，和创作人员进行深入探讨，判断他们的创意是不是符合客户的真实需求，然后和他们一起贩卖这个创意。不要忘记，任何人对自己的作品都是有独到的好感的，所以要和创作人员阵线联盟，在符合客户需求的前提下，为他们的感受着想。

3. 对阳光下的每一件事情都感兴趣

记得刚刚进入广告行业的时候，常常到各类书店里面去淘广告书籍，希望可以恶补广告知识。那个时候广告书籍也逐渐地丰富起来，特别是《奥美的观点》出版之后，市场上可以找到的广告书籍就更加多了。于是我开始给自己订下计划，按月阅读完这些购买的书籍。但是在阅读过程中，逐渐发现书中所写的很多知识是我所不知道的，从前在学校，老师也完全没有教授过，每每这个时候，就有一种很无奈的感觉。

后来我进入了《成都商报》报社做编辑，当时的《成都商报》下设了许多周刊，我所属的是每周二出版的《成都商报・企划周刊》编辑部。我亲自规划了周刊的标志，并负责一个版面。我在这个版面上规划了一个名叫“他山之石”的栏目，专门介绍国外和中国台湾、中国香港地区的品牌案例，同时介绍最新的广告知识。通过这份工作，让我开始对广告的历史和发展有所了解，不知不觉之间，这个栏目竟成为成都刚刚开始起步发展的广告行业里面从业人员阅读率较高的一个栏目。

让我记忆最深刻的是，我每周都会收到不少行业内的从业人员的来信，询问一些广告知识方面的问题。更有甚者，在我连载了奥美广告公司创始人大卫・奥格威的简单生平事迹之后，居然有读者来信，表达想和我一起写一本关于大卫・奥格威先生生平传记的愿望。当时我着实被吓着了，奥格威老先生还在法国杜弗古堡生活着呢！

但是实话实说，我也确实完成不了这个事情，因为我已经准备离开编辑这个岗位了。在近一年的编辑岗位上，我越来越感觉到自己知识的匮乏和视野的狭小，根本无力应付越来越多的读者来信的询问，更无法做到有更多的内容来更新。这份编辑工作着实给了我一记闷棍，让我至今记忆犹新。于是我开始思索，应该怎样丰富自己的知识面和扩大视野范围。

当我开始从事 AE 工作之后，我才逐渐对这个问题有了比较完善的答案。当时我所负责的客户有手机生产商、通信运营商，还有银行和烟草企业，甚至电池等日用品生产商。常常是上午和这个行业的客户会面，下午又要去跟另外一个行业的客户沟通交流。上下午的行业完全不同，只有中午一点时间来改变和调整自己进入不同行业的状态。

今天已经完全不同了，网络成为了我们生活之中必不可少的一个部分，要是哪一天网络没有了，我相信包括我在内的很多人都会抓狂的。君不见，今天每一座城市到处都是低头一族，人人都把智能手机当成了必需品，用它连接上网络，在社交圈上狂晒各种各样有趣的事情，有关于自己的，也有关于朋友的，林林总总，举不胜举。

其实这是一件好事，因为我们获取信息的渠道多了，可以获取的信息量也随之增加了很多倍。但是我反而觉得现在的青年人群体信息变得更加狭窄了。当我自己经营的电信营业厅开业的时候，我招聘营业人员，先后过来了不少女孩子，几乎都是刚刚大专毕业或者本科毕业，甚至有几个女孩子手里还持有 microsoft 公司颁发的计算机办公软件操作证书。当我询问她们对于 microsoft office 办公软件是否能够操作的时候，几乎都告诉我，Word 和 Excel 这两个软件基本都是没有问题的。

但是，当我招聘的营业人员上岗之后，我发现了一个奇怪的现象。公司规定，每月 25 日营业厅要上交上月 26 日到当月 25 日的营业收入报表和运营损益表，可是每当到了当月 25 日的时候，营业厅总是无法准时上交这两份报表，这到底是为什么呢？直到有一天我驱车前往营业厅，看到她们在电脑上操作 Excel 软件的时候，才明白过来到底是怎么回事。

原来她们知道做统计报表可以用 Excel 软件，但是她们竟然不知道 Excel 里面有自动求和的功能，更不知道 Excel 里面能自动进行加减乘除的计算。因此每个月统计完各种营业数据之后，她们就开始用计算器一个一个地进行计算，常常算得晕头转向。为了保证计算结果的正确，一个营业员用计算器计算完毕之后，另外一个营业员再用计算器重新计算一遍。情况好的时候，两个人可以分别计算一次就核对成功了；遇到情况不好，两个人或者三个人就得反反复复地用计算器不断核对和重新计算。

这的确让我非常吃惊。当我询问她们为什么这样做的时候，她们都说在学校或者原来单位使用 Excel 都不知道可以自动计算这回事儿。其实知不知道并不是最重要的，重要的是我们都已经进入网络信息时代了，难道就不知道上网百度一下吗？平日里看她们在闲暇时光上淘宝、逛京东、聊微信、谈 QQ，一个比一个熟练，一个比一个更懂这些 App 的功能，所形成的反差实在让我难以接受。究其原因，其实无非就是因为人生来都是具有一定的惰性的（不一定正确的定论，至少心理学上有此说法），在信息时代表现得更加突出。因为年轻群体都是在快餐文化影响下成长起来的一代人，他们大部分人只对自己感兴趣的事情去深入了解，而对自己不感兴趣的事物可以完全视而不见。所以，相对于 Excel 软件而言，购物网站和社交软件更加让他们感到精彩无比。

当然，单纯就生活而言，我是可以理解的。但是面对工作，这就是必须学会的技能，不能因为不感兴趣就不去了解和钻研。在此，我想告诉每一位准备从事 AE 工作或者正在从事 AE 工作的广告人，对阳光下的每一件事情都感兴趣，是非常重要的一个起步环节。因为这不仅仅是客户的需要，更是广告专业的需要。广告要得到大众的认可，引发他们的共鸣，首先就要熟悉客户的行业，了解客户的产品，因为不感兴趣而放弃对客户及其产品的了解的话，是根本规划不出满意的广告策略的，更别说后期的创意设计了。广告的一切必须来源于生活，这就需要所有的广告从业人员，关心生活，感悟生活，留心生活中的每一个细节。可以这样说，不管是策略还是创意，离开了生活这股溪流，都是无法存在的。

1997 年的时候，香港李奥贝纳广告来到成都举办万宝路 F1 赛车展览，人民商场是展览地点提供者，我被商场派去协助李奥贝纳执行本次活动。从布展到开展，到展览结束，我自始至终都跟随 Tony 他们几个香港李奥贝纳工作人员。我留意到，Tony 总是带着一些小小的便签在身上，他把他随时看到的感觉有趣的事情都一一地记录下来，比如他看到当时成都的自行车非常多，上下班的时候，盐市口红绿灯前面就形成自行车的大军，浩浩荡荡，何其壮观！他马上掏出笔把这个场景记录在了他的小便签上面。当我询问他的时候，他笑着告诉我：这样的场景在香港绝对是看不到的，因为香港人并不了解内地。但是现在李奥贝纳正在逐步把业务向内地扩张，那么就必须在未来要协助客户针对内地消费者进行广告宣传。如果不对内地消费者的生活形态进行了解，怎么去协助客户创作适合内地消费者的广告呢？

这番谈话对我触动很大，我在以后的广告从业经历里面，就一直不断地思考 Tony 所说的这番话。当我为成都尚都这个客户提案的时候，我才算真正理解了这番话，为此我非常感谢 Tony。只是我们已经很久没有联系了，只是知道他后来离开了香港，前往北京，成了北漂一族，现在听说供职于 Grey 广告。

我为尚都提案的时候，已经有好几家广告公司为他们提过案了，据说他们陈总对其中一家感觉相当不错，所以我们面临的提案压力是相当大的。怎么才能提好这个提案呢？我百思不得其解。尚都是一个商业批发和零售的商场，类似于成都的九龙批发城和泰华服装城，但是它又不是九龙那种形态，给人以乱哄哄的感觉，似乎都是扛着大包小包打批发的人出入的场所。应该说，尚都具有一定的档次感，除了批发之外，也是需要吸引更多的年轻女孩群体去购物休闲的场所。后来成都出了不少这样的场所，比如尚都旁边的 ego 购物广场。它们都有一个共同特点，就是学习了百货商场的规划特点，又具有九龙和泰华的消费特点。在和客户的访谈中，我们可以注意到，尚都这次广告的目的是要把招商工作顺利有效地完成，而这样的前提必须是要让更多的经销商对尚都充满希望，而这样的希望的来源就是尚都是一个让年轻购物群体充满期待的场所。

于是我花了不少时间，前往九龙、泰华这样的服装城，不做别的事情，就是在这些地方观察，看商贩们怎么售卖他们的货品，怎么向顾客介绍商品，怎么和顾客讨价还价；同时还观察年轻购物群体怎么进入服装城，是一个人还是两个人，是和闺中密友，还是和男朋友；观察他们怎么选择商品，怎么和老板杀价，买到自己心仪的商品之后又有什么样的反应。整整一个星期的时间，我都泡在了成都的几大服装城里面，从原来的不熟悉，慢慢发展到后来都多少有一些了解了。对于曾经从事过百货行业的我来说，这次经历让我发现终端消费者的种种消费行为，永远是一本读不完的书。

提案的时候，这些在市场上观察到的各种现象和信息让我有了充分的信心。那天我们的提案团队虚构了一个年轻群体的代言者——一个年轻的女孩，从这个虚构人物的角度来剖析她们购物的心态，从而告诉客户应该怎样塑造尚都的品牌和怎样树立经销商的信心。那天的提案只进行了 40 分钟，而余下的整整 80 分钟都是客户在不断地提问，问题中甚至还包含这个虚构人物是不是成都本地的，作为客户的尚都的人员能不能有机会认识一下这个虚构人物。客户在听取整个提案的过程中感觉非常新奇，因为其他公司的提案基本都是一个模式和套路，从市场大环境讲到区域环境，再分析客户及其产品的优劣势，然后得出定位，然后是策略，然后是创意设计……没有一个提案是从消费者的角度来看待这个事情。从我们的提案中，他们不仅仅把我们虚构的人物当作了真实存在的人物，更看到了他们没有看到的一些情况，对于他们思考尚都未来的发展起到了催化作用。

那天的提案获得了客户的一致好评和认可，至今我和团队里的阿波回忆起来，唯一可以总结的就是，千万要对阳光下的每一件事情都要感兴趣。生活就是一本百科全书，书里面有你需要的一切。特别是广告，更加不能脱离这本书的指导，多多阅读，对于做广告来说永远是没有坏处的。

在结束这一节的内容之前，我想给大家提供一个我所敬重的广告大师的名言，这位大师是来自于 JWT 的 James Webb Young，他对我们这些后辈广告人说出了他的经验之谈：

"我认识的每一位广告业真正具有创新能力的优秀人才，大都具有两个显而易见的特征。第一，天下的许多话题，从埃及的下葬习俗到现代艺术，都能够比较容易地让他感兴趣。生活的每一个方面，都可以让他着迷……"

（——摘抄自龙媒广告选书 0036《创意》James Webb Young）

4. 信息时代，AE 需要具有全方位的知识

移动互联网时代的到来，让很多全新技术和全新的概念层出不穷，让人目不暇接。比如长尾理论、大数据、云端、平台思维、社会化媒体、移动互联等，更甚一日，进入 QQ 社群，陡然发现群里面的谈话居然是如何为客户开展 IP（Intellectual Property）塑造，一副将企业和产品品牌取而代之的架势。说实在话，我至今还无法对 IP 的中文名称有一个清晰的认识，按照网络上的查询，可以把它称作"知识财产"。如果是在国外，"遵循世界电影产业惯例直称'文学财产'（literary property）或'潜在财产'（underlying property）。"这是摘自至搜狐文化 2015 年 06 月 25 日发表的文章《被中国影视圈炒热的"IP"到底是什么鬼？》中的原话。

对新知的追求是无可厚非的，但是如果盲目地为了新概念去追求新概念，那么很有可能陷入进退两难的尴尬境界，但是也不能因此放弃了对广泛的知识领域的求知。因为单纯地以追求所谓新的概念和为了提高自身素质而学习更多新知完全是不一样的两码事。

记得还在中学的时候，看过一个系列的电影，让人印象非常深刻。这个系列的电影都是探险片，片名很容易记忆，因为相信很多人是看过的，那就是哈里森·福特主演的《印第安纳琼斯》。这个教授历史学的博士，真是相当厉害，不仅是历史学的专家，也懂得其他很多知识，还善于格斗、射击等，还真是全才，似乎这个世界上就没有问题可以难倒他！电影终归是电影，现实生活中，这样的人只可能是超人了，至少在我的生活中要出现这样的人真的是很艰难的。不过电影却给我们传递了一个深刻的概念，那就是懂得知识越多，越善于解决生活和工作中遇到的种种难题。

快餐文化导致了现代人时时刻刻充满了浮躁心理，认为凡事皆可以有捷径可循。我始终认为不管什么样的工作，就如同演练绝世武功一般，如果连马步都无法扎实地站稳，谈何演练更高层次的武术套路呢？其实不管时代怎样进化和演变，很多基础的知识都是必不可少的，我只希望 AE 可以永远记住：罗马帝国不是一日建成的！

我所碰到的一些广告人，总是把自己的目光聚焦在所谓的专业书籍上面，除了自己所在专业——广告的书籍或者知识，统统没有兴趣去阅读或者了解，反正一个观点，只看专业书籍。这样做的结果是什么呢？就是让自己的知识面越来越狭窄。广告是一个什么样的行业呢？让我们先从这个问题着手。我很少和同行讨论这个问题，一来是广告的定义已经有很多了，很多教科书或者大师、教授都比我下的结论要好得多；二来这个问题的范围太大，讨论起来或许不是一句两句可以说清楚的。但是我放眼今天正在经历移动互联网时代转型的广告行业，似乎还是有不少的广告人并没有深刻地领悟到广告究竟是一个做什么的行业。

在这里，我不得不再次提到 James Webb Young，这位广告大师在他的书籍《如何成为广告人》里面指出了广告的核心所在："讯息，也就是广告本身，是整个广告作业的核心。这是广告主下注的标的物，也是决定广告和您成功与否的地方。"可见广告实际上应该是一个信息传递的行业，如何准确地为客户传递讯息，并借由这个讯息激发目标消费群体的消费欲望，这是广告的本质所在。但是作为身处广告行业的我们，却常常忘记了广告是一种讯息的传递。我们总是沉浸在所谓的专业策略之中，沉迷在略带自娱自乐的所谓创意之中，"广告人一直都大概知道一个完整的销售讯息所应具备的条件。但是这些条件经常被遗忘，也就不能被经常使用。" James Webb Young 一再告诫我们，需要在工作中不断地审视自己，看看自己所做的是不是符合广告核心本质。

我不得不承认，James Webb Young 很早就对广告行业具有常人所不具备的真知灼见，他的个人广告哲学风格也是非常明显的：

① 相信通才杂学之士，才是有智慧、有远见的广告人。

② 相信以宏观和微观的角度来看事情，懂得看清楚广告过程的"大画面"和"小画面"，才可以炮制出深思熟虑、思想通透的广告大计。

③ 相信多观察、多洞悉人性之最，才可以设计出"击中要害"的广告。

④ 相信穿梭于通才与专才知识之间，是灵感和直感的源泉所在，也是广告创作财富所在之地。

——摘抄自龙媒广告选书 0036《创意》James Webb Young

时至今日，再次打开这位大师撰写的书籍和文章，不得不佩服他的这些观点，不仅仅是一针见血地指出了广告的本质，在今日的信息时代显得更加重要。

我在香港无意中购买到一本口袋书，作者是香港广告人江燕来先生。

这本书里面专门花了一个章节的篇幅介绍了 James Webb Young，这是我第一次听到这个广告大师的名字。在看了江燕来先生对他的描述后，让我对广告有了崭新的认识。这本小小的口袋书名叫《广告创见》，至今我依然把它珍藏在我的书架上。正是这本书，帮我打开了思维的局限，也让我知道要真正做好广告，知识面的广博是多么重要。

我很想找到 James Webb Young 当年为 JWT 做的自我推销广告，但是非常遗憾，找了很久都没有找到。在我看来，他更像一位哲学家，他的广告言论总是充满了哲理，能够让人一遍又一遍地回味。在此我不想多言，对于广告，我自然没有 James Webb Young 大叔说得那么透彻，那么深入，毕竟在整个 JWT 的发展历史长河中，甚至是整个广告发展历史长河中，James Webb Young 詹姆士大叔是一颗璀璨的明星！

正因为受了 James Webb Young 大叔的影响，我喜欢涉猎各种方面的书籍，从历史书籍到产品设计书籍，从营销书籍到自然科学书籍，从文学书籍到社会人文书籍，从哲学书籍到互联网技术和发展的书籍，无所不有。可以这样说，正是书籍丰富了我的很多见识，正如我所阅读的《未来产品的设计》一书，让我真正感受到了人机交互工程的奇妙和前景。虽然我不是设计出身，但是也开始对 UI 设计产生了浓厚的兴趣。

毕竟人的一生的时光是短暂的，要想了解并经历所有的事情是不太可能的。但是正因为有了书籍，人们才有更多的机会去了解和接触自己所无法亲身了解和接触的事情和世界。

广告的创意应该是来源于生活的，脱离了生活的创意总是苍白无力的，而要把创意从生活中准确地提炼出来，就需要大量而广泛的知识。对于这一点，James Webb Young 大叔用了一个形象的比喻——母牛，没有汲取就不可能有产出！遗憾的是，这样的真知灼见，时至今日，依然不能在广告行业里面得到广泛的认知，部分的广告从业人员依然喜欢把自己局限在那个狭小的所谓专业的领域里面。他们固执地认为，广告创意重要的是脑袋灵活，只要脑筋转得快就可以获得客户的认可，现实真的是这样吗？

最可怕的是在某些地产广告中出现的问题，简直可以说是知识庸才。其中一个问题就是，做地产广告的多数广告从业人员认为，地产广告中一定要出现英文，至于英文翻译是不是正确那不重要，重要的是用来装饰。这个观点在我看来，完全就是对知识的一种漠视，完全是一种掩耳盗铃的做法，似乎在中国看广告的人都是不懂英文的。可惜，现实并不是这样的！一次，我去成都一个超市购物，正好遇到一个地产开发商在那里做宣传，围观的人不少，当时正想买房的我也去拿了一份宣传资料，遇到了一个老人家正在仔细阅读开发商的宣传单。老人家是成都某所大学的教授，看得出英文水平相当不错。在阅读完广告宣传单以后，老人家告诉现场的售楼小姐，宣传单上的英文是错误百出。比如在广告宣传单中反复出现了一个单词：intention，这个单词是“意图、目的”的意思，可惜广告公司在设计的时候，把 intention 第一个字母“i”写成了“L”，而这个单词还以特大号字体放在副标题下面。整个宣传单还出现了许多拼写错误的单词，如“internationalization”拼写成“intermationaliza”，“visual field”这个组合单词错误地拼写成“visuil field”，这样的错误在整个广告宣传单里面是非常多，还不算英文语法错误。这些错误都让这位大学教授一一看到了，老人家最后意味深长地告诉售楼小姐说：你们的房子再好，我也不敢买。什么原因，这里就不探讨了。但是这些错误都是非常低级的，这些知识都是来源于我们学生时代的学习，正是由于部分广告人知识面的狭隘，造成了他们无视这样的低级错误的存在，最后所导致的只是消费者对此的怀疑和蔑视。消费者不是弱智，他们的生活中也在不断地汲取知识，广告要想得到他们的认可，广告从业人员就必须活到老学到老。

5. 信息时代，工作再苦也要挺住

AE 的工作是琐碎而繁杂的，这也导致了很多 AE 无法专心好做一件事情，甚至导致其最终无法在这个行业里面待下去，不得不选择离开而另谋高就。我想做过 AE 的人都会有这样的感觉吧，又要做企划，又要做项目管理，还要广泛涉猎各种知识，特别是在新知层出不穷的移动互联网时代，天哪！这哪里是人过的日子。

但是，我想说的是，还有更加麻烦的事情在等着 AE 呢。可能在公司里面，作为 AE 就是一个打杂的，影印、装订、传真，很不幸这些事情都是 AE 的分内工作。千万不要推辞，不然老板的脸色会变成青色的。客户来了，对不起！您还得去帮客户倒茶水；客户的文件出来了，您得先放下手头的工作，安排快递送件给客户。毕竟广告公司是靠客户生存的，客户的事情是头等大事！

还有呢，不管是和客户的会议，还是公司内部、项目小组内部的会议，您还得写会议通知和会议记录，还需要预订会议室，天啊！简直只恨自己不会分身术。还别忙着哭，更加可恶的是，中午你已经忙得不亦乐乎了，老板居然打电话邀您帮他买个便当，因为他很忙……

这些都不算最糟糕的，因为最糟糕的是被客户骂，这可能是 AE 最难过的一个事情了。前面我谈到过我的一个经历，就是刚刚接手客户的项目，因为客户不满意公司之前的服务，就把怨气发泄到第一次前去登门拜访客户的我的身上，说得直白一点，AE 就是客户的出气筒。

要是客户把创意稿件打了回来，或者是客户要求修改的次数过多，或者是提案没有通过，完了，创作部绝对要对你发飙，“喂，你小子到底怎么回事，有没有给客户传达清楚呀，你以为我们创作部做一个稿子很轻松呀！有本事你来做做试试呢！”作为 AE 的你不用想了，这个时候，创作部的每一个人都会咬牙切齿地望着你。

这就是 AE 生活的真实写照。说到这里，让我想起了一种食品，足可以形象地形容 AE 的处境——夹心饼。不错，AE 就是生活在夹缝中，客户有了怨气，首先想到的是广告公司的 AE；创作部不满意的时候，首先指责的是 AE；更可气的是，在坊间的广告书籍里面，讲战略、讲创意、讲策划的都是一大堆，就是没有一本书来讲讲 AE 的苦处，就是没有一本书为 AE 的艰辛来正名。

AE 确实是非常辛苦的，还有另外一件事也是让 AE 感到苦命的，那就是经常半夜还在公司加班。虽然说创作部的同仁们也是经常在公司开夜车加班，但是他们做完了工作便可以回家休息了。AE 可就没有那么轻松，干了一个通宵之后，客户也就上班了，还得强忍着瞌睡的折磨，急匆匆地赶往客户的办公室。

我想大凡 AE 都有这些共同的遭遇吧！时常和一些 AE 坐在一起聊天，各种抱怨就如潮水一般涌了出来，以下几个特征是共有的：

- **客户无理取闹又爱往上告**

客户不管遇到什么烦心的事情，AE 绝对是标准的出气筒，是不是广告公司的责任，是不是 AE 的错误，统统不管，先出了气再说；反正心情一旦不好，铁定先向广告公司的总监——AE 的顶头上司打电话，好话全没有，批评一大堆，够 AE 们消化一段时间的了。

- **永远都在加班**

AE 的生活好像天天都是在加班中度过的，本来眼巴巴地指望着就要到下班时间了，谁知道就在这个时候，电话响起来了，不用猜了，一定是客户打来的，一定会很着急地告诉你，又有一个新的工作任务了，某个设计一定要在今天晚上做完，明天早上一上班就要看到完稿摆在桌子上，所以今天晚上务必辛苦一下，加班通宵也要把稿子做出来。到了这个时候，AE 只有哭的份儿，一边冲进创作部恳求设计师留下，一边掏出电话给自己的 GF 或者 BF 开始低声下气的解释，心里直抱怨客户没有人情，无奈事情总是要做的，客户永远是上帝，AE 永远都是弱势群体。

● **做得累得半死又红不了**

我个人猜测，估计多数 AE 都是有胃病的，因为 AE 往往是在忙碌起来之后没有按时就餐，常常忙碌结束之后才发现就餐时间早已经过了。最可怜的是，加班到半夜，工作一结束，肚子就开始闹革命了，走出办公室一看，外面早已是繁星闪闪，餐馆早已打烊，幸好还有“鬼饮食”可以去吃吃，不然真是叫天天不应，叫地地不灵。AE 作为项目管理者，所面临的工作确实是异常繁多，因此 AE 也成为公司里面最辛苦的人，但是往往广告评奖，只有创意方面的奖项，很少有 AE 方面的奖项，广告人里面出名的也多是创意人，很少见几个 AE 最后出了名的。哎，真是做得累得半死又红不了。

我想说，AE 其实是充满挑战和希望的一个职业，因为一个出色的 AE，能够让客户没有你，混不下去；老板没有你，睡不安稳；创作部没有你，抓狂到底！或许我所知道的信息是有限的，我不得不再次谈到苏雄先生，他毕业于香港中文大学，毕业之后被恒美广告的谢先生从《读者文摘》杂志社邀请加盟进入了恒美广告。他在他的著作《赢在简单》一书中，专门有一个章节是讨论刚入职场的新人所应该具备的心态，那就是“勤练基本功做事不会空”，对于苏雄先生的这句话，我实在是感触很深。

书中写到“……请先不要嫌你的公司小，也不要嫌你的职位低，你应该先问自己，我在这里能够学什么。”我在公司招聘的时候，总是给应聘员工陈述这个道理，但是很多 1985 年以后出生的年轻人，特别是“90 后”和“00 后”，对此非常难于理解，总是拿着写满各种光辉历史的简历，述说着自己绝对能够吃苦耐劳，能为公司创造价值云云。最终所体现的无非就是工资待遇绝对不能低，少了立马走人。但是至于自己的工作经验是不是已经足以满足应聘岗位的需要了，他们浑然不顾！

“我在恒美广告就得到了这种好处，恒美有一个至今令我激赏不已的规定——AE 必须参与公司所有的工作流程，而且不分部门。这真是一个妙不可言的规定，因为我可以从头到尾、完完整整地了解全部流程。”从这段描写中可以看出，苏雄先生对当时做一名 AE 所学习到的技能，一直记忆犹新。遗憾的是，今天的广告公司里的设施设备都已经进入了当年苏雄先生所在的恒美广告无法想象的时代，互联网、智能手机、平板电脑和高性能的笔记本电脑，以及便利的社交软件，快捷的图文打印等等全新的技术涌入广告公司的空间，但是部分广告公司却始终没有完整的工作流程，部门之间互不沟通，更谈不上让 AE 参与到公司的所有工作流程当中去了。当年我在深圳的时候，我庆幸碰到了一个优秀的上司——王越先生，正是他让我有机会了解电通每一个部门的工作流程，有机会亲身参与到与每一个部门的沟通和合作当中去，也为我的职业生涯画上了难以忘怀的精彩一笔！

苏雄先生一样在书中谈到：“还记得经常白天忙完拜访客户的工作，晚上还留在公司帮创作部门剪辑影片。第二天，创作部门的人下班了，我洗把脸，继续准备 10 点要开的客户会议，如此夜以继日、周而复始，几乎成了公司里的‘7—23’——一天 24 小时，全年无休。”读完这段文字的时候，我庆幸自己从事 AE 的时间段真是太幸福了，而我更羡慕现在从事 AE 工作的广告人。因为信息时代，和客户之间沟通交流的渠道就更多了，相互之间传送文件也更加方便，不至于再像当年苏雄先生这样劳心劳力了，但是他当年的这种精神应该是今天每一个 AE 必须始终要保持的！

6. 信息时代，AE 最需要主动

时常听到广告公司里面的人不住地抱怨：哎，这个客户真是什么都不懂，这么好的方案（创意），居然不要！这样的抱怨不在少数，但是却没有人静下心来认真思考一下，现实真的是这个样子的吗？客户其实需要的是有真正专业能力的 AE，希望这样的 AE 能够在工作中给予自己更多的帮助，这应该是多数客户的心声吧。只是太多的广告公司的 AE，连自己应该给予客户怎样的帮助都不知道。

造成这样的局面，有很大程度是在于目前广告行业里面的 AE 过于年轻化，往往考虑问题的时候，习惯性地站在自我的立场来思考，甚至都不是站在所在的广告公司的立场来思考。

进入移动互联网时代的今天，AE 必须学会站在对方的立场来考虑问题，不管你是“80 后”还是“90 后”，抑或者是“00 后”，如果实在做不到这一点，不得不奉劝你一句：趁早远远离开服务这个行业，都不仅仅是广告客户服务了！因为做任何服务都只能替服务对象着想，难免有时候会受一点气，一直以自我为中心来考虑问题，是绝对忍受不了的。

一般来说星期天是电信营业厅生意最好的时候，许多顾客会到营业厅来看看有没有适合的手机，或者缴费。那天，当我跨进营业厅的时候，就看见顾客怒气冲冲地从里面向营业厅门口走去，嘴里还嘟囔着："爱理不理还开什么店嘛，趁早关了得了！"我疑惑地看着营业厅里面的营业员，她也正在一边满嘴说着气话，一边锁着柜台。

"怎么回事？"我不解地询问她，她用眼角瞟了一眼正在离去的顾客，说了一句："没有看到今天人多，忙不过来嗦，着啥子急嘛，多等一会儿会死人嗦！"听到这句话，我立马意识到发生了什么事情，于是把她拉倒了一边，低声询问了事情的来龙去脉，然后告诫她说："你怎么能够这样对待顾客呢？"她满脸不高兴地望着我："我有什么错误呢？今天人本来就多嘛，我们两个人招呼不过来，没有理他很正常嘛！"她看起来非常理直气壮。

当时我真是无言以对了，难以理解这个站在我面前的"90后"小女生心里是怎么想的？我在公司培训的时候，常常讲到开发一个新客户，是挽留一个老客户的成本的6倍；客户要主动维系，所以即使顾客再多，也要懂得一处二呼三应答（处理一个顾客问题的时候，要同时兼顾招呼第二个顾客，还要对第三个顾客主动应答）原则。每每讲完，观察营业员们的反应，个个都是一副完全了然于心的样子，但是真正实践之中，这样的事件可以说不在少数。

虽然这些都是零售百货上的一些技巧，对于AE而言，其实原理都是一样的。每天AE面对的都是不同行业的客户，每一个客户的性格和人品都是有所差异的，而且作为一个普通人，也难免每一天的情绪会有所波动。因此AE每一天会遇到客户不同的态度和脸色，如果因此而影响到自己的情绪，那么回到自己的广告公司，这样的情绪又会传染到其他部门，最后的结果，作为AE的你应该可以想象得到。

作为AE，在移动互联网这样一个各种新技术层出不穷的全新时代，需要着重考虑一点，我可以为客户做些什么工作？什么样的工作对客户是有价值的？也是客户最需要的？

电通广告一直设立有市场媒介部，这个部门的主要工作职责就是收集、整理和分析市场信息，和营业部同仁一道针对客户的营销目标提出广告推广策略。几乎每天早上，电通市场媒介部的工作人员就开始浏览各种报纸媒体和网络媒体，收集各种和客户及其行业有关的市场信息，然后整理之后，以邮件的形式发送给客户，保证自己的信息能够和客户的信息保持同步。这项工作往往会花去他们一个小时的时间，但是他们所积累的信息却是非常庞大的，足以和客户保持良好的沟通和交流，更足以为客户的市场推广策略提供强大的支撑。

其实这是一种非常良好的工作行为，电通广告市场媒介部更是以此为契机，为客户编写每月一本的市场月报。久而久之，很多电通广告的客户都离不开这样的月报了，这也成为电通广告维系客户的重要手段之一。可是，我所接触到的 AE 多数不会也不愿意花费精力来完成这样工作，导致广告公司和客户之间的信息相当不对称。所以很多客户并不愿意听取广告公司的意见，而是自己制定好广告策略，广告公司做做执行就好了。试问广告公司这样能够服务好客户吗？能够在专业领域取得进步吗？

客户的需求其实往往是非常简单和直接的，就是能够提升他们的工作业绩。在服务中国移动全球通品牌的时候，时常看到他们有一本全省的广告刊出之后的调查和分析，非常便于他们管理全省的全球通品牌的执行状况。其实提供该项服务的公司也就是多花了一点心思，收集整理了全省的报纸，只要遇到全球通广告，就及时剪下来，并进行编号，汇总一个月之后，就开始做有针对性的分析，找出其中的优点，及时发现其中的不足和需要改进的地方。这个工作严格来说花费不了多少时间，重要的是日常的积累。正是有了这份报告，客户对这家广告企业另眼相看，每到那个时间段，客户就主动询问这样的报告编写好了没有？我们常常谈到互联网时代是大数据时代，但是如果广告公司连这样的小数据都无心收集整理，谈何大数据分析和管理？

可以这样说，客户需要的是有心人，而不是那种为了广告而广告的人。和客户一道去探询市场信息，关注市场动态，这才是 AE 应该有的表现。在每一次为客户的服务过程中，多动一点脑筋，多一个心眼，为客户提供更多具有附加价值的服务，相信客户会非常认可作为 AE 的你，那样的话，客户就离不开你了。

其实，我们应该非常注意和客户说的每一句话，接触客户的每一个动作，AE 最重要的就是理解客户所说的每一层含义，提炼和传达客户想表达的核心，找到客户和广告公司之间的沟通桥梁。这样做的话，没有哪个客户能够离开你，还能混得下去的；也没有哪个客户会不希望见到你。

服务电信大约十年了，至今我依然和许多电信的工作人员保持了密切的联系，尽管其中有一段时间没有服务电信了，但是他们依然给我电话，征询我对他们营销工作的意见，一直到我又再次服务电信。

所以 AE 要得到客户的信赖和依赖，应该做好以下几点：

● 预先提出他未来可能会面临何种营销上的问题及解决方案

天天关注客户及其市场，收集的资料不仅给客户，也是给自己的，时刻发现各种细微的变化，预见客户及其市场可能面临的营销问题，提前为客户提出，并找到解决的办法。这样的 AE，才是真正为客户着想的，我想，没有客户愿意拒绝这样的合作伙伴。

● 永远有方案来化解他的工作难题

不仅仅能够发现问题，更重要的是找到解决问题的办法。市场随时都在发生变化，这样的变化不能仅仅从客户那里得到，更要自己去发现。时常走到一线，不仅仅是发现问题，更要找到解决问题的途径。

● 把客户的点子变成可以执行的 Big Idea，而且是可被执行的最佳内容

其实客户的想法和观点是很多的，作为 AE 的你千万不要忽视，对于客户的一言一行都要特别在意，客户的任何一个想法都要留意思考，说不定，就能够找到一个非常不错的 Big Idea，这就是你在客户身边的好处。最后不要忘记找到一个完善的商业模式，符合客户的执行需要。

● 有你办事，他绝对放心

不要辜负了客户对你的信任，这种信任其实是相当来之不易的，一定要好好珍惜。最好的办法就是客户交代的所有事情，都认认真真用笔记录下来，标明时间节点，千万不要耽误了客户的事情，这样客户才会放心。

7. 不仅要做工作，更要做好工作

现在每一个月底，我最怕的一件事情就是查看公司的流水账目。基本上公司出纳人员交过来的公司流水账目，我都必须重新花上几天时间，一一校对，重新核算。原因很简单，流水账目横向栏目是消费项目、单价、数量、金额（支出或者收入）和剩余备用金；竖向栏目基本就是按照时间顺序登记的流水项。公司的出纳为了减轻自己的工作强度，只是把最后一个横向的合计栏目中的数字进行一个汇总，然后就算做完了这张表单，直接就交上来了。

于是几乎每一个月都会出现公司备用金实际剩余金额和表单金额不一

致的现象，我时常拿着这个表单询问出纳："你为什么只计算横向合计的数字呢？为什么不计算一下竖向栏目中的数字呢？看看两个得到的结果是不是一致的？"

出纳皱着眉头告诉我："一项一项地计算多麻烦呀，汇总一下不就得了嘛！出入十来块钱不是什么大问题！"这下轮到我皱眉头了，为什么是这样的工作态度呢？

在广告行业这种现象也是不少，AE 为了省事儿，从客户办公室一回来就大呼小叫地让创作部门赶快做稿子，不然来不及了，搞得创作部门的文案和设计浑然不知该怎么完成这个稿子。

虽然到了移动互联网时代了，广告行业里面依然充斥着大量的传话筒式的 AE，客户怎么说，他们就怎么去告诉创作部，似乎中间这个环节仅仅代表传递一下客户的原话，其他都不是 AE 的责任。说实在的，我真无法理解这样的行为。我一直思考，为什么广告行业里面的 AE 多数最后都成了标准的传话筒呢？原因就是在于人的懒惰本性所造成的。因为严格意义上来说，思考其实是一件很辛苦的事情，思考所涉及的工具实在太多了，而这些工具的使用恰恰对于多数人来讲是一件很痛苦和麻烦的事情。

我先后在几家本土的广告公司供职，受总经理委托整理公司的运作流程，其中一项重要的工作就是建立"Brief（创意简报）单填写下单"制度，但是几乎每个公司的 AE 都在抱怨，我的做法在给他们无形中增加工作量，本来他们时间就很紧张了，还要填写什么 Brief（创意简报）单，简直是多此一举。看来他们是习惯了直接冲进创作部口头下单。这样的弊病，我已经反反复复啰唆了很多了，一是缺乏 AE 对客户工作指令的深层次思考，无法形成工作标准和创作部的创作方向；二是工作质量得不到保证，口头说的很多内容都可以事后打死不承认，出了问题和错误根本无法找到真实的原因。

遗憾的是，很多现在的 AE 并不会思考这些问题，他们所期望的就是方便自己，于是看到 Brief 单需要填写的内容时，往往第一反应就是：实在多事，填写这个有什么用？我常常见到 AE 口头下单之后就不闻不问，突然有一天又风风火火地冲进创作部，质问创意人员："为什么还不把稿子给我？"创意人员在这个时候总是一头雾水，你什么时间要稿子呀？AE 总是一脸愤怒地说："我不是早就告诉你了吗，今天要稿子，现在客户都在催了！"创意人员也来气了，打死不承认 AE 说的是今天要稿子。于是冲突就不可避免地发生了，这样的事例不在少数。

其实，填写 Brief 单的主要目的就是促使 AE 能够思考一下客户的真实需求，然后通过书面形式，把工作的重要节点和要求明确下来，也就是我们常常需要明确的下单时间、完成时间、工作项目和内容、完成标准，以及提交工作成品的格式等几个要素。要填写清楚这样一张 Brief 单，需要认真思考，更需要花费时间来填写清楚。可惜的是，更多的 AE 只是一味地抱怨填写 Brief 单花费了他们太多的时间，没有人想过 AE 的工作是很麻烦了，但是创作部却因此有了明晰的工作方向，客户有了高质量的工作保障！

如果只是需要传话筒，广告公司大可不必专门招聘一个专职人员，还有一个更加节约成本的做法，那就是去电器商场买一台小型录音设备，把客户说的话全程录下来，交给创作部就行了，又节约成本，又万分准确，完全避免了中间多一个人转话出现的偏差。我想如果真是这样，是没有人愿意花钱去聘用一个 AE 来做传话筒的，当然了，也就更谈不上什么高薪了。因为再优秀的传话筒也不可能比得上智能手机上的录音功能，那个可是能够一字不错地把客户的话原版播放出来。

试问一下，AE 真的只是起到传话筒的作用，那么这个职业的专业性体现在哪里呢？难道是体现在传话的准确率上吗？我想作为客户，恐怕也是最反感传话筒式的 AE 吧——什么都是我（客户）说，难道你（AE）没有一点自己专业的思考吗？如果 AE 最大的功能仅仅是（准确地）传述客户的言语，对于充满各种智能设备的今天来说实在太简单不过了，让客户直接给创意人员打电话，发 QQ 和发微信，岂不快哉！实在退一步说，就是打开智能手机的录音功能，然后回去放给创意人员自己去听，那么客户的要求绝对不会出错了！不过试问，还要你 AE 干什么呢？

现实中真有这样的 AE，动不动就是让客户直接给创意人员打电话，或者把客户的微信号和 QQ 号扔给创意人员。我觉得真是难为这样的 AE 了，连如此不负责任的事情都做得出来，真不知道他有没有站在客户的角度思考一下？客户会怎样看待他和这家广告公司的专业形象？

苏雄先生在《赢在简单》中这样说道：“……我们的责任就是在客户的需求下，尽量做出最好的服务给客户。在这样的前提下，我们更应该提出我们的意见，因为我们要给客户最专业化的服务。如果我们只能做一个‘Yes Man’。客户要什么就给他什么，只能做到客户要求我们做到的事情，客户不会觉得我们有价值。”

8. 优秀的 AE 凡事需要思考先行

凡事思为先，这是我想谈到的第二个心态问题。在移动互联网时代，浮躁成为很普遍的现象。成都的电瓶车特别多，行驶的时候又悄然无声，一下子出现在你的面前或者身后，让行人都不免大吃一惊，惊惶无措。更有甚者，大摇大摆地骑着电瓶车直冲街沿上面，让本来是人行通道的区域变成了他们抢速度、赶时间的快捷通道。这样的心态在中国很多本土广告企业体现得淋漓尽致。

我的一位朋友是公司“资深 AE”，所接触到的客户是一家汽车配件生产供应厂商。这个厂商在成都天府新区有一处面积相当庞大的基地，服务的客户有大众、福特、现代等大型汽车行业的翘楚。在生产供应汽车配件的同时，这个厂商也是大众等好几家知名汽车企业的指定 4S 店。这个生产厂商所需要的就是重新塑造全新的企业品牌形象。其实这个客户的需求非常直接简单，但是深入的部分就显得有点含糊，不够明确。全新的品牌形象应该怎么塑造？全新的品牌形象价值核心是什么？是塑造成企业产品一体化品牌？还是塑造成为企业是企业的品牌形象，而产品是独立的子品牌抑或者是贴牌？而同时开展的 4S 店是跟随企业主品牌还是也独立成单独的品牌？品牌塑造之后，除了内部装修体现品牌新形象之外，对于普通消费者又如何进行宣传？宣传的亮点在哪里？针对产品供应的集团性用户，又应该怎样去展示自己的全新品牌形象？

这一大堆问题，想必客户多多少少也有一些自己的观点，而客户的观点很有可能是零散的，这就需要 AE 进一步去了解和收集、整理。可惜的是，当我提出这一大堆问题，询问答案的时候，这位朋友很直接地堵住了我的提问，“没有这么复杂，人家就是需要一个标志，然后应用到厂区里面就行了！”

这句话让我无言以对。在我看来，这是一次很好的品牌形象塑造的机会，就犹如魅族手机在 2016 年更新自己的标志一样。他们用了轻盈的气球作为设计的创意点，来展现自己的手机产品轻薄实用，凸显产品的差异化特征是适应未来科技的发展需要，静心选择的企业标准英文字体更彰显了全新品牌的强烈科技感，不管是对于最终消费者还是合作伙伴，都有一种全新的感知。

MEIZU 品牌未来方向

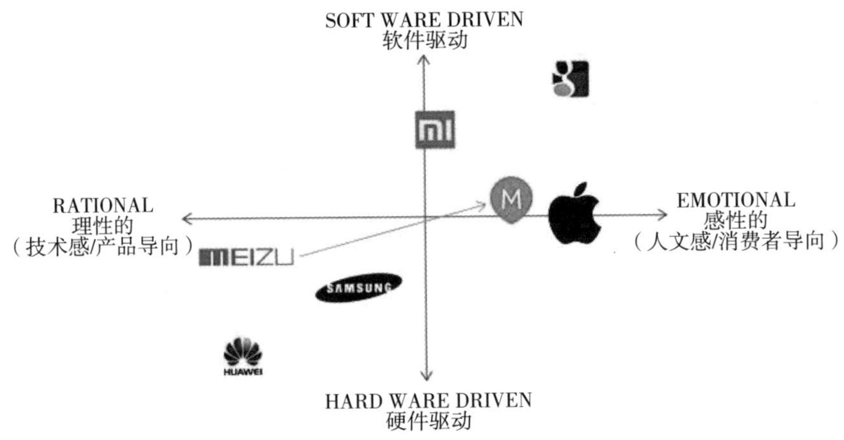

图 2-2　魅族品牌的坐标分析图

图片来源：2015 年 08 月 31 日新浪手机新闻

从上面的这张坐标分析图可以清晰地看出，魅族品牌未来发展方向是介乎于“软件驱动”和“感性”之间的，而重心则是偏向感性这个坐标点的，想以消费者为导向，充分体现人文气息。魅族 CEO 黄章对此亲自出面表示：“……魅族 Logo 要如明镜一般平静稳定，可以代表那种实在的追逐心中梦想，哪怕推倒极限的精神。下一个十年就是它了。”之前网络上已经开始流传魅族要更新品牌 Logo 的 PDF 文件，不管世人如何评价，魅族的 CEO 黄章依然非常坚决地否认了第一版的设计稿件，最终选择了今天大家所看到的版本。

图 2-3　魅族品牌新旧 Logo 对比

图片来源：2016 年 03 月 01 日 中关村在线新闻

由此可见，客户心中对于品牌的发展是有想法的，毕竟客户才是和这个产品或者服务打交道最深的人，不管是过去，还是现在的移动互联网时代，他们都最有发言权。所以作为一个优秀的 AE 学会倾听，并从倾听之中找到客户真正的需要，才是最最关键所在。

遗憾的是，移动互联网时代的到来，在现在很多本土广告企业心中，只是一个生活和工作节奏加快和便利的代名词，根本没有意识到移动互联网时代意味着什么？一些 AE 的做事风格在移动互联网时代依然是那么可怕的，特别是从客户那里回来，二话不说，直接冲进创作部，张嘴就是噼里啪啦地把从客户那里听来的内容，照本宣科地告诉创意人员，让创意人员在一头雾水的情况下开展设计，最后的结果是客户不满意。

还是我的那位朋友，根本没有意识到在移动互联网时代，消费者的体验是那么的重要和关键，所以品牌形象的塑造就愈发显得必须要有的放矢了！他所采取的做法仅仅是用 U 盘 copy 了客户给予的一本旧的画册回来，似乎这样就已经完全了解客户了，至于和客户有怎样深层次的交流和沟通，是完全没有的。如同上面的文字所叙述的一样，他直接把 copy 回来的画册丢给了创意人员，然后交代了一句：这个品牌标志一定要设计得高大上，跟得上时代的潮流，最好用它品牌中文名称中的第一个字来进行设计！

这句话足以让创意人员崩溃，在一次一同回家的路上，创意人员为此给我大倒苦水，完全不知道应该怎样去设计，心中严重缺乏设计的方向感。我只能表示深深的同情！的确，什么算是高大上的设计，其标准是什么？怎样的品牌标志设计才算跟上了时代的潮流？为什么一定要使用品牌中文名称中的第一个字来进行变形设计？是客户的要求？还是 AE 一厢情愿的要求呢？还是再回头看看魅族的 CEO 黄章是如何面对的吧。

虽然到了移动互联网时代，更多这样的现象其实在现在的广告行业里面，还真是不少。AE 依然是听了客户的需求，马上就回公司下单，完全不经过脑海里面的深层次思考。试问，如果 AE 仅仅扮演一个下单接单的工作，那么这个职位设置起来岂不是浪费了，因为不经过思考就把客户需求下单的做法，一个设计人员也可以做呀，不就是耽误他一点时间去听取客户的要求嘛，这点时间作为创作部的一员应该是可以抽调出来的。

大约在 2005 年，我写过一篇文章，名字叫《成都广告纪行》，里面谈到了一件事情。我当时所在的 Z 广告公司，在 2004 年底开始参与成都一家调味品企业的企业形象比稿，对于 CI 我当时倒是很有信心，毕竟自己从事 CI 的工作，整整从事了 3 年，多少有了一点微薄的经验。我开始布置部门员工重新收集关于这家调味品公司的行业资料，同时准备就视觉部分，进行一次市场调查。

让我没有想到的是，这次所组织的市场调查会让我第一次认真审视本地部分的 AE。由于是比稿的缘故，公司没有大笔的资金投入，所以针对这次市场研究，我要求全部 AE 必须参加，有效样本数控制在 320 份左右，其中的误差必须控制在 3%~5% 之间。对于调查的地点，我也做了详细的规定，主要集中在菜市场和量贩店的调味料专柜，要求每一个 AE 就近到自己住家附近的菜市场或者量贩店，调查时间分为两个阶段，第一个阶段是早上 8:00—9:30 之间，第二个阶段是 9:30 之后，当时也说明了调查的对象必须是中年妇女。

但是没有想到的是其中两名 AE 不到 9:00 就已经回到了办公室，让我大吃一惊，于是过去询问和查看他们的问卷。情况反映出来，他们两个人不仅不在菜市场和量贩店进行调查，跑到了太平洋百货这样的中高档百货店；更糟糕的是他们根本不针对中年妇女做调查，他们问卷的全部调查对象都是 18~25 岁之间的女生。当我询问他们：有没有想过我们客户的性质，他们生产的都是日常生活中做腌腊制品的调味料，试问你们调查这样的年轻群体会使用这种调味料吗？他们告诉我，“反正都是调查，只要是去问了就对了，至于问的是谁，并不是很重要，何况我们两个又不是去瞎逛了一通。”我对于这样的回答，真是不知道说什么好，这完全是典型的不进行思考的工作方式。我相当气愤地告诉他们：请你们以后做事用用脑子！

广告是一个服务行业，严格意义上来讲，客户评判我们的标准，就是在思考上。如果凡事不经过大脑，就这样去面对客户和他们企业的消费者，那么客户聘请我们的意义何在呢？如果你是 AE，就不要回避这个问题，认真思考一下吧。

9. 必须思考工作应该怎么去做

记得曾经看过一篇科学幻想小说，也是一个短篇小说，故事情节也很简单，一艘外星人的飞船降落在了地球上，给地球带来了意外的惊喜——先进的科学技术，其中一项科学技术就是娱乐方面的。外星人告诫地球人，不要使用这项技术，但是地球人对此置之不理。这项技术是所有外星技术中在地球普及和发展最快的，到最后，个个地球人都沉醉在欢乐的娱乐游戏之中无法自拔，地球毁灭的日子来临了，外星人不得不选择离开，寻找下一个新的赖以生存的星球。

故事虽然简单，但是道理却是揭示得再明显不过了，玩物丧志只会毁了自己！其实现在社会上普遍就有这样的一个趋势，个个低头族都非常善于网络购物、在线支付，地铁公交上拿着手机的低头一族，不是看影视剧就是玩游戏，而智能手机庞大而众多的功能几乎是没有怎么使用，或者知晓。

我在自己经营的电信营业厅安装了两个摄像头，然后在我的智能手机上安装了与之配套的 App 应用软件，随时随地可以观察到营业厅的动静。本来无意用来观察营业员平时的行为的，主要因为营业厅里面有手机、光猫和机顶盒等产品，毕竟防盗比较重要。就是 2015 年 4 月份的一天，我给一个客户展示家庭远程监控这个产品，打开我手机上的 App 应用软件，很快就调出了我营业厅的实时视频。

本来客户是满怀兴趣地想看看新技术给家庭带了的应用场景，不想画面和声音一出来，让我这个展示人顿时尴尬到了极点！画面上两个营业员一起坐在应该顾客坐的板凳上，打开机顶盒和高清电视机，正在观看一档几个明星到成都华侨城欢乐谷的综艺节目，不仅看得哈哈大笑，更连身后正在低头俯瞰柜台中陈列的手机的顾客也全然不顾。顾客看了五六分钟，见无人理睬，便转身离去了。

事后我追查这件事情的时候，两名员工分别回答的答案居然一模一样："那天店长又没有分配什么工作，我们不看电视干什么呢？"

我反问道："业务办理单整理没有？新开户用户统计没有？产品点数核对完成没有？进店的顾客招呼没有？如果实在没有什么事情，不能一个人留在厅店，一个人出去到小区做宣传吗？难道这些不是工作吗？为什么你们一定要挨一棍子才跳一下呢？"

其实这不是个案，而是一种普遍现象。很多年轻人习惯了等到工作分配下来，而不是主动地思考在自己目前的岗位上应该做哪些工作？应该向前辈讨教些什么？

前不久，一个即将要合作的客户需要公司的一本简介，我安排公司的一个营业担当去快印公司快速打印并装订。晚上我回到家的时候，接到了一个陌生的电话，对方告诉我他们是快印公司的，有几个问题想询问我一下。我于是问他是怎么取得我的电话的呢？对方告诉我，是我们公司的营业担当告诉他的，而且他还告诉我，这位营业担当告诉他，有不清楚的地方就直接给我打电话询问。

我第二天，我提醒这位营业担当，这样做事相当不正确的，这样处理的一个结果就是推诿工作。既然是营业担当，那么就应该肩负起应有的责任，而不是这样推诿。工作的一个根本目的就是在于获得良好的结果，在这样的目标指引下，应该做的是努力思考：我应该采用什么方法，促使工作朝着既定的目标获得最良好的结果？

当我批评那位营业担当工作上有推诿现象的时候，他并不接受，他认为这样沟通起来不是更加直接，打印的结果不是更好吗？于是我告诉他几个原因：第一，工作交给了你，你就应该负责整个工作的进展和结果，并保证结果是有质量的，让快印公司直接联系我，试问，工作是交给我的吗？第二，你是营业担当，对于工作的进展你应该及时掌握，并随时进行把控，这是你负责任的一种体现，你就应该全程监控，而不是把责任推回到我这里。第三，既然你怕执行过程中有问题，为什么你不主动去思考可能遇到什么样的问题？需要怎么处理？如果根据你现有的能力和资源无法解决，是不是应该主动去询问一下下达任务的人呢？

我经常在和80、90年代群体共事的时候，听到他们抱怨：你又没有说？你又没有叫我询问你？其实在工作的进展中，时常会遇到这样或者那样事先无法预料或者想到的问题。当问题出现的时候，最有效的办法就是去寻找解决的途径，或者在无法解决的前提下，主动地去询问，这样做的结果对工作者是有利的。吉田秀雄先生在他的《鬼十则》里面不是第一条就告诫大家：工作必须主动去寻找，不应该被指派后才去做。这个告诫我至今看来，还是受用匪浅。70年代群体往往能够做到这一点，因此为了完成好工作，就时常加班，其实这是一种很值得提倡的工作态度，作为AE更应该很好地贯彻这一点。虽然我不提倡加班，但是因为AE是处于客户和广告公司之间的重要桥梁，所以必须要主动地思考工作应该怎么做？工作中还需要做些什么？而不要等待指派和问题出现。与其天天坐在电脑面前偷菜、抢车位，还不如多多对工作现状和工作方法进行一下思考。如果一味等待指派，你的成长永远是不可能实现的。

建议所有的AE在开始思考之前，认真阅读电通《鬼十则》二十遍以上，必须要边阅读边领悟，就在《鬼十则》的每一条旁边写下你的每一点感悟。

第三章　重新开始 AE 的基础素质训练

1. AE 的基本工作法原则——三位一体

面临移动互联网时代的冲击，我所接触到的 AE，不管是新生代，还是有点资历的，都多多少少感到比较迷茫，他们似乎不知道应该怎样去应对这样的冲击。这让我想起了金庸老先生的作品《射雕英雄传》，里面的主人公郭靖其实是一个天资愚钝的少年，但是他最终成了一代大侠。按理说这简直是不可能的，可是郭靖虽然不是很聪明，却从不会贪图什么捷径，始终是踏踏实实地练功，不管是江南七怪教授他武功的时候，还是全真七子其中的马钰远赴大漠传授他全真教内功的时候，郭靖都以认真的态度去面对，因此打下了坚实的基础，这才会有了后来洪七公和周伯通传授他上乘武功，让他在武艺上突飞猛进！正所谓罗马不是一日建成的，AE 倘若没有坚实的基础，面对变化很快的社会环境和客户需求，自然会显得手足无措，无法见招拆招！

大卫·奥格威先生（David Ogilvy）在其著作《一个广告人的自白》中曾经讲到一个故事："这使我想起第一次世界大战期间流传的一段故事。一位少校从前线战壕里给他的总部传递一个口信。开始口信是这样的：'请增援，我们即将推进。'经过一级一级地口传，到达司令部的时候，口信变成了'请给三四便士，我们要去跳舞。'（英文中 reinforcements< 增援 >与 three-and four-pence< 三四便士 >，advance< 推进 >与 a dance< 跳舞 >读音有某些相似的地方。——《一个广告人的自白》中译者注）"第一次阅读当年的灰皮书《一个广告人的自白》的时候，就对这个故事印象深刻。因为这一段故事出现在《一个广告人的自白》中的第三章《怎样维系客户》，当时的我还刚刚到成都人民商场广告公司供职，那个时候成都的广告还处于一种刚刚起步的阶段，广告客户似乎除了讲讲人情来进行维系，似乎没有什么其他更好的办法了，当然也就更谈不上什么专业了。所以，一买到《一个广告人的自白》这本书，我就如饥似渴地阅读起来。当阅读到其中第三章的时候，更是仔细又仔细地阅读，企图从大师的言语和教诲中发现维系客户的独门秘籍或者捷径。

只是非常可惜，我至今没有发现什么是维系客户的独门秘籍或者捷径，但是却从大卫·奥格威先生的《一个广告人的自白》中感受到了一个真理，那就是广告应该是信息传递的艺术，要真正做到准确的信息传递，不是一件容易的事情，而是需要用心的事情。这就如同大卫·奥格威先生在其著作《一个广告人的自白》讲到的这个第一次世界大战的故事一样，中间传话的人只是起到了一个传话的作用，没有一个传话者认真思考过，他们所传递的这个信息是不是正确？我们不能忽视一个细节，那就是故事的背景，是发生在战争当中，一个信息的错误很有可能导致整个部队的灭顶之灾。不知道当年的这位少校最终有没有得到增援，他和他的部队是不是被敌人包围并歼灭？但是我们常说：商场如战场，商场上的一个信息失误。可能导致的就是经济上的损失，这和战场上的损失并没有太大的区别。这就是客户不希望我们出现错误的原因。但是我非常遗憾地看到，在现阶段广告行业里面，似乎并没有太多的人注意到了这一点，过多地把广告放在了和美学艺术方面的结合，似乎设计上的花哨就代表了广告的成功，没有人关注到广告真正的作用是在准确地传递信息。

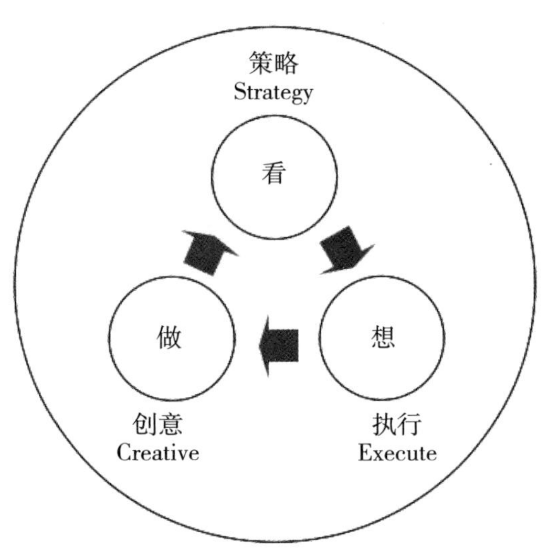

图 3-1　三位一体的 AE

如果认识到了这一点，就不难理解作为 AE 为什么需要三位一体的结合了。首先让我们看看什么是三位一体，这是指作为 AE，必须要有自己的看法、想法和做法。

在现在的广告行业里面，最常见到的景象莫过于 AE 填写完 Brief 之后，似乎就万事大吉了，作为 AE 的工作就完成了，等创作部把稿件拿来了，二话不说直接交给客户，客户需要修改的时候，又一头钻进创作部的房间里面，对着创意人员就是一通交代，这儿要修改，那儿要调整，听得创意人员一愣一愣地直翻白眼。AE 往往会一脸无辜："反正都是客户交代的，我原话转告给你了，你要记住哈，不然错了，我们又得挨骂了。"这样的 AE 和那群只知道传口信的士兵根本没有什么区别，要是真的在战场上，导致前进部队损失惨重的罪魁祸首往往就是这样的人。所以不要说创作部要指责，换了任何负责任的人都会指责的。

这是典型的没有用心工作的人。前面谈到作为 AE 必须要用心，这里需要继续强调这个问题。AE 在接到客户的工作指令之后，千万不要去做照本宣科的事情，一定要想尽一切办法去了解客户及其工作指令，要把其中每一个隐藏的细节挖掘出来。当我不在，客户又无法联系上我的时候，小申接到了客户的工作指令，他不是立马冲去下 Brief，而是很快展开了针对客户需要宣传的产品的资料收集工作，这是他能够准确把握客户产品特征的重要前提。现在的很多 AE 是无法做到这一点的，他们往往喜欢照本宣科，客户怎么说他们怎么写，根本不会考虑客户工作指令背后的深层次需求。

前不久，我接到一家通信运营商的工作指令，他们因为开辟全新的营销渠道的缘故，和某个银行进行联合，需要在银行设立产品受理点，需要我们对受理点进行全面的规划。AE 在接到工作指令之后，立即想到的是公司需要外聘 3D 效果图设计人员，因为公司全是平面设计人员。我告诉她：这样想是没有错的，但是必须深入了解客户的需求，比如银行营业网点有什么特征？现场有什么位置适合我们去设立受理点？不同的银行网点都有什么特点？如何设置受理点的长宽比例？每一个受理点都有几个受理人员？现场设立什么样的功能区？功能区中谁是最重要的？顾客的动线应该怎样规划？客户需要的调性是什么？哪些元素是必须出现的？哪些元素是需要忽略的？

一大堆的问题立即让这位 AE 感到了茫然，于是我坐下来和她进行分析和交流："你要做好这项设计，就必须去和客户沟通这些问题。客户或许没有去思考，但是作为 AE，作为客户不可或缺的工作协助人员，作为创作部的眼睛，你必须去弄清楚这些问题。”

事实上，这也就是策略产生的方法。很多人有一种误解，认为策略就是用脑袋想出来的。不错，策略确实是大脑思维的最终结果，但是它必须有一个前提，就是要事先熟悉策略产生的背景资料。我更加认可“策略是来源于对资料的熟悉，在缜密的逻辑分析中得到的”这种观点。所以，AE首先要对客户的工作指令进行资料收集和整理，关键是通过分析形成自己的看法。有了看法，作为 AE 才可能告诉客户什么是适合的，什么是不适合的；有了看法，AE 才能准确地给予创作部方向，不让创意人员变成无头苍蝇。

有了方向，接下来 AE 需要做的就是，怎样去执行这项工作指令。在接到工作指令之后，AE 首先想到的是公司没有 3D 设计人员，这就是明显跳过了看法阶段直接进入想法阶段的例子。作为 AE 连基本的方向都没有，就算找到了 3D 设计人员，该怎样表述你要他完成的设计呢？作为一家通信运营商，在银行营业网点设立受理点，这是一个非常大胆和创新的举措，其中涉及的问题绝对不仅仅是把受理点的 3D 效果做出来那么简单。这个时候的 AE 如果能够为客户想得更多，那么获取客户的信任和信心真是很容易的事情，我相信作为客户也会喜欢这样的服务。那位 AE 很快联系客户，把我和她谈论的这些问题一一地和客户沟通，我促使她很快就发现这其中其实涉及一个重要问题，那就是客户在这个受理点的工作流程是怎样的？只有当我们广告公司知道了客户在受理点的工作流程，才能够规划出受理点的动线和功能区，也才能够知道该怎样去找到在不同银行网点设立受理点的共同规律，方案才具有真正的可行性。那么在实际工作安排的时候，作为 AE 的她是不是应该从规划客户的受理流程着手，来形成受理点设计的标准呢？

我发现很多时候，许多的 AE 在下单给创作部之后，因为没有看法的缘故，无法在心里形成工作完成的标准，所以当他们下单完毕之后，就一副万事大吉的姿态，潇潇洒洒去休息或者处理其他工作去了。一旦拿到创意成品，他也就谈不上审核了，直接丢给客户了事，似乎审稿必须是客户的事情。如果这样，客户要你这个 AE 来干什么呢？千万不要忽略这一点，在形成自己的看法之后，要深入思考怎样完成这项工作，形成对工作完成的标准，这就是想法。

AE 必须带着想法走进创作部，这是为创作部指明方向的重要步骤。很多 AE 对此感到迷惑不解，你不会要我们去想创意吧，那还要创意人员干什么？赶明儿，我去个什么培训班，学习学习设计软件，那我一个人把什么都做完了。其实我并不是要你作为 AE 也去想创意，毕竟隔行如隔山，但是你应该在创意完成之前就在脑海中根据你的看法有一个创意的雏形，这就是你评判最终创意是不是符合客户需要的标准。

真正有经验的 AE，不会对即将交给客户的创意作品不闻不问，他一般会先仔细看看这些作品，找到其中的不足，让广告公司的作品以最能代表公司实力的姿态出现，这样做，相信客户会对 AE 的工作刮目相看的。

三位一体是 AE 工作的基本原则，在实际的工作中，不妨这样去努力吧，有了想法再思考执行步骤，你会得到客户的认可，更会得到专业实力的提升！

2. 活到老，学到老

电通广告曾经在 2015 年 4 月 23 日推出了一个广告。这一天是世界读书日，电通于当天清晨 6:30—9:00 选择商务办公区、学校、机关等目标族群聚集地，设立早餐车，将面包片烘焙成具有高知名度的书籍名称，免费或低折扣地卖给上班族、学生等目标族群，传达“书籍，是人类最具有营养的精神大餐”的核心概念，从而促使受众重新建立阅读习惯。

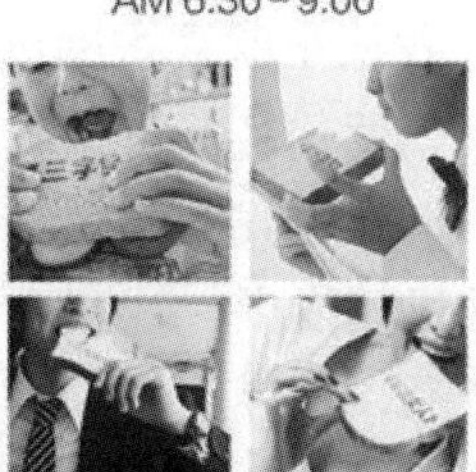

图 3–2　北京电通制作的 4・23 世界读书日广告

这个创意我非常喜欢，因为我本身就非常喜欢阅读各类书籍，家里面已经堆满了书籍。我如果随时随地感觉没有书籍可以阅读的话，生活似乎都失去了意义。于我来说，看书是一件非常愉快的事情。这个世界上有很多事情是我所不了解的，也没有办法去亲自经历的，而书籍正好可以补偿这样的缺憾。我曾经在一本书里面读到，为什么在德国，口袋本的书籍特别受欢迎，是因为德国人特别喜欢读书，而他们就是认为书籍是打开他们心灵视野的最佳途径。在德国的公共汽车上的每一个座位旁边都有一个放书的口袋，德国人无时无刻不在读书，甚至在搭乘公共汽车的时候，他们往往阅读完了一本书籍，就把它放在座位旁边的口袋里面，这样其他人也可以阅读。当然，你觉得这本书很好希望收藏，你甚至可以把它拿走。但是多数德国人如果喜欢本书，不会把它拿走，而是到书店去购买一本。

德国人喜欢读书，是世界公认的，其中的原因和德国整个民族强大的求知欲望是分不开的。众所周知，德国人是世界上最严谨的一个群体，他们做任何事情都一丝不苟，非常讲究标准化。正是德国人这种对阳光下的每一件事情感兴趣的精神，造就了德国人今天的性格。我虽然没有去过德国，但是对德国人的这种精神和他们读书的劲头，真是感触良多。

有资料显示，中国人年均读书 0.7 本，与韩国的人均 7 本、日本的人均 40 本、俄罗斯的人均 55 本相比，中国人的阅读量少得可怜。虽然我无法证实这个数据是否正确，但是网络上一篇《令人忧虑，不阅读的中国人》文章的确令人震撼。在现实生活中，中国人的的确确是不爱读书的。我记得我购买的台湾远流出版社出版的“实战智慧丛书”系列营销书籍，封底始终印刷着一段文字：“好书是一辈子的良师益友，不管书中传达的是一个观念、一个道理，甚或是一句话，只要能对我们有所启发，都让我们享用无穷。”这句话始终印刻在我的脑海里，我真怕自己缺少了阅读，就缺少了对时代的了解。

我从小就喜欢阅读科学幻想小说，法国的儒勒·凡尔纳，美国的阿西莫夫、罗伯特·安森·海因莱因，英国的 A·C·克拉克，他们的小说都无一例外被我阅读，其中对未来的描写让我联想翩翩。但是近几年科学技术的迅速发展，让我看到了许多原来只能出现在科学幻想小说里面的技术和产品，世界正在因为信息技术发生翻天覆地的巨大变化，而这样的变化也正在时刻影响着广告。

遗憾的是，我有一种不好的感觉，那就是今天的广告人在面对信息时代所带给我们的变化方面，已经远远落在客户的后面了。当人机交互技术、

VR和AR，以及社群技术不断渗透到我们生活、工作当中的时候，可能我们很多广告人连一些技术的基本常识都不知道。时至今日，我还看到广告人在给客户建议使用短信群发等手段，或许他们根本没有意识到移动互联网早已改变了移动终端媒体的游戏规则。

真3D渲染技术的出现，VR技术的逐渐成熟，对于房地产广告而言都是一场革命。但是我却发现并没有太多的广告公司有效利用这些技术，还是按照传统的方式创作着传统的平面广告，压根儿没有想过如何利用新技术来改变传统的广告模式。前不久，我在成都二环路边上看到一个楼盘的销售中心，挂出斗大的横幅标语："成都首家VR体验中心"，似乎很是炫酷!

我不知道这个体验中心是开发商提出来的呢?还是为它服务的广告公司提出来的?给我的感觉是，他们依然在用传统的观念思考如何利用新技术来吸引购房者。我不禁质疑这个体验中心的必要性。传统的地产营销都是设立销售中心等客上门，为什么不能改变一下思维，把销售中心变成移动的销售中心呢?让购房者主动上门拜访，这样的话VR技术才能真正发挥作用呀。北京的无忧我房在地产销售方面就走在了前列。这家公司利用VR技术实现了一次内容开发，在PC、移动终端和VR设备上都能够让购房者远程"身临其境"般地体验，同时实现了手机一键呼叫和微信一键分享等功能，让目标消费群体能够在自身感受的同时，把自己的感知分享给社交圈。

在过去，广告行业基本是分为代理公司、媒体公司和制作公司三个大的板块，区分是很清晰的，客户也不会介入广告的经营区域里面。但是信息技术改变了这一切。你现在可以说腾讯仅仅是广告主吗?可能不行了吧，大量的QQ用户群体导致腾讯本身也正在逐渐成为广告媒体运营商，而且腾讯所开展的广告媒体运营相对于传统的广告媒体，更具有量化的优势和广告形式多样化的优势，这些都是传统广告媒体公司所不具备的。网络实实在在的点击量可以直接给予广告投放者清晰准确的广告效果，而价格方面的优势也让更多的广告主对网络广告采取了青睐的态度。

Facebook也罢，Twitter也罢，越来越多的网络产品具有了广告功能，而二维码、SEO等新技术的出现也导致广告形式越来越多。遗憾的是部分的广告人依然没有意识到这一点，依然执着在他们所谓的专业领域，依然把美术创作看得比什么都重要，完全忘记了大师的告诫：一切为了销售!B2C、C2C……当更多的营销模式不断出现的时候，作为广告人，却患上了严重的短视症。

百度在经历了莆田系事件所引发的广告竞价排名危机之后，重新塑造了自身的形象，全新的平面广告发布在了媒体上。但是这个广告不仅策略明确，定位准确，设计的方式也是非常有趣的。一般而言，平面广告都是静态的画面，但是百度一反常态，打破常规，利用了 GIF 格式的形式，来巧妙地设计了自身的平面广告。

图 3-3　2016 百度公司发布的全新品牌广告，版权属于百度公司

图片来源：数英网 DIGITALING 用户原创文章

百度全新的品牌广告可以说是比较成功的，首先是品牌的定位，回归了百度产品“查询”的功能本质，那么这样的功能能够给予目标消费群体什么样的好处呢？广告语给了我们明确的回答：“每个问题的背后，是想做更好的心！”消费者用百度查询的每一个问题，都是希望找到更好的解决问题的答案。百度就能够满足你！这是一个很直接，也是直指消费者内心需求的定位。没有房地产广告公司或者其他本土广告公司那么复杂的说辞，什么产品定位，什么推广定位，什么品牌占位，搞得客户晕头转向，你以为显得很专业，其实客户对此一点都不感兴趣。

这个广告最大的亮点，就是在每一张平面广告下面有一个“百度一下”的搜索框。在这个搜索框中，设计人员和编程人员联手利用计算机技术，一个很简单很简单的技术格式——GIF 动画图片格式，将消费者询问的问题重复滚动了起来。

图 3-4　2016 百度公司发布的全新品牌广告，版权属于百度公司

图片来源：数英网 DIGITALING 用户原创文章

请注意我用粗线框标注的区域，就在这个区域之内，“百度一下”的搜索框内的问题是不停地滚动的。这样的平面广告形式顿时可以让目标消费者感觉到新颖，会产生浓厚的兴趣，也是利用计算机计算的一个最好范例！

图 3-5　2016 百度公司发布的全新品牌广告，版权属于百度公司

图片来源：数英网 DIGITALING 用户原创文章

由于书籍是静态的，我不能完全展示这个广告的魅力所在，所有有兴趣的朋友可以到网络上去搜索来自己细细品鉴。从这些广告当中，可以看得出百度品牌是用心在对待每个平凡却努力生活的人，这不正是每一个普通人想要的吗？

3. 信息时代，AE 必须掌握商业模式规划

广告人历来不重视商业模式，或者说根本不知道什么是商业模式。和广告人交谈的时候，我总是发现在很多的时候，广告人过度地追求所谓的创意，按照客户的话来说：想法是好，但是缺乏执行的可能性。我的一个朋友在深圳成立的一家公司，专门做地产广告。他的一个地产客户向他提出，希望做信息化小区，想询问他有什么建议。这位朋友直接告诉客户，可以做网络购物，因为这是现在很流行的业务，也是代表未来购物发展的趋势，而且地产行业里面从来没有人做过。听朋友说，客户对这个创意非常感兴趣，我也觉得这个创意很有想法，但是想法归想法，怎么实现呢？

于是我和这个朋友就这个问题展开了探讨。我第一个想询问的就是，在社区里面设立网络购物，销售什么呢？朋友告诉我，就销售日用品，如酱油、方便面和水等。他说深圳现在都是这样，一个电话打到小区楼下的士多店，就可以送货上门。“那么这个商业模式是什么？”我紧接着询问。朋友要我首先为他解释什么是商业模式？我就直接询问他，怎样运作整个流程？比如如何下单购物？如何确认订单？如何组织货品？如何送货上门？如何收钱？还有就是盈利点在哪里？涉及哪些需要盈利的单位或者部门？网购时货品的价格是不是要比自己亲自购买时的价格便宜？如果是便宜的话，从哪里支付送货上门的费用？如果利润空间有限，是不是要提高送货上门的门槛？怎么提高，是规定订单金额？还是额外收取送货上门费用？

一连串的问题让朋友当时就懵了，他没有想到一个小小的网络购物还涉及如此之多的环节。我笑着告诉他，还没有完呢！如果要在这个小区实现网络购物，使用什么手段来进行支付呢？是现金支付，还是利用支付宝、微信支付等第三方支付手段？如果使用第三方支付工具，第三方支付工具的拥有公司如何合作？如果现金支付，如何确保营业员不私下侵吞公款？

我提出的执行问题实在是太多了，最开始我的朋友还寄予希望物业公司的保安可以免费协助完成这个配送，反正都是举手之劳，还能给业主留

下好印象。但是当我提出物业公司凭什么免费来做这件事情的时候，我的朋友终于意识到他给客户所提出的方案不具备可执行性，在实际操作方面会遇到太多的不可确定因素，最终他主动放弃了这个方案。未来是信息时代，而在这样的时代里面，商业模式成为决胜的关键。美国今天很多广告企业都开始建立专门研究商业模式的部门，针对未来的市场胜出关键开展各种研究。

在这个方面，我建议作为广告人首先转变自己的观念，不要把自己局限在所谓的广告传播专业领域里面，要时刻注意到信息时代所带来的转变，所以活到老，学到老，不要局限自己的视野！

中文简体版于 2011 年 8 月推出的，由瑞士 Alexander Osterwalder 和比利时 Yves Pignerur 联合撰著的《商业模式新生代 Business Model Generation》是这方面的经典之作，作为移动互联网时代的广告从业人员不得不读，而且不能够只是阅读一遍就够了！

移动互联网时代的来临，迫使广告行业不得不转型，还记得吗大卫·奥格威老先生的至理名言吗："一切为了销售！"时代改变了，广告为销售服务的方式也必须加以改变。传统的服务都是客户的产品已经成型，广告公司只是为这个产品寻找到与众不同的差异点，然后针对目标消费群体的需求进行策略规划和创意！

但是今时不同往日，今天广告从业人员或许要从产品的规划设计就开始介入。每一个互联网产品或者利用互联网技术的产品，都有相当的独特性，不把这个独特性准确地把握住，后期的广告如何开展？

更关键的是，广告公司现在的转型是处于第三次信息革命时期。第一次农业革命和第二次工业革命，我们都好理解，也非常明白农业技术的发展和蒸汽机技术为人类进步、企业发展带来的变化。但是面对第三次信息革命，未知的变化还很多，不要说是广告公司了，就是身在其中的互联网企业都是不敢说百分之百的清楚。

埃隆·马斯克（Elon Musk）是继苹果的前 CEO Steven Jobs 之后一个广告人更应该学习和了解的人物。这个 18 岁就移民美国的来自南非的青年，创造了许多让人瞠目结舌的奇迹。埃隆·马斯克是 SpaceX、特斯拉汽车及 PayPal 三家公司的创始人，他远远地将世界甩在了身后。从他创立 PayPal 公司这件事情，我可以清晰地感受到，这个商业天才之所以把世界远远丢在了身后，是因为他比谁都清楚移动互联网时代的商业模式，他的每一次成功都和他精心规划的商业模式密不可分！

按照《商业模式新生代》一书的介绍，商业模式的定义是描述了企业如何创造价值、传递价值和获取价值的基本原理，整个商业模式的规划分为9个重要的构造块：客户细分（Customer Segments）、价值主张（Value Propositions）、渠道通路（Channels）、客户关系（Customer Relatioships）、收入来源（Revenue Streams）、核心资源（Key Resources）、关键业务（Key Activities）、重要合作（Key Partnerships）和成本结构（Cost Structure）。这是一个非常完善的商业模式规划结构，其中AE要非常明确的就是以下几个板块：

● 客户细分（Customer Segments）——目标客户群究竟在哪里？是一群什么样的人？他们的内心是怎么样的？他们的需求在哪里？这不是简单地说说：18~55岁的消费群体，收入每月3000元，男性居多云云这样非常笼统的话语，而是要真正找到这个族群，了解他们内心的想法，洞察他们内心的需求。电通在其官网上经常会发布他们市场研究的成果和消费者洞察的结果，小型广告公司无力完成这方面的调查或者客户没有预算和经费，可以从类似电通这样的大型广告公司官网上去下载，或者到网络调查公司网站上去下载，如艾媒网。

● 价值主张（Value Propositions）——常常听到广告人大言不惭地评论到：“USP（ Unique Selling Proposition ）理论已经过时了，这些观点太陈旧了！”其实这是错误的认识，20世纪50年代初美国著名广告大师罗瑟·里夫斯（Rosser Reeves）提出的这个理论直到今天依然是非常重要的。在这里的价值主张就是USP，它是吸引目标消费族群的必备要素。成都某地产广告前段时间密集推出一个候车亭广告，画面上面斗大的四个字：“不二？不二！”。观看者完全不知道是什么意思？仔细查看，才发现下面小小地写了一行字：“××地产的××楼盘，您的不二之选。”这样的广告，完全忽视了对价值主张的陈诉，就是仅仅想靠所谓的噱头来吸引购房者的眼球，但是不是真的有效果，恐怕开发商最清楚！

● 渠道通路（Channels）——客户的产品是怎样销售的？销售结构是怎样构成的？在这个时代，不了解这些广告推广是没有办法做的，因为在移动互联网时代，渠道和通路已经大大地丰富了，不再局限于传统的销售渠道，网络的发达让人们的购物已经发生了巨大的变化。

● 关键业务（Key Activities）——我的一位朋友接触到了一个客户，客户约她喝早茶，沟通沟通。在头一天晚上，我给了她一张客户访谈表，其中有一个问题就是关于客户的关键业务是什么？她第二天和客户喝完早茶之后，回传给我了访谈表，表单里面很明显地反映出客户对自己的关键业务都一无所知。往往在这个时候，广告公司应该发挥重要的作用，利用归纳法为客户找到他的关键业务所在，不然广告公司不会知道要为客户去推广什么东西。

●成本结构（Cost Structure）——这是我想让 AE 最后要特别关注的一个方面。曾经的一个朋友邀请我去四川大学工商管理学院会议室参加一个聚会，是成都 6 家广告公司联合举办的广告专业知识培训。当天现场来了二三百号人，坐得满满当当的。第一个培训环节就是“怎样做好 AE”，上去了几家广告公司的所谓 AE 总监，讲了半天，只是说说怎么拜访客户，怎么记录客户的要求，怎么和客户保持良好的关系，内容大同小异，理论多过可操作的实际专业手段。没有一个客户总监谈到，AE 应该把控好项目的成本，保证公司有足够的利润空间。我想或许他们都一致认为控制成本应该是财务部的事情吧！

4. 不用心，万事皆难成

讲了这么多，我在这里不得不提到比较重要的两个字——“认真”！

认真是什么?

认真就是无论做什么都要用心！我前面谈到一个问题，就是关于“Account Executive”的中文翻译。如果您认真阅读了（再次强调认真二字），应该记得，我前面曾经提到过营业担当这个词汇。对于“Account Executive”一词的中文翻译，我个人更加偏向于日系广告公司对“Account Executive”的称谓翻译——营业担当。“担当”在日语里面含有承担责任的意思，就是意味着你一旦接受工作任务，那么就要对这项工作任务的结果负责。要真正做到这一点，或者说敢于对工作结果负责，就必须是用心地投入工作，这就是我在这一节想谈到的内容。

其实在所有日系公司里面，不管是不是广告企业，都有营业担当这个职位。在日本电通公司，每年都会给员工发放一本 Dennote，我不知道这个中文应该叫作什么，权且叫作《电通手册》吧。这是一本不大的 GTD 手册（关于 GTD，会在后面和大家谈到），可以说，是一本长方形的很朴素的手册，电通要求员工随身携带，不仅在工作中要随时使用，更要在闲暇时间多多翻阅这本手册。这本 Dennote 除了 GTD 工作记录部分，还有一个重要的数据资料部分，总共分为两大部分，第一部分是关于电通本身的，一是电通的经营理念，二是电通人的行为准则。第二个部分是每年更新的商业数据，保证电通员工及时掌握日本及东京的商业信息。这是一个保证员工专业基础形成的有效途径。

手册中关于电通本身的那个部分是非常重要和关键的，它包含了电通经营方针、人才价值创造宣言、电通企业理念、成为电通人的条件、电通企业活动纲领、电通人的行为规范《鬼十则》、电通人的行为基准、个人情报保护和管理的基本要领，以及社歌和电通发展简史等多个小章节。通过对这些章节的阅读，任何一个新人都能够较为详细地了解电通及其企业文化。特别是行为规范部分，总共就是十条，很容易记忆，并不像本土一些广告企业，总是厚厚的一本员工规范手册，还没有翻阅，估计都被吓坏了。而且往往这种厚砖头式的行为规范，执行是最不理想的。

电通《鬼十则》在日本广告界产生了巨大的影响，直到现在，有很多广告行业以外的日本企业也把《鬼十则》作为自己企业员工的行为规范，或者在《鬼十则》的基础上进行修改来作为自己企业的行为规范。中国台湾省的广告企业深受日本广告的影响，也纷纷把《鬼十则》作为自己企业发展的行为准则。

而在《鬼十则》里面提到最多的就是主动，而要真正做到主动，就必须首先认真，认真地看待工作，认真地对待工作，这就是用心！其实做一件事是不难的，难的是用心去做一件事。特别是 AE，必须反反复复地去做同一件事情，任何人都可能产生厌烦心理。往往这个时候，是不是坚持用心去做，就成了关键。我很佩服天业广告的总经理曹成，这么多年了，他所创办的《品牌几何》网站，始终坚持走专业的路线，一直到今天的微博，多年以来从来没有改变，任凭其他广告网站以所谓的点击率为核心不断调整改变，始终坚持纯专业的路线，最终吸引了大批追求广告真谛的优秀广告人。我可以从这个我常常去看的微博中看到创办者曹成的执着，以及他对广告行业的热爱！我想只有用心的人才会这样。

天下的事情往往就是这样，只要用心，就没有办不成的。《北京青年报》在 2001 年 9 月 18 日采访了日本电通广告的第八任社长成田丰先生。在接受采访中，成田丰先生谈到："对于新进入电通的员工，这几年我在入公司的典礼上都会赠送给他们一句话，以使他们能够成为专家。这就是英文字母'S''P''E''A''K'。'S'是诚实和真挚，这是做人的根本；'P'是热情，对工作的热情、责任心和对广告的无限热爱；'E'是经验，体验和实践的积累非常重要；'A'是完成工作的能力，就是要出成果；'K'

是知识。作为一个广告人，每天都要吸收新的知识，不能失去好奇心和对知识的渴望。”其中，“S”和“P”讲的是诚实、真挚、热情和责任心，不外乎也是告诉每一个电通人，对待工作一定要用心。

在接受记者采访的时候，成田丰先生进一步谈到：“电通认为广告是企业沟通活动的主要手段之一，所以其目的和作用并不局限为一个。所谓好的广告就是指能够得到广告目的所预期的结果的广告。广告活动的几个目的之一是促进商品或服务的销售，为此而构筑值得信赖的品牌的长期的广告活动也是非常重要的。什么样的人能够成为优秀的广告人？用一句话来说是具有出色的‘人的综合力’的人才。所谓‘人的综合力’就是指拥有智力、体力、精神力、丰富的感性，或者说是敏锐的洞察力和准确的判断力，坚持到底的实施力，发挥团队的力量，扭转局面的能力等。提高‘人的综合力’的根本是善于并努力去理解人。能够成为优秀的广告人的人才是不仅智商要高，情商也要高，能够在今后的时代活跃的人才。”

离开电通之后，我依然认为自己的综合力始终是不足的，需要不断地学习。这几年，我依然不改两个习惯，一是到处留意优秀广告，一旦遇上，就用电脑、照相机或者扫描仪等多种工具收集下来，因为多看看这些优秀的广告，对提高自己分析广告的能力和领悟客户广告要求的能力有着很大的帮助；二是广泛地阅读各种书籍，我看书的范围往往非常广泛，从历史到哲学，从企业管理到营销，从小说到杂文，只要是自己感兴趣的就买来阅读，这样可以获得广告以外的很多知识，很容易把自己的视野扩大。

我曾经谈到过广告人应该是通才，不能把眼光局限在所谓的广告专业里面，让自己看得更多更远。阅读正是不断提升自我综合力的唯一途径。最好每星期都去书店浏览有哪些刚出版的书，在头脑中建成目录文件，每周更新一二次，把自己当成 FBI 情报员，建立专属于自己的知识情报网，如果以后有需要，可以知道有哪些书会用来救急。

5. 让客户放心的工作承诺

前段时间准备和一家汽车公司合作，他们的一个新车大约会在 7 月底上市。双方在开会的时候，客户问我：这样的广告费投入之后，你们能够给我们保证在销售量上完成多少？面对这样的问题，我早已经不吃惊了。坊间充斥着太多这样的广告公司了，动不动就给客户保证投入多少广告费，一定有多少多少的销售收入进账。我不清楚这样的广告企业，是如何计算出来投入的广告费和销售营业额之间的关系的，或者说是通过怎样的经济学公式计算出来的？至少就我目前知道多数广告公司是没有这样的统计学或者说经济学计算能力的。

2007年的时候，我有幸开始服务某通信运营商的一个子品牌旗下产品，作为成都某外资广告企业的营业担当时常出现在电信的办公室。有一天，我去开会，正好遇到一家本土广告企业的总经理来开会，这家广告企业也正好在服务这个通信运营商的一个子品牌旗下产品。他们服务的是即将开始的电话预约挂号这一项业务产品。一走进会议室，我就可以感受到其中的气氛，是非常的热烈，这位总经理正在热情激昂地谈着她对广告的认知和看法，我也有幸悄悄坐在一旁仔细聆听。她谈的很多，从IMC（整合营销）谈到了体验营销，结合电信的特点，又深入谈起了如何在电信产品中实施体验营销。正好那段时间，电信内部的营销培训课程也是关于体验营销的，整个会议室的人员都被她的谈话深深吸引了，人人都非常专注地聆听。

这个会议几乎成了她的专场演讲，我也不得不承认，她的口才确实很好，远比我好得多。她终于谈到了她要推广的产品，这次是结合体验营销，她林林总总地谈起了各种利用体验营销方式来进行推广的观点，很明显这个通信运营商产品推广部的工作人员对此感到非常的新奇，于是给予了她很高的评价。最后，电信营销推广的负责人询问道："你预期在本月之内可以完成营业收入160万元的任务量吗？"

这位广告公司总经理笑了起来："你们（客户）尽管只有20万元的广告费用投入，我保证你们本月的销售任务160万元一定可以完成，不仅可以完成，按照我的预估本月甚至可以做到200万元！"这句话一出来，我都差点从座椅上吓得跌到地上了。客户们为她说的话，都激动地鼓掌。我也承认，她的这一番话说得非常的好，不仅很激励人心，而且很具有震撼力，可以让任何与会者对未来充满了期待。

我不可能说的有她的发言那么好，不过还是需要泼泼冷水。假定，喔，对了，是不需要假定的！客户在本月的销售营业额任务就是160万元，那个投影在墙上的PPT文件页面上用红字醒目地标注着。其他就暂时不用说了，这个说话很能激励人心的广告企业总经理是根据经济学的什么公式，或者说是营销学上的什么公式，居然可以准确地计算出投入20万元的广告费用，可以帮助这个通信运营商的产品在本月的销售营业额可以直接上升到200万元。我真的很想和她当面就这个问题请教一下，虽然到今天一直不能如愿，但是我还是非常佩服这个广告公司总经理的心算能力。放眼整个行业，有如此心算之能力者，恐怕也是屈指可数吧。很幸运的是，笔者在今天就亲眼目睹了她令人佩服的心算能力。

一个月之后，当我再次走进客户的会议室的时候，客户在会议中展示了一个 PPT 报表，上面的数字显示，整个产品营销在上个月的营业收入只是完成了接近计划营业收入的 10%，我没有见到当时那个侃侃而谈的广告公司总经理，面对这样的成绩，想必她也不好再谈什么了。但是我在想获得这样的销售业绩，难道就仅仅是广告的原因吗？

那么广告和销售之间到底有没有必然的联系呢？有，可以非常肯定的这样说。这种必然的联系是完全存在的，如果说广告不是为销售服务，那肯定是错误的。还是提到我们尊敬的奥格威大师吧，他老人家也不是常常说：一切为了销售！广告不是为销售，这样的广告拿来有什么用处呢？

但是广告和销售之间是一种什么样的关系呢？难道广告真的能够直接拉动销售吗？这是目前广告业界一直争论的问题。就像前面讲到的广告公司，或许在他们的公司内部，一定就坚定地认为广告是可以直接拉动销售的，不然那位总经理不会拍着胸口说，完成 200 万元也不成问题！但是凡事讲个证据，广告费用投入的多少和销售量的变化有必然联系吗？同样广告费用的投入，可能在不同的时期，或者不同的营销阶段，销售量肯定是不同的。既然是不同的，那么由此建立对 ROI（投资回报率）的计算公式和销售量的预估公式必然也是不一样的，至少我们得先去了解一下产品同比销售量以及变化规律吧。就算是新产品，也得有个科学的预估吧。何况广告只是营销的一个环节而已，影响销售量变化的还有价格、渠道等因素呢！如果每一个广告人都像那位总经理那样可以准确预测销售量了，我就想仔细询问一下她是怎么判断价格、渠道和促销等因素的了。

我曾经在百货业工作过一段时间，每周会从公司电脑部拿到当周的全部报表。从这些报表的数据可以清晰地发现，广告和销售量的变化有密切的关系，而这种关系体现在广告一旦出街，销售量会因此提高；而广告投入越多，销售量也会因此增长。可以说，销售量的增加和广告量的投入成正比。深入研读这些数据，更进一步可以看到，广告对销售量变化的影响主要集中在信息的传递，比如成都摩尔百盛每年开展两次的“大减价”活动，这个促销活动不管是从活动的规模和活动参与的门槛来说，都是非常不一样的，不仅规模很大，而且参与的门槛很低，全场所有货品基本都开展促销，促销力度也是从 3 折起，没有单票消费金额的限制，可以说这是非常好的促销活动。

但是如果这样的活动，没有广告的话，整个成都会有几个消费者了解，那么整个摩尔百盛精心准备的促销会有好的结果吗？会有理想的销售额吗？所以广告在这个时候显得非常的重要，准确地说，它和货品准备、价格谈判、款式安排等一同成为决定取得良好销售业绩的重要因素之一，它对于取得良好销售业绩所发挥的关键作用就在于准确传达本次促销活动的关键信息，吸引目标群体来积极参与。

而至于通过投入一定的广告费用，来推断可以取得多少销售营业额，或许是我了解不多，至少我从来没有见过。我倒是常常在大型企业里面看到制订营销计划的时候，根据预估的营业额收入来判断和预估广告投入费用。还是说说摩尔百盛吧，在 2003 年 7 月的大减价中，在“大减价”促销活动开始前的三个星期里面投入了大约 20 万元的广告费，在活动的头三天取得了最好的效果，整个三天的销售额达到了 1000 多万元；但是在 2004 年 7 月再次举行的“大减价”促销活动，在活动开始前的三个星期依然投入了大约 20 万元的广告费，在活动的头三天取得了销售额 1700 万元的效果！可以发现，相同的广告费用投入，可能影响到的销售额变化也是不一样的。而这种不一样，作为广告人应该深入研究两次广告的信息传播的不同点，媒体组合的差异，消费者接触信息的习惯是不是有所变化等和传播有关的问题，而不是热衷于计算投入 20 万元广告费，可以拉动销售达到多少万。我依然记得的是 2004 年 7 月摩尔百盛在对这次“大减价”促销活动进行销售预估的时候，计算得到的数字是 1200 万元上下，因此广告费按照 2003 年的比例控制在 2%。

广告人是必须给予客户承诺的，客户才会觉得选择聘用你和你的公司是值得的，但是一定要记住，承诺之前找到自己的依据，信口开河绝对不是一个 AE 应该有的操守！作为广告人的我们，必须要清楚地认识和理解广告和销售之间的联系，广告人和广告企业真正的实力就在于我们清楚地认识和理解了广告和销售之间的联系，而不是简单地在客户面前大拍胸口，一句简单的承诺随便说出口。广告人和广告企业的专业度正是体现在这里，你对客户所做的承诺能够实现吗？

销售量的变化涉及因素实在太多了，不仅仅是一个广告因素可以左右的，而企业的因素涉及企业营销管理、内部管理等要素，这些要素不是作为企业合作方的广告公司所轻易能影响的。所以作为广告人的我们不要轻易给客户关于销售量的任何承诺，做好传播工作才是广告的本质。我们并不需要暗夜的传说，久走夜路，迟早是要遇到鬼的。

当客户问我：这样的广告费投入市场之后，你们能够给我们保证完成多少辆汽车的销售？我站起身，很正言地告诉客户："我不能保证，我也拿不出保证的理由，因为我完成的是传播任务，它只是你们整个营销环节中的一个环节，如果这样的一个环节可以完全影响和左右整个营销，你何必还需要市场部、客户服务部等部门呢？出于成本节约的需要，留下一个广告部不就可以解决全部的问题了吗？"

会议结束的时候，客户叫住了我们，他满脸笑容："你说得很坦诚！"是呀，广告人需要坦诚，我们不需要去做出我们不能协助客户实现的承诺！

第四章　扎好马步，从收集和判断优秀广告开始

1. 从学会收集广告开始 AE 生涯

还在深圳电通的时候，公司从台湾电通调了王露华女士过来，做客户群总监。当时我才 31 岁，而她已近 40 岁了。她是典型的台湾女人，说话嗲声嗲气的，一口台湾普通话，让人很容易分辨出她来自台湾。来到深圳，她立即着手一个系列的培训，先是统一了全公司的专业词汇和用语，直到今天我都感觉她这个第一步是多么的重要，多么的关键。回到成都最初的那段时间，我几乎没有办法和小组的本土工作人员沟通，他们往往是各人有各人的词汇，大家本来说的是同一个问题，但是往往就是因为术语不统一，导致争论半天。

王总监接着开展了如何看懂数据、如何下工作单和如何进行广告整体运作方面的一个系列的培训，其中有一项我认为非常重要的培训就是要求每一个营业担当和市场媒介人员，都拿起剪刀，每天早上汇集所有深圳的重要报纸，然后把其中的优秀广告和涉及客户行业的广告统统剪下来。

这是一项很枯燥的工作，而且相当无聊，但是这又是一件很重要的起步工作，是 AE 开始自己征程的重要开端。但是仅仅剪下广告是不够的，还必须把竞品新闻、竞品软文、行业资讯和行业政策剪下来，然后汇总。

当时深圳大学广告系有不少学生到公司来实习，从和他们的交谈中可以感到，他们对未来的广告职业生涯充满了希望和期待，幻想着来到外资广告企业，就会有白领一般的生活，有自己的办公桌，有自己的电脑，但是他们很快就失望了。王总监要求行政部买了不少剪刀回来，一人发了一把，每天都可以看到他们集体坐在会议室里面，剪着一份份报纸。

剪报看起来简单，缺乏技术含量，但确实是广告公司最重要的工作之一。长期以来，我都认为广告是信息传递工作，要善于准确地传达信息的前提，就是要善于收集信息。剪报就是收集信息的方法之一，也是为客户提供月报的重要信息来源之一。

资料从报纸上面剪下来之后，并不等于工作就结束了，重要的工作还在后面，那就是汇总和整理。怎么进行汇总和整理工作呢？这里有一个小诀窍教给大家，就是要学会对剪下来的资料进行编号。那么怎样进行编号呢？

编号首先要统一写在资料的右上角，这样方便查找。写编号这样的小事，没有规定任何标准之前，大家一定会按照自己的意愿，想写在什么位置就写在什么位置，其实这是为下道工作制造麻烦的开始。往往在根据收集的这些资料编写客户月报，或者做竞争对手广告分析的时候，造成资料分析的难度大，从而浪费大量的时间。这里提醒一句，注重细节是工作效率的保证！

编号的编写方式是：竞品名称—广告形式—刊登媒体—版面位置—广告大小。举一个例子，在服务深圳电信的小灵通产品的时候，我们和客户交流和沟通之后，了解到客户最直接的竞争对手就是中国移动的神州行，于是我们集中收集神州行的广告和新闻、软文等，广告资料的编号就应该是：移神 -B- 深商 -11-1/2。让我们来理解这个编号：中国移动神州行的品牌（Brand）广告刊登在《深圳商报》第十一版上面，版面大小是1/2版，清晰明了。这里必须对第二项“广告形式”进行说明。广告形式是指这个广告是什么广告？是品牌形象广告（Brand）？还是促销广告（SP）？抑或者是产品上市广告（Product）？这些形式都是需要区分的。

我始终认为，广告是一个信息传递的行业，要做好这份工作，最重要的就是首先要懂得和善于掌握比别人多的信息。而如何掌握更多的信息，这就和我前面提到的AE必须养成的一个习惯有密切的联系——对阳光下的每一件事都感兴趣！只有做到这一点，才能够做到随时随地对任何事情感兴趣并关心，这样才能保证信息不容易从你身边溜走。

要做好AE，千万不要轻视一把剪刀的效能，它能够让你学会有效地剪报，更能够让你学会收集信息，这样你才能做好后面我即将谈到的更多AE的工作，如编辑客户月报，如整理分析竞争对手的广告策略，如洞察消费者的消费心态，等等。

或许你会觉得很麻烦，但是万事开头难，等你真正面对客户业务不断变化的技术和市场，你就会明白你的辛苦没有白费。不是说，你一定要比客户还要更加了解客户的行业吗？你以为你不天天泡在客户的行业里面，就能够比客户了解得多吗？不可能，你只能花费更多的时间去收集资料，做足功课，才能和客户的知识面合拍。

最后的工作就是一定要在资料编号完成之后，安排扫描，要形成电子文件。为什么要这样做？我就不在这里陈述原因了，都进入信息时代了，没有电子文件可能行不通吧。怎么命名这些电子文件呢？编号是什么，就用它来作为文件名。或许你会问，那文件名不是很长很麻烦？没有关系，Windows 操作系统支持长文件名！

时至今日，我依然保持着剪报的习惯，尽管已经转型开始做光缆通信工程建设，这个习惯依然陪伴着我。为了做好光缆通信建设，我汇总了一本相当丰富的光缆通信建设政策和技术手册，令中国电信的光缆团购主管部门大吃一惊，反过来从我这里要了不少的文件。

其实在今天移动互联网如此发达，已经不需要再用剪刀和胶水了，如今的媒体多数都有电子版了，在网络上可以轻易地找到。一般来说，媒体会把平面广告以 PDF 的格式发布在网络上，如何截取？办法就很多了，第一种办法就是把 PDF 格式文件保存到自己的电脑的本地硬盘上，然后使用 Adobe Photoshop 软件或者其他裁剪图片的软件，把广告单独裁剪下来，按照上面介绍的命名方式进行命名，并用一个专门的文件夹装起来；方法二就相对比较简单，目前 Windows10 自带的截图功能非常方便，自己调取这个功能，在屏幕上直接截取 PDF 格式上的广告就可以了。对于在互联网环境下成长起来的年轻 AE，千万不要随便来询问应该怎么做，我已经讲得非常清晰了，如果自己一点不动脑筋，可能不太好吧，这不符合这本书的一个基本原则——学习！

每天早上第一件事就是收集当天的平面广告，然后分门别类建立文件夹归档整理。一个月下来，你会看到你已经收集了不少竞争对手的资料。如果你懂得书到用时方恨少的道理，就不会临时抓狂了！当新客户或者客户的新需求到来的时候，当客户新的战略出台的时候，你会很轻松地就能在自己的电脑中调出竞争对手的资料，你给予客户的建议相信就会言之有物了！

2. 懂得判断什么是优秀的广告（一）

什么是优秀的广告？对于这个问题，或许有人会说了，不同的人有不同的观点，你怎么能够统一大家对优秀广告的评判标准呢？大多数人都持有这种观点。但是我不这样看，优秀的广告应该是有统一的评判标准的，而且优秀的广告是没有地域限制的，很多优秀的广告不管是在国外还是在国内，即使没有文字或者是没有中文，依然让人在观看之后发出会心的微笑。

先让我们来看看下面这个广告。这个广告画面上没有太多的文字（唯一的一点文字，也是英语），整个画面上除了家庭的场景，我们看不出有什么特别有美术设计的痕迹，整个设计简单明了，直点主题。你看出来这个广告是在传达什么信息了吗？

图 4–1　沈阳心理研究中心　母子篇

资料来源：2015 戛纳创意节户外类铜奖，收集自太平洋电脑网　创作者：奥美（北京）

你看出来了吗？让我们揭晓谜底吧，这是奥美（北京）广告有限公司为沈阳心理研究中心创作的广告，它所传达的核心十分突出，移动互联网时代的低头一族实在是太多了，他们只顾把玩自己的手机，忘记了和自己的孩子交流沟通，忘记了照顾自己的孩子。如果从一些广告人的眼光来看，这个广告有什么创意？根本谈不上创意，整个广告没有一点美术的感觉，不就是把手机放大了嘛，有什么了不起的？这个我们也会呀。其实这样的观点恰恰就错误了，这是一个非常有创意的广告，即使自己的孩子就在身边，也不去和她说说话，一起玩玩，你说这样的低头族还有资格做一个合格的母亲吗？答案就在孩子的脸上。

这就是我所谈到的第一个判断是不是优秀广告的重要标准——独特的销售主张（USP）。USP 策略是 Unique Selling Proposition strategy 的缩写，即独特的销售主张，或称独特卖点。该理论创始人是罗瑟・瑞夫斯，他是广告界公认的大师，广告科学派的忠实卫道士，也是获得“纽约广告名人堂”荣誉的 5 位广告人之一（其他 4 位是威廉・伯恩巴克、李奥・贝纳、乔治・葛里宾和大卫・奥格威）。瑞夫斯曾任达彼思广告公司的董事长，提出了著名的“USP 理论”，即“独特销售主张”，这一理论，对广告界产生了经久不衰的影响。他运用这一独特理论策划了经典广告案例 M&M 巧克力豆。他也是我所敬重的广告大师之一，有兴趣的读者可以去找找《实效的广告》一书来看看，里面详细介绍了 USP 和达彼思广告公司，案例丰富，是一本不可多得的广告经典书籍。

采用 USP 策略，要以商品分析为基础，并以广告商品在功能上有明显差异为前提。这是挖掘 USP 的关键，但是今天反省我们多数的广告，其实早已经忘记了这个关键要素，USP 所发挥的作用就是要让受众在众多的信息源里面可以记住该产品的亮点。瑞夫斯将 USP 理论定义为以下三部分：

● **明确的销售主题**。广告必须对消费者有一个明确的销售主题，必须对受众说明：买这样的商品，你将得到怎样的特殊利益。这一主题，应该包括一个商品的实在效用（功能性利益点）和可以给予消费者的情感体验（情感性利益点）。

● **销售主题的独特性**。这一项主题必须是独一无二的，它应该是竞争对手无法提出，也不能提出的。它最好没有被其他竞争者宣传过，是一个品牌或者诉求所具有的独特个性。

● **销售主题的普遍性**。这项主题必须很强烈，足以影响上百万的社会大众，它是必须能够推动销售，必须能够影响消费者的购买决策，促使新顾客来购买商品。

基于上述对 USP 这一评判标准的介绍，让我们看看奥美（北京）为沈阳心理研究中心所做的另外几张平面广告。

图 4-2 沈阳心理研究中心 父子篇

资料来源：2015 戛纳创意节户外类铜奖，收集自太平洋电脑网 创作者：奥美(北京)

图 4-3 沈阳心理研究中心 夫妻篇

资料来源：2015 戛纳创意节户外类铜奖，收集自太平洋电脑网 创作者：奥美(北京)

如果你看完这些广告，感觉到内心的沉重，那么不用说我也该明白了。遗憾的是，当我们放眼周遭的广告的时候，太多的广告背离了这样的原则，许多广告弄出来什么二大主题、三大核心、四大卖点、五大特色。你当消费者的脑袋是光子脑呀，可以记忆这么多。2010 年 4 月的第 320 期《新周刊》上面谈到了房地产广告，这是一个最忽视 USP 的广告群体，“豪华别墅，稀有放盘，十年难遇，天赐良机，享受尊贵，×× 开始！”这样的广告实在是满大街都是，真不知道消费者是不是早已麻木，还何谈记忆？《新周刊》这样评论：“一条集合了常见房地产商梦话的广告语。‘豪华’‘稀有’‘天赐’‘尊贵’，而重点‘十年难遇’每个城市都起码有上百个。”

实在不清楚这样的广告在销售什么？其实细细体味罗瑟·瑞夫斯和大卫·奥格威的观点，都无一例外地谈到了，广告一定要对销售有帮助。但是反观上面的广告卖点，说实话，真不知道它想传达一个什么意思。而这样的广告在我们周围比比皆是，“八千里，江山如此多娇；六十载，盛世 ×× 年花！”真不知道这样的广告想传达什么，想告诉消费者一个什么样的承诺？“×× 地产，百闻不如一见。”这个广告的信息更是苍白无力，消费者完全从中阅读不出任何可以带给消费者好处或者利益点的承诺，和《新周刊》评论为“假广告经典案例”的广告语——“用过的都说好”简直如出一辙。

这就是我想谈到的第二个评判标准：一个要给予消费者一个实实在在的承诺，而这个承诺是消费者愿意接受的，并且可以带给消费者明确的好处的！

说到这里，我想举一个非常不错的案例，就是益达木糖醇。2005 年 8 月，“益达洁白笑出彩色人生”大型笑容征集活动在全国宣布启动。活动广告在 22 个重点城市投放，一夜之间，人们在路牌、车体、地铁站、楼宇液晶电视、电子屏幕、电视、明信片、网络等都能看到这样的广告：“我的笑容是洁白的，我的浪漫是红色的；我的笑容是洁白的，我的希望是绿色的；我的笑容是洁白的，我的热情是橙色的；我的笑容是洁白的，我的梦想是蓝色的。”洁白的牙齿、灿烂的笑容，在这个闷热的夏天如清凉的风拂过，在动人的笑容里，益达重夺失去的市场份额。

图 4-4　益达口香糖　笑容篇

图片来源：作者于 2005 年拍摄于成都白马候车亭

这是我近年来看到的最出色的广告之一，本来益达木糖醇和乐天木糖醇就是竞争对手，恰好乐天品牌及其产品是我所在的一家日本广告企业上海总部在负责，当时邀请了古天乐来做代言。益达受到了乐天在市场上的强大压力，二者在产品功能上要找到具有差异化的功能性利益点，实在是不容易，因为二者都是保持口腔清洁和牙齿洁白，功能上几乎一样。但是益达却走出了不同的道路：如果一个人的牙齿洁白了，它可以给予这个人在心理上什么样的好处？这就是益达思考的方向，于是“我的笑容是洁白的，我的浪漫是红色的；我的笑容是洁白的，我的希望是绿色的；我的笑容是洁白的，我的热情是橙色的；我的笑容是洁白的，我的梦想是蓝色的”出现在了人们的视野中。当时隔一年多以后，我在四川师范大学和广告系的学生交流的时候，学生们依然回忆起了这一系列的广告。所以我再次告诫大家：一个优秀的广告一定只有一个 USP，而这个 USP 是可以给予目标受众在功能上和情感上好处的。带着这个结论，让我们再看看其他的一些优秀广告。

我在成都的候车亭曾经看到一则广告，广告语是这样的——“快！再晚就没有了。”这是一则房地产的广告，我不明白的是看广告的消费者为什么要听你广告语所催促的，“再晚就没有了。”这个地产房子好在哪里？消费者凭什么相信你真的是几乎要被抢购一空了？这是典型的此地无银三百两式的广告承诺，空洞缺乏吸引力，难道消费者都是白痴，他们不会思考：既然这个房子这么好卖，何必再打广告呢？给予消费者空洞无味的承诺，就是一种欺骗。或许我们早已经忘记了大卫·奥格威先生的忠告：绝对不要制作不愿意让自己的太太、儿子看的广告。诸位大概不会有欺骗自己家人的念头，当然也不能欺骗我的家人，己所不欲勿施于人。

什么是优秀的广告？这个问题是不是已经非常清晰了。评断一个广告是不是优秀，不是站在美学的角度，而是要站在消费者认知的角度，如果广告不能够说出消费者心理的需求，是谈不上优秀的。还好大师们给予了我们很明确的方向，不管是罗瑟·瑞夫斯还是大卫·奥格威，他们都谈到了广告应该是有助于销售的。这是一个老生常谈的问题，之前我也曾经谈到过，但是相信你看到这里已经更加清晰了，对销售有助的广告，就是只有一个明确易记的销售主张，这个独特的销售主张应该具有差异性，能够给予消费者实实在在的功能上利益点和情感上利益点。不要忘记了，消费者不是白痴，他们不会为不能给他们带来好处的产品埋单的！

3. 懂得判断什么是优秀的广告（二）

记得龙之媒曾经卖过一本书，书名好像是《学会分析广告》什么的，因为时间太久的缘故，我已经不大记得了。但是这本书是我认为广告人最应该看的，广告人要提高广告素质，必须从学会分析广告迈出第一步。

但是这一步不是那么容易迈出的。时常听到广告人评论一个广告，基本都是在讲这个广告的排版怎么怎么不理想，颜色如何如何不协调，字体如何如何不适合，似乎很少有人去看这个广告的卖点是不是突出？画面和广告 slogan 是不是一致和协调？这是一个非常典型的误区。大卫・奥格威先生在很多年前就告诫我们："广告是推销技术，不是抚慰，不是纯粹美术，不是文学，不要自我陶醉，不要热衷于奖赏，推销是真刀真枪的工作。"但是我们在今天似乎忘记了这样的忠告，过分地追求画面的美术表现，以及过于文绉绉的广告文字，完全沉醉在了一种自娱自乐的状态之中，从很多方面都忽略了消费者的感知。

"时尚人士，往往喜新恋旧。"这句话作为明显的广告语出现在了广告最显著的位置，但是要细细品味这句话，还真看不出它想传达一个什么意思，和它所要销售的地产产品之间有什么必然的联系，更谈不上可以给予消费者什么样的功能性利益点或者情感性利益点。画面上有四个人正在打鼓、弹吉他、吹萨克斯，这样的画面很难让人联想到和喜新恋旧有什么必然的联系。

什么是创意？谈到这里，我想提出这个问题。书本上关于这个解释已经非常多了，说得也不错，但是我认为电通的沼泽忍先生的观点更为恰当：广告创意是一种价值创造，可以把消费者心中的想法浅显易懂地传给客户，同时把客户心中的想法浅显易懂地传给消费者（来自于何辉著《电通如何成为第一》）。大约是在 20 世纪 90 年代，曾经有一期《中国广告》上刊登了一位台湾广告人对广告创意的观点文章，其中谈到了探询事物的本质，这是我认为对广告创意最正确的看法，也是对广告创意最精彩的剖析。

文章里面谈到，其实广告是一种信息传递，就是把广告要推销的产品或者服务，所独有的特征，以消费者愿意接受的方式推销给消费者，引发消费者的兴趣，最终诱发其购买行为。这就是说，广告调研是一个探询广告商品差异化的过程，发掘广告商品差异化之后就是探询差异化背后所蕴藏的本质，这就是策略形成；在找到本质之后，用消费者喜闻乐见的形式（可以是故事、比喻等）把这个本质传达出来，这就是广告创意。这段陈述，让我想起了一个短篇小说。小说介绍了一个学生曾上山下乡，到了一个很偏远的农村，依然坚持学习，特别是自己喜爱的数学，就因为高中时代他深受数学老师的影响。1977 年国家高考制度恢复，他也参加了高考。发榜之日，他带着忐忑不安的心走到了发榜的地方，在这里，他碰到了在“文革”中深受迫害，已经下肢瘫痪的当年的数学老师，老师陪着自己的女儿来看榜。当他见到老师的时候，激动地说不出话了。而老师却很平静，缓缓地告诉了他这些年自己的际遇和对他们年轻一代的期望。小说在这里描写得非常精彩，其中的一个说法让我至今难忘，那就是老师使用数学的语言来描述了他自己的经历，因为学生始终坚持自学数学，所以一听就明白了老师在说什么。虽然这个小说本身和广告无关，但是却告诉了我什么是沟通和传播，那就是要用你沟通和传播对象的语言来陈述事情的本质，这样对象才能理解。

因此，广告创意就是研究广告产品本身所蕴藏的差异化本质，用生活的语言（故事、比喻等）把这种差异化本质简单地传递给消费者，让消费者产生共鸣。

看某个广告是不是真的具有良好的创意，这也是判断广告是不是优秀的重要标准，而不是把眼光集中在所谓的美术排版上面。大卫·奥格威先生在他的著作《奥格威谈广告》里面曾经有一章节，题目就叫作“和宝洁竞争”，里面谈到了宝洁的一个重要观点：他们（宝洁）深信广告的首要在有效的沟通，不是为了创意或为了娱乐而做。这是一条非常重要的告诫，遗憾，我不得不再次说遗憾，今天的许多广告人早已经忘记了这个告诫。

分析一个优秀的广告的另一个重要方面就是，仔细看看创意是不是围绕给消费者实实在在的承诺展开的。先让我们来看一个出色的广告，这是我的朋友阿杰在上海为一个新加坡企业所做的。

这家名叫 SCHOTT 的新加坡企业，主要生产玻璃器皿仪器。它的产品应用广泛，在电视机、电脑、手机等产品上都有应用。阿杰和他的小组在接受这个项目之后，仔细而深入地研究了产品。这一点很重要，所有在麦迪逊大道上成名的大师们无一例外都十分强调这一点，包含宝洁，也十分关注产品的研究。通过对产品的研究以及对市场的访问，他们发现 SCHOTT 的产品应用广泛，是竞争对手无法比拟的，只能够用“无所不在”

来形容。这个核心成为了他们广告的策略，阿杰和他的小组必须围绕“无所不在”进行创意。

图 4–5　新加坡 SCHOTT 玻璃制造公司　生活篇

图片来源：由原创作团队中的创意娄宇杰提供

当我在大学为研究生讲述这个案例的时候，我做了一个小小的测验，我把这个策略大大地写在了 PPT 上，投影出来，希望在座的广告方向的研究生们就此展开创意，用英文写出这个广告的 slogan。于是这群天之骄子纷纷开动脑筋，想尽一切办法，最普遍的就是翻译成 Immanence——这个形容基督教上帝无所不在的单词。当然还有一些翻译的 slogan 是与众不同的，在这里我就不一一列举了。让我们回到阿杰和他的小组的创意上，他们的文案用了一个极其普通的单词，普通到任何会点英语的人都看得懂的单词：Here。整个广告画面谈不上有什么美术设计上的创新，画面设计干净而简洁，都是 SCHOTT 应用于其他行业的产品，每件产品上面都是那个普通的单词：Here。它仿佛在告诉观看广告的人：这个产品也用到了 SCHOTT 的产品，这个产品更用到了 SCHOTT 的产品，还有这个，实在太多了，你看看，SCHOTT 的产品应用多么广泛。

我看完这个广告之后，真的很佩服阿杰和他的这个团队。虽然我不知道写出这个创意的文案是谁，但是我觉得自己一定没有他做得那么好，一定需要向他多多学习，因为只有深入了解产品，熟悉产品差异性的人才会有这样精彩的创意，也只有懂得去满足市场和消费者需求的人，才会有如此精彩的创意。让我们再来看看其他两个 SCHOTT 的广告：

图 4–6 新加坡 SCHOTT 玻璃制造公司 天文篇

图片来源：由原创作团队中的创意娄宇杰提供

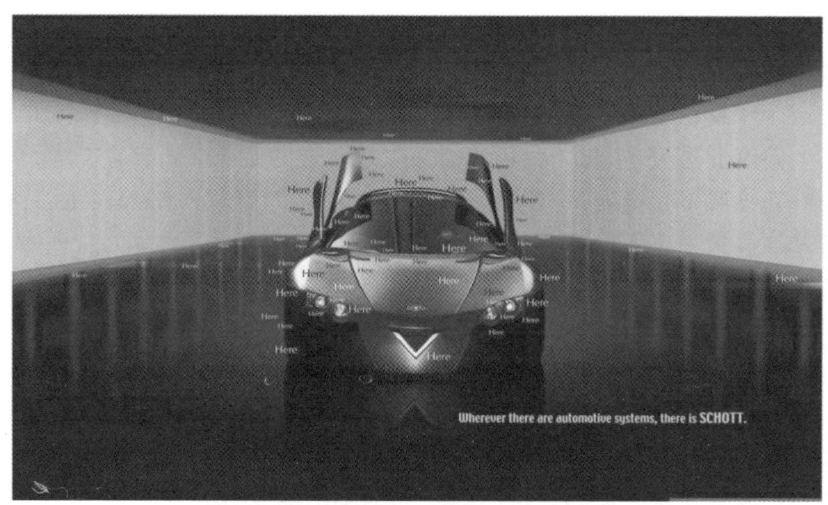

图 4–7 新加坡 SCHOTT 玻璃制造公司 汽车篇

图片来源：由原创作团队中的创意娄宇杰提供

对于是不是优秀广告的判断标准，我讲了三点：

● 广告是不是拥有一个独特的销售主张，而不是一大堆让人无法记忆的所谓卖点；

● 广告是不是给予消费者一个实实在在的承诺，而不是放诸四海而皆准的空头支票；

● 广告的创意是不是围绕所给予消费者一个实实在在的承诺展开的，而不是出于美术的角度来进行创意。

这三个观点始终贯穿在我的日常工作中，时刻提醒我，也告诫我，不要在为客户服务和创作广告的过程中，忽略客户和消费者的感受，要用他们的语言来陈述和沟通，这样的广告才是有效的。

4. 电通安吉斯的社会化营销案例：C&A

记得当年曾经翻阅过龙之媒出版的《数位达尔文主义》和《网络广告第一课》这两本书，应该说，这两本书让我开始对网络传播有了一点点朦朦胧胧的感觉了，具体的有什么印象已经不记得了，但是隐约间可以感受到一股巨大的浪潮正在扑面而来。

中国互联网络信息中心（CNNIC）已完成第 38 次《中国互联网络发展状况统计报告》，报告中详细分析了中国网民规模情况，截至 2016 年 6 月，中国网民规模达到 7.10 亿，半年共计新增网民 2132 万人，半年增长率为 3.1%。这样飞速发展的速度，一时间让各种互联网的概念充斥着广告人的头脑，似乎有一种应接不暇的感觉，这也导致了很多广告企业无法快速地进行转型，跟随上移动互联网发展的速度。

每一天乘坐地铁的时候，无数的低头族已经成了中国城市的一道风景线。低头族们总是把玩着手上的移动终端设备，不断地回复信息，不断地发送信息，喜怒哀乐都在手指尖之间流淌。以至于周遭正在发生什么，他们全然不顾。这不得不让今天的企业主们长吁短叹：哎，越来越搞不懂现在的用户心理。

其实何止他们，今天的广告公司也发出一样的感慨。移动互联网的迅速发展大大加快了人们生活工作学习的节奏，同时也不断地拓宽了人们的视野，许多出街的广告已经无法再有效地吸引受众者的目光了。广告主和广告公司都在发出一个疑问：广告究竟要怎么做才能在移动互联网的时代是有效的？

广告公司应该如何面对这样的变化呢？点击北京电通的官方网站，可以看到一个非常精彩的案例，它来自于北京电通为 C&A 服装品牌所做的一次成功的广告推广战略。C&A 是一家诞生于荷兰的服装品牌，最先售卖比基尼的就是这个品牌。C&A 创始于 1841 年，从引领市场潮流，发展到跨界合作，其时尚的风格成为不可逾越的一个标杆之一。随着移动互联网时代的来临，C&A 也逐渐向环保方向发展，它的品牌内涵注入了全新的关注人类和环境要素在其中。如何让目标消费群体了解到这一点，成了 C&A 最关键的课题。

北京电通的创作团队巧妙地利用了两件事情，完美地把它们结合在了一起。一件事情就是“洞察消费者的内心需求”，在北京电通的官方网站上，我们不难看到一段对消费者需求的描述：“随着经济的快速增长，中国消费者的购买力水平也突飞猛进，年末促销季的购买力度尤其强劲。”而另外一件事情，就是涉及 C&A 品牌的新元素——关注人类和环境：“C&A 作为一个国际性服饰品牌，希望为那些买不起冬衣的中国贫困山区的孩子们送去一份温暖。”这两件事情组合在一起就演变成了 C&A 在冬季促销时节来临之际，如何让消费者享受折扣的同时又奉献出自己的一片爱心。

我曾经阅读过小米黎万强先生所著的《参与感》一书，非常赞同其中的观点——参与感，而在北京电通为 C&A 服务的这个案例中，电通的创作团队就充分利用了消费者的“参与感”。

“我们希望利用互动数字技术使人们参与到慈善捐助中来，让城市中的消费者可以在商店内轻松愉快地享受捐赠过程，将他们的爱心送给那些需要帮助的孩子。在 C&A 促销打折季期间，我们在店内设立特殊的试衣间‘Changing Room’。在这个试衣间中，你不仅能更换衣服，而且能改变一些孩子的生活。在这间特殊的试衣间中，当消费者将衣服挂在挂钩上时，会激活显示需要被捐赠对象画面的 LED 屏幕，消费者可以通过选择捐赠自己折扣额度的方式轻松实现捐赠。”电通在其官方网站上是这样描述对 C&A 这次广告推广的创意构思。

“2015 年 12 月 10 日—2016 年 1 月 10 日，‘C&A Changing Room’一个可以改变生活的试衣间诞生。活动期间，当消费者从试衣间的衣架上取下将要购买的衣物时，通过重力感应，打印机将会自动打印出不同折扣的打折券，消费者可以根据自己的选择捐出折扣，C&A 就会为山区孩子送去新衣。

你奉献的小小折扣，给孩子带去大大温暖，这个冬季，C&A 与消费者携手一起，让温暖不打折。”

电通在其官网上描述了这次活动的执行时间并详细展现了活动执行过程中的图片。

这个广告获得了2016亚太广告节促销类（2016 ADFEST Promo Lotus）银奖。本来中国人对于捐款并不是很热衷，但是通过数字互动技术，促使每一个进入试衣间的消费者，都能够用心实实在在体验到贫困山区儿童所面临的困难，虽然同样是折扣旺季，但是消费者却用自己的热心通过新兴的数字技术，为身在远方也素未谋面的孩子们送去了一份温暖。

这是电通安吉斯集团旗下的CDC（跨界沟通创意中心）CHINA机构联合服装品牌C&A所做的一个跨界沟通创意案例，它的精彩之处在于，不仅仅是简单地把品牌形象传递出去了，更重要的是为品牌形象增加了强烈的公益色彩。

本来一件服装除了保暖的功能以外，无非就是彰显穿衣者的个性和品味，但是电通的创作团队为这个产品和这个品牌赋予了全新的内涵——“为山区的孩子送去新衣，让他们享受一个满载温暖的童年。”（摘自北京电通官方网站的案例说明）这是一种充满了公益色彩的温暖，每一个消费者都会为自己能够参与到这样的善举之中感到骄傲。这样的打折销售和公益捐助消除了那种硬桥硬马的感知，让消费者在愉悦的消费体验中完成了一个帮助贫困山区儿童的善举。较之天天喊着放血打折口号的强力推销和摆着红十字捐款箱的直接募捐，这种社会化营销的体验感是完全不一样的。面对LED屏幕所出现的对比画面，即使没有任何一个文字，其强烈的视觉对比也能够给予消费者极其震撼的冲击力和记忆力，更不消说那直击人心的八个字——“轻轻一挂予他温暖”，更是能够触动每一个消费者心灵深处的善知！

其实中国人多数内心是善良的，也是愿意帮助他人的。电通创作团队巧妙地利用跨界沟通，把本来不相干的两个企业行为（打折销售和公益捐助）结合在了一起，给予了大众优惠购买和捐助爱心的良好体验，也为C&A品牌在大众心目中塑造了更加阳光的正面形象！

第五章　做好 AE 必须具备的基本功

1. 学会看懂甘特图是时间管理的第一步

对于 AE 来说，往往在一天之内手头堆满了事情，如果不进行合理的安排，那么很有可能出现一团糟的混乱局面。要安排这些众多的事情和工作，时间管理就显得尤为重要。说到时间管理，必须先来做一个小小的测验：

请问，如果每天都有 86400 元进入你的银行户头，而你必须当天用光，你会如何运用这笔钱？或许你会问，天下真有这样的好事吗？但是你真的有这么一个户头，那就是“时间”。每天每一个人都会有新的 86400 秒进账。那么面对这样一笔财富，你打算怎样利用它们呢？

首先，让我们来做一个关于时间管理的测试。

下面的每个问题，请你根据自己的实际情况，如实地给自己评分。计分方式为：选择“从不”为 0 分，选择“有时”记 1 分，选择“经常”记 2 分，选择“总是”记 3 分。

①我在每个工作日之前，都能为计划中的工作做些准备。

②凡是可交派下属（别人）去做的，我都交派下去。

③我利用工作进度表来书面规定工作任务与目标。

④我尽量一次性处理完毕每份文件。

⑤我每天列出一个应办事项清单，按重要顺序来排列，依次办理这些事情。

⑥我尽量回避干扰电话、不速之客的来访，以及突然的约会。

⑦我试着按照生理节奏变动规律曲线来安排我的工作。

⑧我的日程表留有回旋余地，以便应对突发事件。

⑨当其他人想占用我的时间，而我又必须处理更重要的事情时，我会说“不”。

结论：0~12 分：你自己没有时间规划，总是让别人牵着鼻子走。

13~17 分：你试图掌握自己的时间，却不能持之以恒。

18~22 分：你的时间管理状况良好。

23~27 分：你是值得学习的时间管理典范。

通过这个小小的测验，足以发现你对时间的掌握和控制情况。我在前面谈到过，AE 最重要的一项任务就是项目管理，而项目管理的基本功是什么呢？那就是时间管理。要有效地进行时间管理，最为重要的就是学会看懂并使用甘特图。

甘特图（Gantt chart ）又叫横道图、条状图 (Bar chart)。它是以图示的方式通过活动列表和时间刻度形象地表示出任何特定项目的活动顺序与持续时间。它是在第一次世界大战时期发明的，以亨利·劳伦斯·甘特先生的名字命名，他制定了一个完整的用条形图表示进度的标志系统。由于甘特图形象简单，在简单、短期的项目中，甘特图都得到了最广泛的运用。

亨利·劳伦斯·甘特是泰勒创立和推广科学管理制度的亲密的合作者，也是科学管理运动的先驱者之一。甘特非常重视工业中人的因素，因此他也是人际关系理论的先驱者之一。甘特先生和《科学管理原理》的作者泰勒是同一个时代的优秀企业管理者，他们对人类企业管理的贡献是无法比拟的，今天的很多企业管理者的思想都深受他们的影响。但是非常遗憾的是，在今天的许多本土广告企业，其实对企业管理是非常淡漠和忽视的，特别是中小型的广告企业，基本谈不上企业管理，也因此导致了项目管理中的种种弊端，最终形成了时间管理上的混乱。

让我们回到甘特先生，他很重要的贡献就是提出了任务和奖金制度，这源于他一直强调对工人进行教育的重要性，重视人的因素在科学管理中的作用。他很注重生产计划的进度管理，为此制订了甘特图，不管是在当时，还是在今天，这都是管理思想的一次革命。

甘特图具有以下三大优点：图形化概要，通用技术，易于理解。

人类接受信息最直观的方法就是图形，甘特图有效地利用了这一特性，图形化地展现项目进度，非常直观和易于理解，任何项目的进度通过甘特图一展现，都变得一目了然。

甘特图有效地划分了项目进展的各个环节和阶段，分成便于控制进度的几大子项，在大的子项下面又可以划分和区别小的子项目，便于工作的分化和时间节点的掌握。一般来说，中小型项目的子项目划分在 30 个左右比较理想。

目前可以绘制甘特图的软件非常多，就我个人而言，一直使用的是 Microsoft 的 Project 专业版，它足够一个广告企业进行项目管理的需要了。

甘特图内在思想简单，基本是一条线条图，横轴表示时间，纵轴表示活动（项目），线条表示在整个期间上计划和实际的活动完成情况。它直观地表明任务计划在什么时候进行，及实际进展与计划要求的对比。

管理者由此可极为便利地弄清一项任务（项目）还剩下哪些工作要做，并可评估工作是提前还是滞后，抑或正常进行。

甘特图具有简单、醒目和便于编制等特点，在企业管理工作中被广泛应用。甘特图按反映的内容不同，可分为计划图表、负荷图表、机器闲置图表、人员闲置图表和进度表等五种形式。而在广告公司，AE 使用最多的就是计划图表，AE 通过使用甘特图，才能肩负起项目管理的重任。

项目	工作内容		执行单位		9月														
			机构	人员	14	15	16	17	18	19	20	21	22	23	24	25	26	27	28
市场研究部分	提案策略讨论		ADK成都		■														
	竞争对手广告资料收集（包含DM广告及NP广告）		ADK成都		■	■													
	竞争对手购物环境布置（主要针对店内陈列以及POP）		ADK成都			■													
	竞争对手购物环境分布(主要针对楼层商品分布)		ADK成都			■													
	竞争对手消费群体描述(根据央视索福瑞资料得到)		ADK上海			■	■	■											
	成都市商业零售行业资料	成都主要商圈2006状况	ADK上海			■	■	■											
		各个商场2006年销售状况	ADK上海			■	■	■											
		消费者购物选择习惯	ADK上海			■	■	■											
		各个商场2006广告投放状况	ADK上海			■	■	■											
		各个商场2006促销活动状况	ADK上海			■	■	■											
	IY现场观察		ADK成都			■													
	IY消费群体描述		ADK成都			■													
	IY以往周年庆活动资料		ADK成都						■										
	IY贩促课广告、媒体、SP人员访谈		ADK成都			■	■	■	■										
	IY忠诚顾客群体FGD（以24～36人为限）		ADK成都						■										
	IY所处商圈市场调查（以样本量200～300为限）		ADK成都							■									
品牌分析阶段	成都收集资料汇总整理		ADK成都							■									
	成都资料汇总分析		ADK成都							■									
	商圈资料汇总分析		ADK成都							■									
	小组策略分析会议(完成课题：客户需求是什么?突破点在哪里？我们的策略方向是什么？)		ADK成都								■								
	小组会议（完成课题：购物环境的改良及9周年庆活动全案规划策略及主题）		ADK成都								■								
	策略PPT形成及创意简报下达		ADK成都								■								
提案准备	创意会议（完成课题：购物环境的改良点构成； 9周年活动主题设计方向及物料设计 9周年活动SP及PR		ADK成都								■								
	创意设计	主题活动LOGO	ADK成都									■	■	■	■				
		主形象画面	ADK成都									■	■	■	■				
		广告（CF、NP、DM）设计	ADK成都									■	■	■	■				
		现场物料延展设计	ADK成都									■	■	■	■				
		协助POP售点广告设计	ADK成都									■	■	■	■				
	媒介策略	媒介策略提炼	ADK上海						■	■	■	■	■	■	■				
		媒体规划及媒体排期	ADK上海						■	■	■	■	■	■	■				
	SP及PR活动规划		ADK成都									■	■	■	■				
	提案PPT汇总整理		ADK成都													■			
提案前期	公司第一次内提(完成课题：提出修改意见)		ADK成都													■			
	PPT进行修改		ADK成都														■		
	公司第二次内提(完成课题：计算提案时间)		ADK成都														■		
	与客户预约提案时间		ADK成都														■		
	正式提案		ADK成都																

P.S：请各位同仁密切注意自己的时间安排，以便工作的顺利开展。

图 5-1　作者在日本 ADK 成都分公司工作时制作的甘特图

上面的图表是上海 ADK（旭通）广告为伊藤洋华堂做年度战略提案报告的时候所做的甘特图。这是一张典型的使用 Microsoft 的 Project 软件绘制的甘特图，图表的最上列是分类栏，包含“标识号”“任务名称”“工期（完成该项目或者子项目所需要的时间）”和“开始时间”等。“标识号”所辖的竖栏是工作项目的编号，在计算机上面称作 ID 号。“任务名称”所辖的竖栏是全部项目的分类，包含了阶段项目和其下的子项目，比如“产品开发规划”是整个项目的总任务，“阐明产品业务定位”是阶段大项目，其下有“审核业务市场”等八个子项目。“工期”是一个很关键的栏目，广告企业多数会忽视这个环节。客户今天晚上安排设计一个稿子，说明天早上就要。广告公司为了维系客户，往往就会答应，但是从来没有广告企业认真思考过完成一项工作需不需要时间，需要多少时间。在广告公司内部，似乎迎合客户的工作时间要求成了天经地义的事情，而没有人去关心是应付这项工作重要，还是认真完成这项工作重要。“开始时间”就不用我解释了吧，连工作开始的时间都无法安排的人，就不要做项目管理了。

在分类栏的右边是时间栏，在这里用图形清楚地描绘出每一个子项目的进度状况，一目了然。在图表的下面是标识栏，里面标注了各种进程所要使用到的图标的形态和颜色，一一对应时间栏里面的标识。

那么怎么样绘制甘特图呢？事实上，只要熟练掌握 Microsoft Project 软件的使用技巧，就会感觉非常简单，而且能够达到事半功倍的效果。

首先第一个步骤就是分解项目，这一阶段的工作非常关键，需要把项目执行所涉及的各项资源全部整理出来，然后根据项目的需要对所有整理出来的资源，按照轻重缓急进行分类和分配。分类的对象是工作阶段，分配的对象是该项目阶段的执行人。

项目分解所涉及的环节还不仅仅是以上内容，还要根据项目进展的时间，将项目分解成大的几个阶段，我们称之为一类子项目。然后在明确一类子项目的基础上，再向下细化项目的二类子项目，甚至为了项目的顺利进展，还可以规划三类子项目，每一个类别的项目必须明确所牵涉的各项资源和具体的执行人。内容包括项目名称（包括顺序）、开始时间、工期，任务类型（依赖 / 决定性）和依赖于哪一项任务。

这就好比是用一个绳子将所有的珍珠串在了一起，最终形成一个封闭的生态链，保证项目顺利进行。所以大家在分解项目的时候，可以使用到麦肯锡的金字塔思考法，总项目在金字塔顶端，一类子项目是从总项目之下分解剥离出来的，而二类子项目又是从一类子项目中按照项目进展需要分解剥离出来的。

创建甘特图的第二个关键要素就是将所有的主项目和分类子项目按照开始时间、工期准确地标注到甘特图上。不同的分类项目之间存在必然的依赖关系和时间配合进度，保证各类子项目在大项目的统一目标之下环环相扣，从而产生动力推动项目的正常进展。

甘特图的第三个关键要素，就是针对实际项目运作过程中，不断地审视和反思主项目和各类子项目，以及涉及的资源分配和人员分配是否合理，是否在项目执行过程当中出现了不可预料的问题。一旦发生此类情况，应该及时调整子项目的安排，以及资源的重新调配和执行人的重新落实，保证各项子项目仍然能够按照正确的时序进行。也就是确保所有依赖性活动能并且只能在决定性活动完成之后按计划展开。

这个时候，对于进度表上的不可预知事件就必须要安排一定的适当的富裕时间（Slack Time）。但是，富裕时间不适用于一类子项目，因为作为一类子项目，是符合主项目的大分类，如果甘特图上连大分类都出现了致命的问题，那么不管是二类还是三类子项目，也都失去了存在的价值，这张甘特图就等于是全部作废，毫无用处了！

在实际工作中，绘制甘特图是非常需要时间的，因为它需要绘制者花费时间来考虑工作所要涉及的各个环节以及每一个环节所要花费的时间，这对于广告企业来说，似乎是一个不可能的任务。在多数广告企业一旦说到项目完成时间，往往以迎合客户的要求作为维系客户的基本，所以客户说什么时间就是什么时间；另外一方面，广告企业的员工们似乎多数害怕所谓的麻烦，一旦看到这么密密麻麻的工作安排，就觉得是一个很浪费时间的事情。我常常遇到一些 AE 来指责我："你与其有这个时间来折腾这些软件，画什么时间进度表，还不如利索点口头把工作交代了，直接明了，还节约时间！你这套东西都是理论上的，在广告行业不实际……"

事实上，广告行业正是因为缺乏了这种时间安排的观念，才导致了项目管理上的种种缺陷，引发客户不满的情绪。作为一名 AE，能不能静下心来思考一下，反省反省自己以往的工作中是不是出现了这样的心态呢?

2. AE 需要给自己不断地提醒

如果你没有出现上一节我谈到的心态，那么恭喜你，你至少已经认识到项目管理的重要了。正是由于广告企业长期缺乏项目管理的意识和手段，导致了多数客户认为广告行业就是一个拍拍脑袋便能够出方案的行业，似乎广告人需要做的就是动动脑，只要有奇思妙想就是专业的广告人。这是一种错误的想法。我的一个杨姓朋友，长期致力于房地产的品牌规划，每当他开始一个项目的时候，我总是看到他忙得天昏地暗，似乎要在一天之内把世界上能够做的事情都要做完。

为什么会这样呢？其实原因不在于老杨身上，他的客户，也就是那个地产开发商，似乎天生就认为广告人没有什么成本投入，也没有什么时间投入，就是动动脑，有了奇思异想，就是广告人。这位客户常常说的一句话就是："你们就辛苦辛苦，晚上回家想一想，明天早上把方案给我。"天啊，广告行业如果真的只是动动脑筋，什么策划方案，什么创意设计，就统统出来的话，这个行业实在太好做了，而且入门门槛真是低到没有的地步了。

造成这样的局面到底原因在哪里呢？其实就在我们广告行业本身。老杨要求我给他的团队的每一台电脑都安装 Project，要求每一个人会读懂、会使用甘特图。他决心在每一个项目开始之前，就把甘特图交给客户，他大声地告诉客户：广告人不是超人，工作也是需要花费时间的。

甘特图的重要作用就是控制和管理项目工作的进程，对于每一个节点的把握是非常关键的。我原来公司的总经理，一位来自日本在中国留过学的总经理波户智久先生，中文讲得非常不错，他给我的感受就是非常遵守时间。第一次见到他的时候是在成都时代广场，总监告诉我们，总经理将在 12:00 点来公司和大家共进午餐，全公司的人员三三两两大约在 12:10 步入餐厅，总经理已经坐在那里等候我们了。请注意，我这里使用的是"大约"，因为我们在下楼前往餐厅的过程中，谁也没有关注过真正的时间。

之后公司负责整个青岛啤酒在闹市区的 roadshow 活动执行，总经理再次飞临。下午的时候他拨通了我的电话，告诉我晚上他将到活动现场，希望在 20:00 和我谈谈，以便了解活动的组织状况。晚上 20:00 我的手机准时响了起来，总经理已经到达活动现场附近的一个咖啡馆。

其实生活中我是一个时间观念不强的人，但是这位总经理的时间节点把控让我觉得自己在时间管理上做得相当不好。也因此，我开始接触时间管理方面更多的东西，也在每一个项目开始前一定要为自己准备一个甘特图，并且打印出来，张贴在自己办公桌前面的木板上，以便起到随时提醒自己的作用，这样才能更好地控制时间节点。

甘特图最大的一个功效就是提醒、提醒、再提醒。人的记忆是有限的，我的一个朋友常常说："好记性不如烂笔头！"我很赞赏这句话，记性再好也难免有遗漏的地方，一个小小的遗漏可能带给你的就是对整个项目的严重破坏。广告的专业体现在什么地方，就是体现在项目管理的细节上，这是多数广告从业人员所忽略的观念。

要做好时间管理的办法很多，第一个当数制作重要的甘特图。在绘制甘特图的过程中，可以促使你作为 AE，有时间来思考工作中必须涉及的各种细节，同时把工作开展的阶段划分清晰，分解工作步骤能够注重每一个细节。甘特图绘制出来之后，一定不要忘记交给客户一份，这样让客户也清楚你的工作进展是怎样的，他对你的信任也由此开始建立了。

其次就是可以借助各种软件来完成时间管理。现在是信息时代，计算机技术的发展日新月异，这里我推荐大家升级使用 Microsoft 最新的操作系统 Windows10。为什么要使用 Windows10 呢？很简单，因为它不仅自带一个桌面便签纸的程序，很方便地能够把你最近要办的事情记录在上面，每天开机的第一时间，你就能够看到你待办的各种事项，简单、方便使用！还有更为强大的语音识别功能——Cortana。不管是用便签功能还是 Cortana 功能，作为 AE 都能够非常方便地记录下自己待办的事项和正在办理的事项的进展状况，或者结果。

现在利用智能手机上的 Siri 或者 Cortana，我们不用动手都可以方便地在任何地点记录下任何事情。

Siri 和 Cortana，对于时间相当宝贵的 AE 来说，实在是非常人性化的一个小工具。这里只能说一句话：作为一个 AE，关注时间节点，关注每一个细节，不要让我们的客户觉得混乱和无助。

3. 市场信息从哪里来

前面我曾经谈到过，广告传播就是准确地传递产品或者服务的信息，以促进人们的消费欲望。不管你是不是同意我的观念，信息时代的来临，都是一个不争的事实。我不知道今天的广告人是不是已经意识到了这一点，信息的爆棚，已经导致广告正在逐步从大众传播主导转向精细化分众传播。美国《连线》杂志主编克里斯·安德森所著的《长尾理论》就详细阐述了这样的变化，我就是阅读了这本书之后，感到受益匪浅，也真正第一次领悟到网络技术的飞速发展给广告带来巨大的变化。

但是不管怎么变化，对于广告而言，信息是最为重要的一个环节。我始终不认可广告是和美术密切相关的这种观念，尽管美术作为广告表现的重要手段之一，但是并不能代表广告的全部。广告行业里始终弥漫着一股艺术的味道，似乎某种艺术的流派就能够代表着广告的现状和未来。当许多广告人还沉醉于对艺术孜孜不倦的追求时，世界的广告已经发生了天翻地覆的变化。

当广告从大众传播向精确传播转变的时候，信息的收集整理和分析，成为 AE 获得客户信任和证明其专业能力的基础工作。但是作为一个 AE，要怎样收集整理市场信息呢？使用搜索引擎。

使用搜索引擎收集整理信息的方法很简单，就是使用一些关键词去搜索引擎中进行搜索。但是如何合理选择关键词就需要推敲了。什么叫“关键词”？就是你输入到搜索引擎的搜索框中的文字，也就是你命令搜索引擎要寻找的东西。这里我给大家介绍一些使用关键字进行搜索的小技巧。

关键字组合

有时候通过一个词是很难找到你要的信息的，比如你想要了解关于“互联网广告的发展趋势”，那么你输入“网络广告”，点击搜索，嘿嘿，肯定找不到你要的东西。为什么呢？这是一个热门的关键字，搜索的结果不少于千万。你必须要缩小这个结果，那么你可以通过搜索“网络广告　趋势”，中间用空格隔开。

关键字减法

这里套用前人的文字：学会使用减号“-”

“-”的作用是为了去除无关的搜索结果，提高搜索结果相关性。有的时候，你在搜索结果中见到一些想要的结果，但也发现很多不相关的搜索结果，这时你可以找出那些不相关结果的特征关键词，把它减掉。

比如，你要找“申花”的企业信息，输入“申花”却找到一大堆申花队踢足球的新闻，在发现这些新闻的共同特征是“足球”后，输入“申花？ -足球”来搜索，就不会再有体育新闻来烦你了。

问答式搜索

最简单的搜索引擎方式莫过于此了，比如你想知道“什么是信息收集”。那么你直接输入“什么是信息收集”作为关键字来查询，即可得到相关的结果，但是这个结果集比较小。

搜索指定类型的文件

确定你要搜索的信息的文件类型，也就是扩展名，以后在搜索的时候只需用“关键字 filetype:扩展名”的形式即可轻松找到你要的信息。“filetype:”

是百度开发的一个非常强大而且实用的搜索语法。通过这个语法，百度不仅能搜索一般的网页，还能对某些二进制文件进行检索。我们搜索“电脑爱好者 filetype:pdf”，可以看到搜索结果都是 pdf 格式的文件。喜欢看 Flash 动画的人有福了，通过使用“filetype:”语法，可以搜索到能直接下载的 Flash 歌曲、MTV，而不必使用专门的搜索下载工具。例如：搜索关于伍佰的歌曲 Flash MTV，输入关键词“伍佰 filetype:swf”。试试看，有没有你要的歌曲？

我所接触的多数 AE 似乎都非常害怕麻烦，什么麻烦呢？比如更换更新的软件，他们会告诉你，Windows7 非常好用，千万不要更换成 Windows10，或者 Office2003/2013 用习惯了，使用什么 Office2016 呀。其实我想说的是，越是 AE 越要想办法去体验更新的软件，一是可以感知很多新生事物，保证自己和最新的技术或者潮流一致；二是可以利用这些更新的计算机技术帮助自己提高工作效率，特别是在信息收集整理方面。

所以我向各位 AE 推荐一个小技术——RSS，也是收集资料的强大工具。RSS 是一种用于共享网页（WEB）内容的数据交换格式，一种由网站直接把信息送到用户桌面的技术，用户可以通过 RSS 阅读器订阅自己感兴趣的内容，当网站内容更新时，用户会看到新信息的标题和摘要，并可以阅读全文。RSS 是 Rich Site Summary（丰富站点摘要）或 Really Simple Syndication（简易信息聚合）的简称，是新闻出版、信息发布、互动交流领域新技术的奇葩。对计算机技术稍微熟悉一点的人都知道，鱼鱼桌面秀和 Windows 的侧边栏，都有订制 RSS 的功能。

那怎么订制 RSS 呢？首先，用户需要安装 RSS 阅读器，目前国外有很多优秀的软件，例如 RSSReader、FreeDemon、SharpReader、iSpace Desktop 等，国内也有诸如周博通、看天下等软件。

安装之后，就需要在支持 RSS 的网站上订阅自己喜欢的内容。以天极网的 RSS 频道为例，登录之后：

① 在页面中找到有 XML 字样图标，点击想要订阅频道的 XML 图标（如果已经给出了 URL 链接，可以复制后直接跳到第 3 步）。

② 在出现的新页面中复制 IE 地址栏中的 URL。

③ 添加为 RSS 阅读器的收藏频道。以 iSpace Desktop 为例，点击工具栏中的“新频道”，在弹出的“频道属性”窗口的“一般资料”选项卡中将刚才复制的 URL 地址粘贴到“Newsfeed 地址”中，在“分组”选项卡

中选择合适的频道分组后点击“确定”，iSpaceDesktop 便会自动连接上该频道获取 RSS 新闻列表。

按照以上方法，你就可以订制自己喜欢的频道和栏目了，当然收集信息也就变得非常容易了。

4. 每天清晨开始的第一项工作

广告传播是信息的准确传递，所以 AE 必须在清晨第一件工作就是收集信息。

电通新来的客户群总监王露华给我们这群客户部的总监们带来了不一样的工作方式。王露华一到深圳就着手开始整理公司正在服务的客户，很快把一张客户对接人员名单贴在了她的办公桌前面，名单上面有客户的姓名、电话和 E-Mail 地址。她接着把这些姓名、电话和 E-Mail 地址全部录入了她和客户对接的专用 163 邮箱里面，每天早上她总是提前 15 分钟到达办公室，打开电脑的第一件事情，就是在她收集的各大门户网站上面去查看和客户有关的各种新闻，如行业的政策、竞争对手的动态，以及消费者对该行业、该产品的反映等信息。然后她把重要的信息都一一摘录下来，做成一个简单的 doc 文件，用她的 163 邮箱一一地发给客户和对应的客户总监。

这个工作后来慢慢地转移到了我们各个客户总监的身上，原来以为会花上不少时间来收集整理和归拢资料，但是做了几次之后，每一个总监都渐渐地总结出了自己的经验，收集整理和归拢资料不再显得那么缓慢，也成了所有客户总监清晨开始的第一项重要工作。

客户收到这样的邮件，有没有仔细阅读过，我并不知道。客户也从来没有因为收到这样的邮件而说过表扬我们的话，我唯一知道的，就是如果有一天早上客户没有收到这样的一封邮件，他会打来电话，或者在 QQ 或者微信上面询问：为什么今天没有信息邮件？

之后我们又把相同的工作转交给了下面的 AE，很快所有的 AE 都养成了清晨上班的第一件事就是收集整理资料，这样做的结果就是，我们作为广告公司，慢慢地积累了大量的有关客户业界、竞争对手和客户产品消费者的数据，每当客户有什么需要查询的信息的时候，他们第一时间想到的就是我们，似乎我们成了他们的信息中心，也似乎我们对于他们的行业和产品了解得比他们还多。

我们是不是了解得比客户还多呢？我看并不见得，毕竟客户是一天到晚都和他的行业、产品打交道，我们没有像他们一样成天浸泡在一个行业中，毕竟 AE 可能不仅仅负责一个行业的客户。但是我们从信息的角度着手，确实让客户获得了良好的感知，他们至少可以看见为他们服务的 AE 是用心的。仅凭这一点，我相信所有的客户都会对 AE 采取一种认可和宽容的态度。

5. 工作袋是工作有序完整的保证

似乎很多 AE 养成了口头下单的习惯，冲进创作部就布置，所以有人开玩笑说，广告公司的大嗓门特别多。当我还在服务中国移动全球通的时候，曾试着想建立“工作袋”制度。什么是工作袋制度呢？简单来说，就是对资料进行有效管理和合理控制的一种方法。

AE 在下单的时候，必须把足够的资料给到创作部，这是非常有必要的。作为 AE，你应该对以下的场景不感到陌生。AE 匆匆填写完了创意简报工作单，交给创意人员之后，不断地听见创意人员大喊：“你怎么回事呀，这个设计需要的元素怎么没有呢？你要去找客户要呀！”于是 AE 不得不停下手中的工作大声回答：“喔，我知道了，我从 QQ 上传给你，接着啊！”

不一会儿，又看见创意人员跑到 AE 的办公桌前面，还是一样的大嗓门：“唉，你怎么资料都不给全，你叫我怎么设计？”于是 AE 又不得不再次停下手中的工作，又重复着之前的话：“喔，我知道了，我从 QQ 上传给你，接着啊！”

之后，创意人员还会怒气冲冲地过来：“还有资料呢？你这个人怎么这么恼火，给个资料都给不全！”或许作为 AE，现在也是火冒三丈，“你怎么老是来打断我，没有见到我正忙着吗？要资料，一会儿再说！”创意人员立刻会丢给你一句：“你说的，耽误了设计时间，你负责！”唉，AE 真是命苦，想强硬强硬都没有办法，只好嘟囔着在极其郁闷中找寻资料传给创意人员。

这一切都是没有工作袋惹的祸。工作袋的意义是很明显的，对于 AE 井然有序地安排和完成工作是非常有帮助的。

首先工作袋能够把 AE 的每一项工作进行区隔，避免不必要的撞车。AE 的工作是非常繁杂的，大项目里面还有小项目，工作衍生出来的工作，真是数不胜数，如果不对每一个项目进行有效区分，很有可能就把所有工作混为了一锅粥，到时候想分开都很难了。因此，利用工作袋对不同客户的不同工作项目进行区分，是保证合理安排工作时间，有效调配工作人员的必要保障！

其次建立工作袋，能够保证资料的全面性和工作交代的完整性。我相信多数 AE 在接到客户的工作指令之际，一定也会收到客户提交过来的工作必需的资料，或者根据工作指令的需求要从客户那里收集一部分资料。拿到这些资料，就需要交给创意人员或者说 SP 促销人员，以便他们能够准确领悟客户的需求，完成该项工作。把创意简报工作单和客户提供的资料一同放进工作袋，这保证了创意简报工作单和客户资料的对应性和完整性，同时也促使 AE 完整地向创作部工作人员说明工作目的和工作要求，对于工作完成后获得客户的认可有很大帮助！

工作袋易于管理。年度广告运作过程中，常常遇见的一个问题就是需要把曾经做过的平面设计重新调整或者修改尺寸，往往就会导致文件混淆在一块儿。这样的结果就是 AE 在未来的时候感到手忙脚乱，为寻找一个文件花费大量的时间和精力，还得不到客户的认可。工作袋有效地解决了这样的问题，因为每一个完成的作品都会根据项目的不同归并到不同的工作袋中。

因此建立工作袋的好处是显而易见的，但是如何建立工作袋呢？其实非常简单，请行政部到文具店购买那种牛皮纸制成的大文件袋就可以了。然后按照图 5-2 所示的方法开始填写工作袋封面的内容。

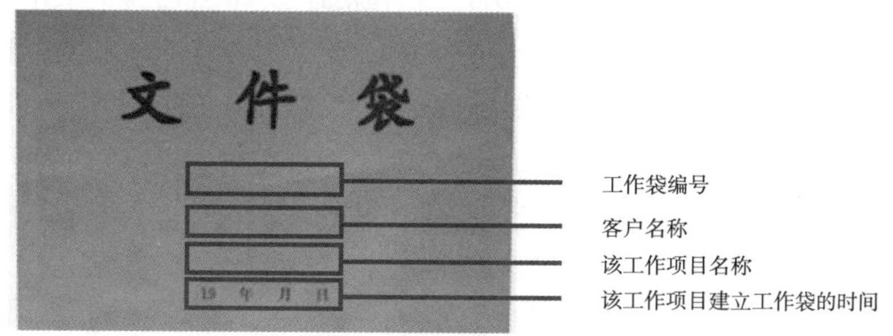

图 5-2　工作袋建立的方式

第一栏填写的是工作袋编号。如何对工作袋进行编号呢？工作袋的编号有几个要素，即客户企业名称缩写、编号时间、编号和建档者。这四个要素必须清晰明了，让人一目了然。举一个例子，如 S 广告公司正在服务伊利在本地的广告业务，在 2010 年 5 月 20 日伊利下达新的促销工作指令，这个指令是S广告公司的小杨接收到的，作为伊利直接对口的AE，小杨需要建立相应的工作袋，她必须对这个工作袋进行编号。她所要遵循的一个原则就是：一个项目应该有一个工作袋！

小杨首先要做的就是清楚公司工作袋编号的固定模式：客户名称缩写－工作袋建立时间－广告公司名称缩写－编号－建档者，按照这个固定的模式，小杨把这项工作的工作袋编号如下：

YL–201005–S03Y

这代表什么意思呢？我们一一分解一下就非常清楚了：YL（客户伊利的企业名称缩写）–201005（在2010年5月建档）–S（广告公司的企业名称缩写）03（2010年5月接到的第三个工作指令）Y（由AE小杨建档）。

第二栏填写的是客户的企业名称，这里可以填写客户常用的缩写，比如“中国移动”“伊利牛奶”等，比较简单。

第三栏需要填写的是本次建立工作袋的工作项目，如“2010年5月伊利促销活动现场布置设计”，相信所有的AE都能够填写好。

最后一栏把时间填写上，切记要和工作袋编号中的时间一致。

工作袋建立起来之后，需要完成的就是要把AE下单的创意简报工作单和客户提供的资料一同放入。AE在创意简报工作单上面应该清楚地列出客户提供的资料清单，涉及电子文件的，也要列出清单，告知创作部电子文件的名称和接收方式。

工作袋的最重要的一个功能就是在工作完成以后，作为AE对创作部或者说SP部工作的验收标准。因此，创作部或者SP部应该把工作成果按照创意简报工作单上的要求输出或者制作，然后和工作袋原有的资料（创意简报工作单和客户提供的资料）一同返回给营业部下单的AE。AE在接收到的时候，必须对工作袋进行验收和审核，最基本的就是要检验清楚工作袋里面的每一个文件是不是符合当初下单的要求，这样就能够有效地保证工作的有序进行。

除了建立实物工作袋以外，还必须建立电子工作袋，这个就非常简单了，直接在电脑的本地硬盘上建立一个全新的文件夹，文件夹的命名规律和实物文件袋的要素是一样的，但是顺序有所不同。Windows 操作系统是完全支持长文件名的，所以命名的结构是“项目建立时间＋客户名称＋项目名称＋文件袋编号”。请注意，这里的电子文件袋编号必须和实物文件袋编号是一致的，也就是说，如果这个项目实物文件袋的编号是YL–201005–S03Y，那么电子文件袋的编号也必须是YL–201005–S03Y。

电子文件袋下面的子文件袋可以根据工作需要进行设置，我一般会设置五个文件夹：分别是“提案资料”“价格和合同”“计划和总结”“客户基础资料”和“项目往来资料”，保证项目进展过程中每一份电子文档和设计稿件都能够分门别类地归档管理，以便日后寻找。

建立实物和电子文件袋，最重要的意义在于，不管哪一种方式的文件无意当中遗失或者损坏了，那么都有另外一份留底保存。同时现在在手机上办公的软件也逐渐增多起来，比如阿里巴巴的钉钉 App 客户端还有分享销客的 App 客户端，电子文档可以通过这些 App 客户端自由地在 PC、智能手机和平板电脑之间传递，有利于资料在团队之间的分享，也有利于工作效率的提高，同时分享的文件也通过这些客户端留下了分享记录，一旦出现错误或者分歧的时候，查询也是非常方便的。

6. 时刻关注客户的动态

市场是千变万化的，特别是面对信息时代的今天，变化已经成了整个社会的主线。很多新的技术直接导致了新的商业模式的出现，许多新的商业机会也如雨后春笋一般涌了出来，但是客户所面临的市场压力也因此越来越重，这些都是不争的事实。还是说到我反复强调的观点：广告传播就是信息的准确传递。要做到这一点，最重要的一项工作就是时刻关注客户的动态。

对于多数 AE 来说，做到这一点是获得客户更多认可的一个重要台阶。不管是什么样的客户，其企业和产品都会有一定的规律，发现这些规律，就能够有效地把握客户需求，满足客户需求。其实，每一个客户对自己的产品都会进行品类管理的，每一个产品都有自己的型号，作为广告公司是不是也对这些型号熟悉呢？这是考验广告公司了解企业产品、熟悉企业产品的基础，也是广告公司洞察客户动态的基础。

关注客户动态的另外一个重要手段就是每天清晨的信息资料收集整理，因为收集整理的信息资料包含客户所在行业的信息、竞争对手的信息以及客户产品所面对的消费群体信息，所以作为广告公司的工作人员，更加能够直接地感受到客户及其产品所面临的任何变化。

我曾在一个外资百货公司里面工作了三年多，所负责的工作就是销售促进以及广告宣传，对于百货商场的工作细节多少了解一些，对于零售的业态分类和特征也有一定的知晓。很巧的是，百佳超市即将进入成都，于是通过朋友介绍，我所在的公司有机会参加一家港资百货公司开业上市的广告宣传。我们的竞争对手是一家总部在北京的广告公司，一直服务于一家外资的通信产品生产商，综合实力也是相当强的。

如何赢得这次比稿[①]呢？这成为我们十分关注的问题，利用我在百货行业的经验，我们花费了整整一周和我在这家港资百货公司工作的那位朋友交谈，详细了解他们开业上市的种种规划和安排；之后我们又花费了一周的时间，收集这家港资百货公司在香港和广州等地分支商场的资料；一直到我们感觉能够把握这家港资百货公司未来发展动态之后，才开始安排撰写提案书。

提案的当天，我们是第一家开始讲提案的广告公司。这家港资百货公司参与提案的是一位来自香港的高管，一位看上去很精明的女子。她身穿一套深色的职业套装，面前整齐地摆放着碟卡门格笔记本和一支签字笔以及她的名片盒，看到我们进去，她很有礼貌地朝我们微微一笑，然后用典型的香港普通话欢迎我们。

我们的提案超过了预计的时间，本来客户只给我们 60 分钟的提案时间，结果不知不觉中我们的提案整整进行了 90 分钟。第二家广告公司，也就是我们的竞争对手，因为迷路迟到了 25 分钟。提案过后的第三天，我的朋友告诉我们，我们的提案在客户那里获得了一致的好评，因为这家港资百货公司来听取提案的那位女性高管认为我们非常了解她们的企业。原因有二，一是我们的提案一开篇就提到了一句话：“做加法，不做减法！”这句话是这家港资百货公司中国区总裁在其广州店开业的时候对媒体发表的一句话，我通过各方资料收集找到了这句话，放在提案书里面的意思也正是希望客户看到我们对他们企业的了解，同时也想给客户传递一个信息，作为广告公司，希望成为他们企业的成长伙伴，我们会尽力为客户的发展锦上添花！其二，这家港资百货公司属于典型的商超类型，其重量级的消费群体为女性，而女性在商超量贩店的购物频次是非常多的。

为了未来发展，这家港资百货公司期望尽可能地为企业自身和购物者节约运营成本，虽然说购物袋不管是塑料购物袋还是纸质购物袋，按照国家要求都需要购物者出钱购买，但是我们出于节约的原则在提案书里面提出不使用纸质购物袋，而是分几种类型制作塑料购物袋，并在提案当天说出了二者之间能够为企业自身和购物袋消费者节约的资金。很不幸的是，

注①比稿： 广告主为选择一家适合自己要求的广告公司，往往采取比稿竞标的方式，从几家广告服务商中选取最符合自身要求的稿件所属广告公司来为自己服务。

我们的竞争对手提出的恰恰是印刷精美的纸质购物袋。

从这两点，这位港资百货公司来听取提案的高管认为，作为广告公司，我们对他们未来的发展和服务形态都比较关注，是一家值得信赖的广告公司。因为她认为一个广告公司如果热心于它的客户的发展动态，那么一定是一家决心和客户共同发展的广告公司，这样的广告公司才值得合作。

这次事情让我明白了一个重要的道理，客户也是人，他们也非常需要作为广告公司的密切关注，这种密切关注，就是对客户的各种动态的时刻关注和把握。做到这一点，客户就会认为你和他之间是心与心的沟通和交流，取得客户的信任也就指日可待了。

第六章　AE 的项目管理能力

1. AE 为什么需要项目管理能力

之前我已经就这个问题谈过很多观点了，在这里，需要从另外一个角度来谈谈这个问题。前面谈到过 AE 必须要具备项目管理的能力，其根本目的在于保证工作的顺利进展。我引用了火车头和车厢之间的关系来做比喻，那么整列火车，正是有了火车头和车厢间的默契配合，才能组成一个强大的团队。但是不要忘记了，如果没有正确的轨道，那么火车头和车厢这个团队再怎么能干，也面临火车出轨、全部翻车的惨痛结局。

要保证火车这个团队的正常和高效运作，正确的铁轨轨道是必须的，这就是我们工作中的流程管理。流程管理，就好像一条条无形的铁轨，正在指引着 AE 和他身后的团队，按照既定的目标努力前进。

很多时候，AE 的工作失误是由于工作流程的混乱造成的，而这样的情况不是一次两次出现了，而是普遍存在于整个广告界，似乎广告从业人员天生就不是有标准的人。广告公司的工作流程其实就是创造了一种标准，这种标准是保证广告公司作品质量的基石。

在本地广告企业中有着两种截然不同的情绪，一种就是对 4A 广告企业的崇拜，而另外一种就是完全对 4A 广告企业的藐视和诋毁。其实不管是崇拜还是藐视，不得不承认，4A 广告企业确实为中国的广告注入了很多新鲜的血液，他们在中国的发展不管好与坏，都值得本地广告企业去学习，毕竟他们的发展是经过了数百年的积累。那么作为本土广告企业需要学习 4A 广告企业的什么特点呢？这个特点就是 4A 广告企业非常标准化和流程化，这样做的根本目的就是有利于项目的管理和团队的凝聚，对于服务好客户是非常关键和必要的。但是恰恰是这些基本的道理，目前的广告行业却没有几个人真正认识到，并严格付诸行动的。

不管是 AE 还是创意人员，没有好的、严格的流程就不可能产生优秀的作品，这是毋庸置疑的！只是很多人并没有真正意识到这一点。我在一个朋友的广告公司里谈到工作流程的时候，朋友说："我们怎么会没有流程，你看看，我们 AE 布置任务的时候都是下了工作单的！"我告诉朋友，"下达工作单并不代表你们公司就有完整的流程了，它只是整个工作流程中的一个环节，因为只是下达了工作单，并不意味着创作部就了解客户的需求了，就明了需要完成的创意作品的市场目标了。"在实际的广告工作中，AE 除了下达创意简报工作单，更重要的是要召开项目说明会，让小组所有人参与会议，明确了解客户的项目背景和需求，这是保证出品质量的关键环节，更是创作部门消化创意简报的工作指令的重要前提。而什么时候召开项目说明会，怎样召开，这些都是工作流程中的环节，是绝对不可能忽略掉的，如果忽略掉了，导致的结果将是客户的不满意。

我遇到过一个创意总监，工作之余也和我有一样的爱好，喜欢就个人的观点在网络上写一些文字。他一直认为自己是一个优秀的广告人，但是他一直反对的就是流程，当我在公司里面开始全面流程改造的时候，第一个跳出来反对的就是他。他不同意创作部参加创意简报工作单下达前的项目说明会议，坚持要求营业部尽快给他们下达创意简报工作单，以便他们尽早投入工作。

由于职位是平级关系，作为营业总监的我无法扭转这样的尴尬局面，只能依照他的要求下达了创意简报工作单。这次的工作指令是针对中国电信的号码百事通做的品牌形象创意，力求展现中国电信号码百事通"知百事通天下"的形象，需要通过画面视觉语言展现号码百事通和民众生活息息相关的特点。客户在和我们营业部的交流沟通中，已经把这样的需求交代得相当清楚了，但是我们没有机会把这样的信息传递给创作部。

三天之后，创作部拿出了他们的创意作品，总共 12 幅。这位创意总监特别指定了其中一幅作品作为主推，这幅作品的画面上表现了一个人在沙漠中缺水、十分口渴的样子，这个时候他需要求助中国电信号码百事通。整个画面的表现使用了高更的画风和特点，老实说，作为艺术品，它把一个人在沙漠绝境中缺少饮用水的可怕景象表现得淋漓尽致，只是在调查中，没有几个人看出画面中表现的口渴者是在沙漠中，因为画面上口渴者的表情相当夸张，而整个画风又过于抽象。但是这位创意总监认定了这幅作品是上乘之作，对于我解释客户的需求，他一概不理，他唯一关心的就是：我们提前了一天完成创意作品，要是按照你的流程，鬼知道拖到什么时间，你快去给客户做提案吧。

事后的结果很明显，这张稿子被客户批评得一无是处。当这样的消息传递回来的时候，公司里面发生了一场争执。营业部的 AE 很气愤地指责创作部拒绝参加项目说明会，导致对客户需求不理解，因此有了今天的结果。创作部也勃然大怒，指责是营业部的创意简报工作单写得不清不楚，才导致了这样的结果。其实，这样的相互指责是毫无意义的，对于任何一个部门来说都是一种伤害。广告公司的工作流程是作品质量的重要保障，它包含了书面和口头两种工具和渠道，毕竟书面的文字，每一个人的理解肯定是有一定偏差的，不同的人有不同的看法，因此需要通过口头的方式来完善，尽可能地保证团队每一个成员对项目背景和客户需求都有统一的认知。

那么怎么样建立工作流程呢?

2. 工作流程是广告运作的核心（一）

工作流程是一个广告公司赖以生存的关键所在。现在在广告行业里充斥着各种各样的品牌理论、广告工具等，似乎人人都是广告和营销领域的大师。每一家广告企业出现在客户的面前，总要搬出一些独有的理念和工具，搞得客户现在对这一套都不感兴趣了。但是却没有一个广告人认真思考过广告的运营流程应该怎么建立。

广告公司的工作流程建立，在我看来，涉及三个重要的方面：项目控制、质量监督和财务管理。

首先谈谈项目控制。项目控制是 AE 在进行流程管理中的重要任务，包含时间控制和环节控制两个重要的部分。

时间控制要求 AE 在下达工作指令的时候，就必须充分考虑创意人员完成该项工作可能要花费的时间，在创意简报工作单上清楚地标明下单时间和完成时间。作为创意人员必须要看清楚这两个时间，判断是不是能够完成，以便和 AE 进行协商，保证工作的顺利进行。

环节控制对于 AE 来讲是一个很复杂的工作。环节控制是一个判断需求，然后根据需求收集汇总相关资料，保证每一个工作环节上的人员都要清楚需求和全面掌握资料的过程，说它复杂是因为要做好并不容易。AE 首先要明确客户的工作需求，在很多的时候，客户对 AE 阐述的工作需求，都需要 AE 仔细聆听和理解，挖掘其中的本质，而不能简单地执着于表象。

在清晰客户的工作需求之后，就要根据这些工作需求收集相应的资料，以便保证创作部门完成工作的质量。接下来的步骤，就是需要保证工作环节上每一个人员要理解和明白本次工作的需求，同时完整地获取有关的资料。AE在这里要扮演一个角色，那就是保证每一个人员能够仔细阅读这些资料，避免对某一个工作需求的疏漏。为了做到这一点，AE 就应该监督每一个工作环节的人员都在创意简报工作单上面签字，这是一种责任的代表！

质量监督是整个流程中的重要组成部分。多数时候，AE 总是把设计稿拿到就直接交给客户了，似乎作品的质量问题和自己无关，好与不好都由客户来定夺，客户要怎么修改就怎么修改，反正那是创作部的事情。相信持有这种观点的 AE 不在少数吧，如果真是这样，你这个传话筒简直是多余的，客户不愿意支付更多服务费用，那也是正常的。质量控制必须从源头抓起，那就是环节控制。作为 AE，必须保证工作环节上的每一个人员明了工作需求和阅读到有关的资料，这是质量保证的前提。质量控制也涉及两个重要的方面。

第一个是跟催和记录每项工作指令的进展状况。在许多本土广告公司中都有这样的现象出现，AE 下单之后，就不闻不问了，直到要收作品的时候，才出现在创作部的办公室。这样的行为是典型的不负责任的做法。一个优秀的 AE 应和创作部一起来进行创作，不要认为创意领域是 AE 无法涉足的，要明白，最明了客户工作需求的不是创作部，而是 AE。

第二个就是质量监督和管理。创作部和营业部往往会产生这样的矛盾，客户否定创意作品，或者指出其中的错误，营业部会责怪创作部，而创作部绝对不会买账，一样会指责营业部。双方总是在指责中度过，谁也没有去反省反省，为什么不能在作品交到客户手中之前发现问题呢？创作部在完成创意工作之后，多数时间是看都不看就把作品传给或者交给 AE，有点责任心的 AE 会审核一下，没有责任心的 AE 干脆直接交给客户，谁也没有来把控质量。那么广告公司出品的质量到底应由谁来把控呢？应该是由营业部和创作部同时来把控，千万不要指望一个人就可以把控质量问题了。作品完成之后，首先应该是创作者自检，签字确认后交给创意主管；创意主管要进行审核，审核无误之后签字确认，然后再转交给相应的营业主管；营业主管也必须履行这个流程，审核并签字确认，最后再交到 AE 手中；AE 这个时候也不能偷懒，必须仔细审核，要知道出现了错误，在客户面前挨骂的只会是你。

签字签在哪里呢，签在创意简报工作单上面。

下面这张图表是一个广告公司完整的运营流程，或许你会感叹太复杂了。不错，是比较复杂，作为广告公司，你是想最后客户得到的结果复杂一点呢？还是简单一点？千万不要期望简单的流程得到的成品，在客户那里可以简单地过关，世界上没有这么轻松的事情！

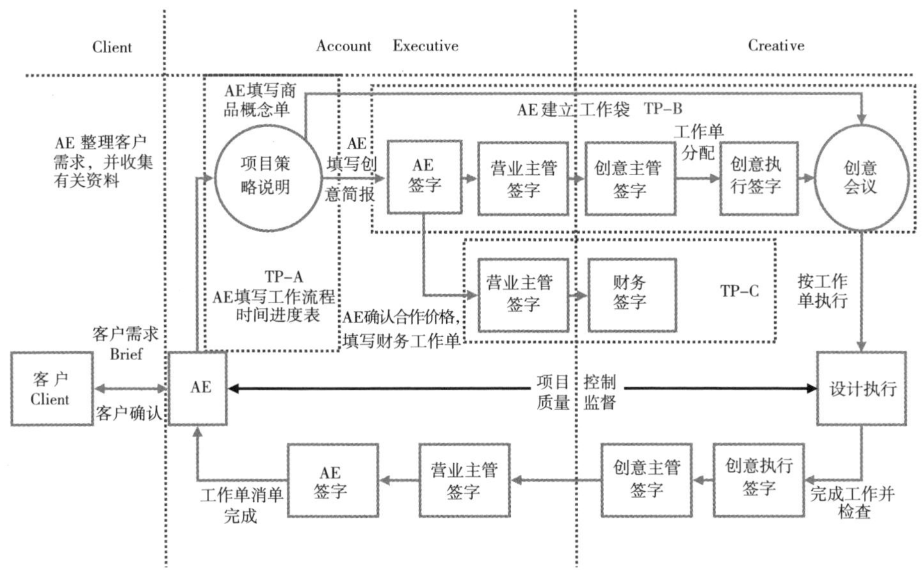

图 6-1 广告公司完整的运作流程

3. 工作流程是广告运作的核心（二）

第三个方面需要谈到的就是工作流程中的财务管理，广告公司财务是把控项目成本和盈利的重要角色。在坊间的各种书籍里面，谈论 AE 的书籍不少，专门讲 AE 的书籍不多，但是都没有提到 AE 和财务之间的关系。AE 的“A”的单词是 Account，这个单词本身就是财务的意思，可见 AE 和财务之间是有必然的联系的。如何进行财务管理呢？那就是 AE 要填写一张很重要的表单——财务工作单。财务工作单是一张体现项目营业额和成本、税金、毛利关系的工作表单，由此 AE 向财务部申请工作号，财务部也能够通过对工作号的建立，来把握和控制项目的盈利状况，保证广告公司应得的利益。

在图 6-1 中，大家可以看到一个闭合的运作流程，上半部分集中在下单的环节，下半部分集中在闭单的环节。整个工作流程，包含了“四单两会一条龙”。什么是“四单两会一条龙”呢？就是在整个项目运营过程中，AE 需要填写四张表单，召开两个会议，然后完成创作作品的一条龙服务过程。

填写四张表单，分别是“商品概念单”“工作流程时间进度单”“创意简报工作单”和“财务工作单”。“商品概念单”是 AE 在了解客户需求、收集汇总有关资料后，经过自我思考，形成本次工作目标的策略性表单；“工作流程时间进度单”是在完成策略规划之后，AE 按照时间要求绘制的甘特图；“创意简报工作单”是在项目策略说明会之后，AE 针对创作部下达的工作指令，其中包含了几个要素：工作项目名称、下单和闭单时间、工作项目要求、客户提供资料和流程监控的签字部分；“财务工作单”是 AE 在完成给客户的报价，并获得客户的签字确认后，填写的有关盈利状况的表单，由此获得财务部给予的工作号，凡是相关的工作都应该是归并在这个工作号的统一管理之下。

在图 6–1 中，还可以看到三个特殊的框，其中分别写着：TP–A、TP–B 和 TP–C，首先来谈谈什么是 TP ？ TP 的意思是 Traffic & Productor，它具有以下两个重要性。

● **提高效率**

流程管理即是一个有系统、有纪律的制度，它可以解决原来以口头交付工作不清楚的缺点，并精确地指出客户的需求，减少往返修改的次数，最终提高作业效率。

● **客户的认同**

在写工作单的同时，自己先消化一次，这样也能更了解工作，才能少走弯路；这样还可以指出客户自己没考虑到的事，让客户更看重你，成为无可取代的角色。

TP–A、TP–B 和 TP–C 分别代表了三个重要的环节管理，不同的环节管理需要处理的工作是截然不同的。

● **TP–A 的工作职责**

①创制工作指令单（需要在工作指令单上签字）的管理和监督，并要求营业担当建立项目工作袋。

②跟催 / 记录每项工作进度。

③工作进度报告 Work in Progress（周报 / 月报）的审核和管理。

④根据工作进程单监控项目进展的工作效率。

⑤定期召开 CR 工作会议。

⑥外发成本控制，了解并掌握工作报价。

⑦外发工作采购单 PO 单的填写、提交。

⑧所有 TVC / 平面外发协力单位的统一建档管理备询，包含：平面制作公司、设计公司、摄影师、电脑修图、脚本插画、租片公司、模特经纪公司、 Freelancer 等。

● **TP-B 的工作职责**

①制作工作指令单（需要在创制工作指令单上签字）的管理和监督，管理和监督营业担当建立项目工作袋。

②跟催 / 记录每项工作指令的进展状况。

③工作进度报告 Work in Progress（周报 / 月报）的审核和管理。

④根据工作指令单监控项目的策略和创意质量，所有出品的最终审核和签认。

⑤召开 AE 工作会议，讨论项目状况、策略、创意。

⑥组织和管理大型比稿和提案。

⑦组织专业培训，提高营业部的专业素质。

● **TP-C 的工作职责**

①财务工作单（需要在财务工作单上签字）的管理和监督。

②跟催 / 记录每项工作营业收支状况。

③工作营业收支报告（月报）的审核和管理。

④根据财务工作单监控项目的赢利状况，管理项目的发展。

⑤召开 AE 工作会议，讨论项目赢利亏损的原因，根据项目收支实际情况决定项目的跟进和中止。

4. 良好的客户服务从建立客户资料档案开始

维系良好的客户关系，应该是从建立客户资料档案开始的。这是我们了解和熟悉客户的基础。建立客户资料档案具有以下三个重要的意义。

没有稳定合作的客户，广告公司的价值是没有办法体现的。广告公司的产品是无形的，所以广告公司的价值体现在给予客户智力服务，如果没有稳定的客户，这种价值就无法体现出来，更谈不上去展现广告公司的实力了。

客户需要我们去了解他们，这是客户对我们最低的要求。广告本身就是一个沟通的工作，广告公司需要协助客户和消费者沟通，广告公司自身也要和客户沟通，广告公司内部更需要沟通，而沟通的前提就是首先去了解客户。这就和谈恋爱一样，你不了解对方，怎么才能做到投其所好，成为对方的恋人呢？

客户开发联络单

沟　通　价　值　创　造

申请日	年　月　日			
				(职员NO.)
客户名称		业务代表		
客户资料	经营地址		经营期限	
	经营范围			

提案内容	
	✲ 公司外部业务支援　需要 □　不需 □
	在以下业务项目中，请用"√"填写在合适的"□"内。

□ R&D部	□ STP部	□ SP部	□ 创意部	□ 媒介部
□ 消费者调查	□ 品牌策略	□ Event	□ 命名	□ 媒介投放计划
□ 流通调查	□ 传播策略	□ Road Show	□ 品牌口号/LOGO开发	□ 媒介投放方向
□ 行业/竞合调查	□ 创意策略	□ 店头陈列TOOL/POP	□ 包装设计	□ 其他（　）
□ 其他（　）	□ SP策略	□ Home page设计	□ 平面广告	
	□ 媒介	□ Novelty 设计&制作	□ TVCM/VP	
	□ 其他（　）	□ 其他（　）	□ 互联网广告	
			□ 其他（　）	

年广告预算			
预计实施期间	年　月　日	~	年　月　日
注　意　事　项			

(申请部门)

业务代表	业务经理	业务总监	副总经理
/	/	/	/

（月/日）

(核准部门)

总经理
/

（月/日）

图 6–2　客户业务开发联络单

客户不需要拿来供奉，他们需要我们的理解和交流。客户需要我们在了解他们的基础上，密切关注他们，对于他们的言行能够理解，并给予一定的意见，这些才是客户需要的，而不是把客户当神一样供奉起来，毫无意义。

填写客户资料表是 AE 和客户建立良好工作关系的第一步，十分重要。很多 AE 对客户和客户的产品都不熟悉，根本无法谈得上服务客户。因此，了解和熟悉客户的工作是迈出 AE 出色服务的关键一步。

这是一张完整的客户资料单，让我们一一来了解如何填写这张表单。首先是“申请日”，这里是填写接触客户的时间。请记住这个日子，就好像你必须记住你女朋友或者老婆的生日一样！接着在“客户名称”一栏填写客户的公司全称，不要出错，特别是通信行业的客户名称，出错是要挨客户狠批的！接下来的一栏是“客户资料”，必须仔细填写客户公司的基础资料，不会你连这些情况都了解不到吧，如果真是那样，我建议你不要在广告界浪费青春了。

在“提案内容”这个大项目里面的第一个大框，需要填写初次和客户提案所涉及的内容，越详细越好。在这个大框下面是“公司外业务支援”选项框，初次和客户提案的时候，是不是需要外援的支持，就在这里确定，需要就在相应的框里面打钩。“公司外业务支援”选项框的下面，就是对公司内部需要参加本次提案的部门的选择。

在和客户初步接触的过程中，一定要想办法询问客户可能投入的广告预算，然后填写在“年广告预算”一栏中；任何广告预算都是有时间阶段的，这个阶段的起始和结束时间就填写在“预计实施时间”一栏中。为了保证清楚地了解客户对广告推广的需求，在“注意事项”一栏中需要认真填写客户的有关广告预算的使用要求和广告的推广要求。

表单的最下面就是签字栏，我一直反复强调参与项目的人员一定要熟悉资料，这个地方也不例外。对于客户的资料，不仅仅 AE 要熟悉，更要做到整个营业部都要熟悉，看过了就签字吧。

关于客户资料单，我最后谈到一个问题，就是如何进行编号？编号是量化管理的重要手段，客户资料的编号包含几个要素：客户名称和接触时间，以便在管理的时候，可以按照接触时间的顺序进行归档。这和 blog 上常常出现的关键字查询是一个道理，都是为资料建立一个独有的识别特征，以方便查询。

客户资料单的编号原则是：城市名称—接触时间—客户名称—年度编号。以中国电信为例，这个客户是我所在的公司于 2007 年 5 月 4 日开始接触的，也是 2007 年公司接触的第一个全新客户。那么这个编号就应该是 CD-070504-CM-001，其中“CD”是成都的缩写，“CM”是中国电信的缩写，需要注意的是：

- 时间设定时，个位数月份前必须加“0”；
- 年度编号是指，该年度中所接触到的客户，必须以三位数进行设置。

怎么样，你会填写了吗？

5. GTD 是 AE 的撒手锏

什么是 GTD（Getting Things Done）呢？《Getting Things Done》一书的作者 David Allen 将 GTD 总结为一种将繁重超负荷的工作生活方式变成无压力高效的时间管理系统。这是迄今为止我看到的最好的工作方法，虽然我也是才起步学习，但是给我的启迪是非常多的。

GTD 的核心理念在于，只有将你心中所想的所有的事情都写下来并且安排好下一步的计划，你才能够心无挂念，全力以赴地做好目前的工作，提高效率。因为当你总是有些事萦绕在心头，悬而未决的时候，你要么就是会不时地想起它而影响现在的工作，要么就是会忘记了去做。

而 GTD 通过将所有的这些事都罗列出来再进行分类，确定下一步的处理方法，将所有这些悬而未决之事都纳入可控制的一个管理体系中。GTD 的具体做法可以分成收集、整理、组织、回顾与行动五个步骤。

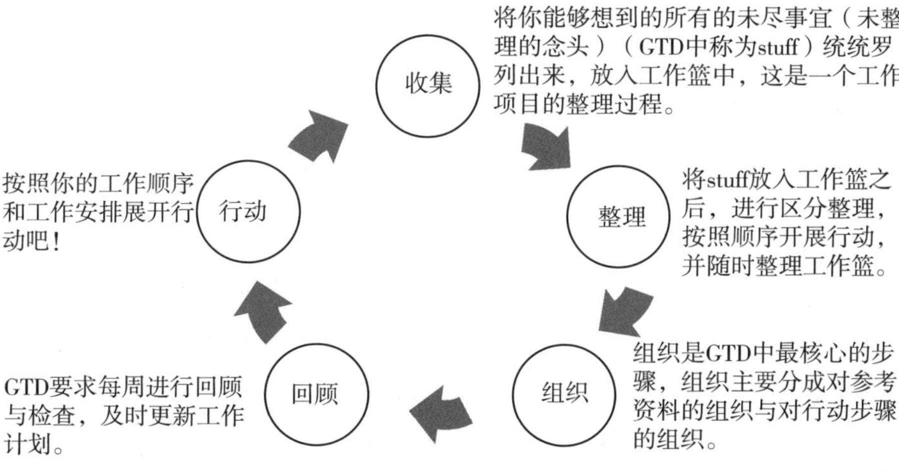

图 6-3　GTD 工作法的示意图

为了实现 GTD 的工作方式，我们不得不使用一些工具，首先推荐给大家的是日常使用到的笔记本，可以根据自己的需要，进行画线分类，每页的正面可以按时间记录下每天要办理的事宜，每页的后面按照事情的轻重缓急对所有工作进行区分，方便直观，非常好用，推荐 AE 们人手一本。

其次推荐的就是一个网络在线 GTD 软件，这个软件是中国软件人员开发的，相当不错，软件名字叫“成功的 GTD 时间管理”。我使用的是一个较老的版本。由于该软件是共享软件，部分功能受到了限制，不过对于我的日常工作已经足够了。

6. 编写合理的项目进度甘特图

能够用来做关于项目进度的甘特图的软件实在是太多了，下面以 Project 2016 制作甘特图为例向大家做一个介绍。

在 Window 界面中，从开始菜单启动 Project 2016，将出现一个非常炫的启动界面，完全动态，打破了原有 Office 软件呆板单一的启动界面。

Microsoft 的 UI 界面 (User Interface，用户界面，也称人机界面) 设计非常人性化，已经为使用者可能涉及的方方面面做了仔细的打算。

Project 工作界面默认的是甘特图，要在 Project 软件中新建空白项目，可单击“文件”菜单上的“新建”，在“新建项目”任务窗格中单击“空白项目”。

在“任务名称”选项的空白处，用鼠标双击，这个时候会自动弹出“任务信息”对话框，从这里开始部署任务吧。

首先选择“常规”选项，在“名称”栏目中输入工作任务名称，然后单击任务的“工期”域，并输入工期。例如，键入“4d”表示四天；要指定一个没有工期的里程碑，请键入“0d”；要指明工期为估计值，可加一个问号，如键入“6d?”。

需要注意的是，避免输入任务的开始日期和完成日期，而是输入一个工期，让 Project 软件自动设置这些日期，将资源分配给任务时，可以随意更改这些日期。使用这个软件的好处就是在于此。在广告行业里面，似乎很多人都不在乎完成工作需要的时间，客户说什么时候要结果，广告公司就能够什么时候给予，似乎广告公司里面的人个个是超人，这样的工作态度实在是不好。

在“任务信息”对话框上有一个选项，请大家使用时务必注意，就是“完成百分比”选项，这是一个控制任务进程的选项。每天 AE 都应该关注工作进度，然后不断更新这个选项，以便在甘特图上可以体现出来，才能较好地把握工作的进度。

大项目下面会产生不少的小项目，这就需要创建任务层次结构，包括摘要任务下的任务和里程碑，它们可以表示阶段或其他工作部门单击某项任务（或多项任务），然后单击工具栏上的“升级”或“降级”按钮。

任务与任务之间一定会有必然的联系，要建立这种联系，就要清楚任务之间的关系，是“完成－开始”形态呢，还是“开始－完成”“完成－完成”“开始－开始”形态，不同的形态会促使工作任务之间产生不一样的链接。

在“任务信息”对话框中选择“前置任务”选项，确定本项任务的前置任务是什么，并把任务之间的关系类型进行选择。

在“任务信息”对话框中有一个“资源”选项，这是对人力资源合理分配的重要选项，也是对工作分配中人力组合的重要分配方式。Microsoft 的 Project 是一个强大的项目管理软件，在这里可以对每一个人所投入的时间和薪资都进行合理的控制，是项目管理中人力资源成本管理的最有效的途径。

7. 设计 Brief 创意简报：迈出准确指令的第一步

Brief 创意简报工作单是整个广告运作过程中非常关键的一个环节，它是营业部 AE 在接到客户工作指令之后，经过和客户的沟通、交流，并通过自我的思考，为创作部开展创意工作所指明的一个正确的前进方向。可以说 Brief 创意简报就如同一盏明灯，在漆黑的夜晚照亮茫茫大海上来来往往的船只，以避免他们迷失方向。

我所接触过的 AE，绝大多数都对填写 Brief 创意简报有一种天生的排斥，或许在他们的眼里，这是一件非常吃力而且浪费时间的工作。客观而言，填写 Brief 创意简报确实是一件比较麻烦的事情，如果想填写好 Brief 创意简报，那更加不容易。

对于多数 AE 而言，并不明确 Brief 创意简报的作用何在。时常有 AE 告诉我：“总监，填写这么复杂的 Brief 创意简报，好浪费时间呀，我直接告诉创作部，更加直接！”每当有这种说法的时候，我总是采取严厉的态度，制止他们的这种相当不恰当的想法，并指出他们对 Brief 创意简报的填写意义并不了解。之所以说这是不恰当的想法，原因在于 Brief 创意简报是营业部和创作部之间重要的沟通工具，更是广告公司质量管理的重要工具。

创意不是漫无目的的天马行空，而是有针对性的发想，这就好像射箭运动，如果前面没有清晰可见的箭靶，射箭手再怎么出色，实力再怎么强大，射出去的箭是永远射不到箭靶的红心上面的。这样的无的放矢，对于射箭手来说，就是一种无用的运动。一样的道理，创意就是广告公司手中的箭，缺乏明确的目标，这支箭能够正中靶心吗？这个正确的方向和目标，就是营业部通过 Brief 创意简报所给予创作部的。

其次，Brief 创意简报的作用就是对广告作品质量的把控。广告公司最重要的产品就是广告作品，只要是产品，就难免会出现这样或者那样的错误和失误。如果一旦出现产品瑕疵，最重要的一项工作就是寻找出现错误的原因，找到了失误根源，才能提出修改的措施，保证未来工作中尽可能地避免相同的错误。

Brief 创意简报关系到广告公司的运作流程，因此必须建立一套行之有效的运作流程体系，在此基础上，设计一张清晰的 Brief 创意简报。它是 AE 在接到客户的工作指令之后，一个重要的思考过程，它能够帮助 AE 在内心消化和理解客户的需求，找到服务的核心目标；它更是一个策略向创意转变的 Button，一旦激活这个 Button，创作部的思考源泉就能源源不断地涌出来；Brief 创意简报还是对作品检验的标准，是 AE 在交付客户之前对广告作品进行审视的标准，以保证客户拿到满意的作品。

那么怎么样设计一份清晰的 Brief 创意简报呢？它包含三个重要的部分。

第一个部分就是明确的时间指示和工作项目指示。这个部分往往包含客户名称、下单和完成时间、工作项目以及工作交付要求，这个部分是对创作部时间和成品交付的管理，也是最容易设计的部分。

第二个部分是整个 Brief 创意简报的核心，它要求以必要的方式详细阐释工作的要求和客户所提供的资料。众多的 AE 往往觉得这是令人比较困惑和难以填写的部分，但这个重要的部分恰恰是体现 AE 专业思考和广告公司实力的关键点，建议所有的 AE 和广告公司都要特别重视。

最后一个部分是质量控制的部分。下单的过程中，需要有关人员签字确认，保证每一个人都仔细阅读 Brief 创意简报，明了工作任务和要求；完成作品之后，也需要有关人员在 Brief 创意简报一一签字确认，以保证每一个人都仔细看过广告成品，保证成品符合 Brief 创意简报的工作要求，以便 AE 能够为客户提交一个符合客户需求的广告作品。

结合上述三大重要的部分，以简单明了的表格形式来设计一张 Brief

创意简报，千万注意和工作流程的结合。下面提供一张范例，供大家参考。

开单日期Issuing Date：	工作号Project No：
客户Client：	最终完成日期Due Date：
商品Product：	工作名称Title：

工作内容Contents：□主画面 □延展设计 □修改尺寸 □现场物料 □其他：

媒体 Media	电视广告TV 秒数Time：	杂志广告MG 尺寸Size：	印刷物Print 尺寸Size：
	报纸广告NP 尺寸Size：	候车亭广告尺寸Size：	其他Others
	活动SP	公关活动PR	事件行销Event

颜色Color：B/W 2/C 3/C 4/C 特殊Special

出品Produce：□JPEG □AI □cdr □彩色打印 □黑白打印 □光盘 □other：

工作说明Job Description：	工作内容简介Brief（check list）项目写真	
	1.广告任务The Role of Advertising	□
	2.创意核心概念Code Idea	□
	3.客户的问题是什么 What is client worry	□
	4.客户的解决办法 What is there solution	□
	5.我们的看法Our point of view	□
	6.我们的解决方法 Our solution	□
	7.A点描述 Point A	□
	8.B点描述 Point B	□
	9.支持点Support	□
	10.必要条件与元素Must	□
	11.参考资料及图片	□
	Advertising available	□
	12.其他说明Other description	□
	（依工作任务及性质挑选打钩）	

客户提供的资料Information From the client：	注意： ●请使用工作单时，在相应的工作执行栏上签署自己的中文名字； ●全部人员签名完成以后，烦请复印备档，营业一份，创意一份； ●请妥善保管工作单，使用文件夹管理。

	营业部门	创作部门		执行部门
下单 Project Management	AE： AD：	AD艺术指导： D设计： CD创意总监：	CW文案： FA完稿：	E执行： ED执行总监：
制管 Quality Control	AE： AD：	AD艺术指导： D设计： CD创意总监：	CW文案： FA完稿：	E执行： ED执行总监：

图 6-4 链接策略和创意的 Brief 单

8. 如何填写 Brief 创意简报（一）

当看到上面那张密密麻麻的 Brief 创意简报，不知道作为 AE 的你会不会大叫一声：“天啊，这么复杂呀！”如果你真的叫了这么一声，那么恭喜你，说明你对这个 Brief 创意简报比较重视。第一眼看到复杂的感觉，是人之天性。人生来就是喜欢简单的，要是人人都对复杂感兴趣的话，不知道这个世界上会出现多少爱因斯坦。

但是我始终认为这个世界的事物都是相对的，有简单必然有复杂，有复杂必然有简单，二者是相辅相成的。如果过程简单化，那么必然得到的就是结果复杂化；相应的，如果过程复杂化，结果就是简单的。站在客户的立场思考一下，他希望得到什么样的结果呢，是简单还是复杂呢？这就是为什么 Brief 创意简报填写是一件比较复杂的事情的原因所在。作为广告公司的专业实力如何来体现？Brief 创意简报就是一个关键。Brief 创意简报不是简单地把客户的工作指令填写上去就万事大吉，而是一个对广告策略和创作方向的思考过程。多数 AE 并没有领会到这一点，因此往往只是把客户对工作的要求，记录在 Brief 创意简报上面，似乎这就是填写完成了。我再次强调，AE 不是传话筒和录音机，客户也不需要不进行思考的 AE，因此填写 Brief 创意简报是 AE 一个思考的过程，而这个过程恰恰是广告公司的专业实力在客户面前的有力佐证。

回过头来看看这张 Brief 创意简报应该怎么填写？先从 Brief 创意简报的第一个重要部分开始填写吧，因为这是最简单的一个部分。

<table>
<tr><td colspan="2">开单日期Issuing Date：</td><td colspan="2">工作号Project No：</td></tr>
<tr><td colspan="2">客户Client：</td><td colspan="2">最终完成日期Due Date：</td></tr>
<tr><td colspan="2">商品Product：</td><td colspan="2">工作名称Title：</td></tr>
<tr><td colspan="4">工作内容Contents：□主画面 □延展设计 □修改尺寸 □现场物料 □其他：</td></tr>
<tr><td rowspan="3">媒体
Media</td><td>□电视广告TV 秒数Time：</td><td>□杂志广告MG 尺寸Size：</td><td>□印刷物Print 尺寸Size：</td></tr>
<tr><td>□报纸广告NP 尺寸Size：</td><td>□候车亭广告尺寸Size：</td><td>□其他Others</td></tr>
<tr><td>□活动SP</td><td>□公关活动PR</td><td>□事件行销Event</td></tr>
<tr><td colspan="4">颜色Color：□B/W □2/C □3/C □4/C 特殊Special</td></tr>
<tr><td colspan="4">出品Produce：□JPEG □AI □cdr □彩色打印 □黑白打印 □光盘 □other：</td></tr>
</table>

图 6-5 Brief 单第一部分

首先看到的是“开单日期”选项，这里填写对客户该项工作指令的下单时间，如在 2010 年 5 月 5 日下达这个工作指令，那么就应该填写：2010 年 5 月 5 日 AM10:00。请特别注意，需要把下单的具体时间填写出来。

“工作号”选项是一个关键，它是控制整个项目流程的关键。工作号从哪里来呢？需要向财务申请，由财务在对工作立项之后给予。工作号统一由财务部立项发放，根本目的是便于广告企业的财务管理！

“客户”选项填写客户名称及英文名称缩写。例如，如果客户是中国电信，就应该填写：中国电信 CT。

来到“最终完成日期”选项，这里需要填写该项工作完成的时间。必须要提醒所有 AE 的是，请在填写之前参阅“理想时间工作表”（关于“理想时间工作表”的详细情况请见第十一小节），并提前和创作部人员沟通，确认他们是否在这个时间能够完成，然后还需要看看其他项目的甘特图，避免发生不必要的时间冲突。完成这些手续之后，再填写上最终完成时间。还是特别注意，需要把下单的具体时间，就是几时几分都一一填写出来，千万不要偷懒。还需要注意一点，如果创作部答应你，是在 2010 年 5 月 10 日下午 5 点给出广告作品，你一定要填写最终完成时间为 2010 年 5 月 10 日下午 2 点，提前 2~3 个小时，一旦作品检查有问题或者出现什么意外状况，还有时间来进行调整和补救。

“商品”选项就填写客户的产品品牌。例如，如果是中国电信的“我的 e 家”产品，就填写“我的 e 家”。

“工作名称”填写该项工作具体名称，如：DM 广告折页设计。

“工作内容”是一个选择的选项，总共有五个选项，分别是“主画面”“延展设计”“修改尺寸”“现场物料”和“其他”。在这里，很多 AE 都搞不清楚怎么选择，其实这是他们对自己专业的不熟悉造成的。长期以来，广告行业最大的一个弊病就是一直没有形成自我的行业标准，行业专有术语严重混乱。“主画面”是一个广告任务下达以后，根据广告策略所创作的核心画面，是一切广告表现的基础；“延展设计”就是在主画面的基础上针对不同广告媒体的需要，进行画面的调整，如针对报纸和候车厅，因为广告形式和规格的不同，需要专门进行调整设计，以便保证视觉统一性；“修改尺寸”是指同一种媒体应用时，因为规格的不同需要在统一视觉的基础上调整各自的尺寸，如在成都，《成都商报》和《成都晚报》尺寸和规格都完全不相同，一个是大开版的报纸，一个是小开版报纸，尽管都是投放二分之一版，但是尺寸和规格就截然不同，需要特别注意；“现场物料”是指现场活动需要的物料，是现场活动成功的保证；如有没考虑到的设计类别和项目，直接选择“其他”，并在其后填写上该项目。这个项目是可以多选的，视项目需要而定。

“媒体”选项也是选择项目。作为 AE，需要明确这个广告设计出来可能使用在什么媒体上，以便创意人员可以在思考设计的时候参考，保证作品出街时候适合媒体的发布。因此这个项目是一个多选项。

“颜色”选项是一个单选项，根据广告作品最终的使用需要，选择“B/W（黑白）”“2/C（两个色彩）”“3/C（三个色彩）”“4/C（四个色彩 CMYK）”或者是“特殊（意指专色）”。

“出品”是告诉创意人员设计完成之后，以什么文件形式交付给 AE，所以这里也是可以多选的。如 AE 最终需要客户签字确认稿件，那么就选择“JPEG”和“彩色打印”两个选项，这样可以为客户提供电子文件和实物文件，一个供客户留底，一个供客户签字确认。

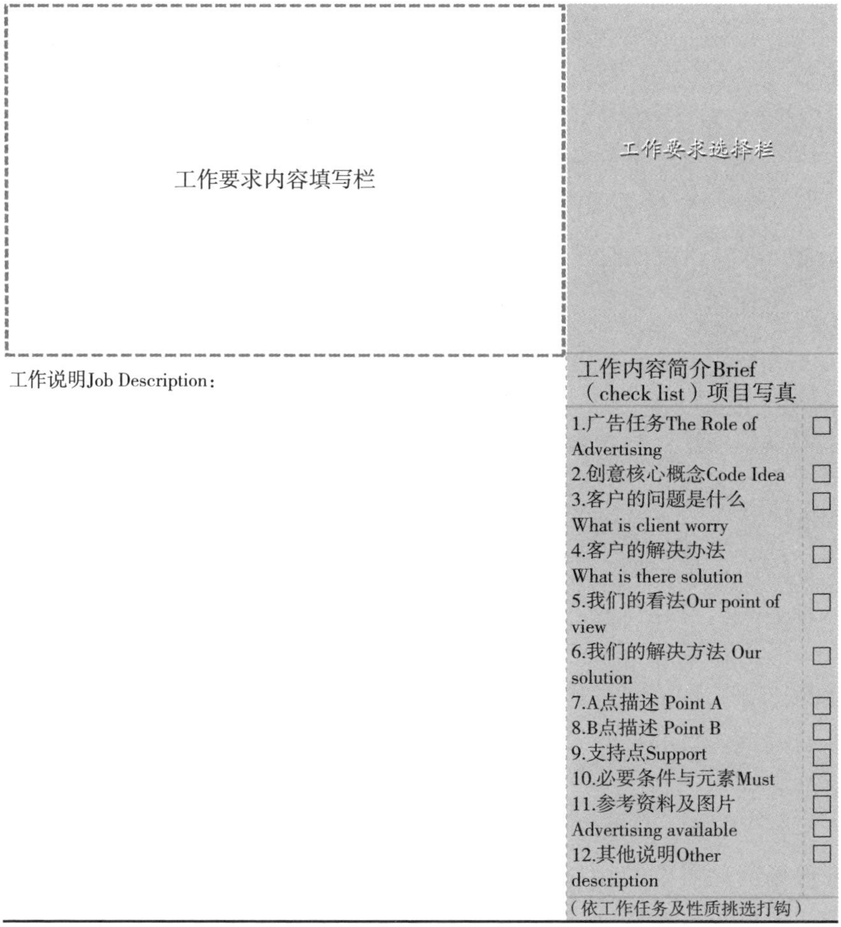

工作要求内容填写栏

工作要求选择栏

工作说明Job Description：

工作内容简介Brief（check list）项目写真

1.广告任务The Role of Advertising □
2.创意核心概念Code Idea □
3.客户的问题是什么 What is client worry □
4.客户的解决办法 What is there solution □
5.我们的看法Our point of view □
6.我们的解决方法 Our solution □
7.A点描述 Point A □
8.B点描述 Point B □
9.支持点Support □
10.必要条件与元素Must □
11.参考资料及图片 Advertising available □ □
12.其他说明Other description □

（依工作任务及性质挑选打钩）

图 6–6 Brief 单的填写方法

9. 如何填写 Brief 创意简报（二）

Brief 创意简报的第二个部分至关重要，是给创作部门指明前进方向的核心，所以我会花很多笔墨阐述这一部分的。这个部分分为左右两栏，左边是填写栏，右面是项目栏。AE 首先要在右面选择栏里面选择自己需要填写的项目，然后在左面的填写栏里面按照自己的选择进行填写。

首先是“广告任务 The Role of Advertising”，在这里需要 AE 认真和客户进行反复沟通，明确客户下达该广告工作任务的目的是什么。

在这里要明确写出该项广告的目的，如：新产品上市的明确告知；促销活动的告知。目的写得越明确，创意的发挥针对性越强，广告在客户面前过关的概率也就越高，这是很关键的。很多 AE 在填写这个环节的时候，总是模糊了事，其实这是不对的。如果自己感觉无法填写这个命题，那么只能说明一个问题，你根本没有想清楚和了解清楚客户此次广告的真实目的，就请你放下手中的钢笔，关闭自己的电脑，赶紧和客户通个电话吧，作为客户，他（她）会很乐意和你交谈的（使用原则：脸皮要厚，不耻下问）。

第二个选项是“创意核心概念 Code Idea”，这里需要填写的是一个重要的结论，这个结论是整个创意的核心点所在，也是这个创意简报的核心所在。创意人员往往没有太多的时间来仔细看完整个创意简报，而这个选项的填写就显得非常关键了。

太多的广告 AE 和广告创意人员所创作出来的广告太平庸，或者在客户那里过不了关，其真实原因就是在这里，因为连他们自己都没有想清楚，客户的创意核心概念是怎么来的，这是非常可怕的！

要想弄清楚这个地方是怎么填写的，最好再看看一些优秀的广告，同时你必须在未来学会使用另外一张表格，就是“商品概念单”（关于“商品概念单”的使用，将在第十一章的第十小节谈到）。

这是我相当喜欢的一个广告。上海大众 PASSAT 是针对高端消费者的一款汽车产品，这一类消费者最大的特点就是不断进取，敢于为人所不敢之先，能够拥有这样魄力的人，必然是精英，而这样的精英最能够体现个性的特征，就是认为自己才是自己最大的敌人，敢于超越自我，就能够不断进步！这个广告正是体现了这个核心创意概念，我相信这个广告绝对能够激发起众多目标消费群体的共鸣。因此，一个良好的创意概念，是能够激发广告阅读者心中的共鸣，这种共鸣能够导致他们愿意接受广告所传达的信息。

图 6–7 大众汽车 PASSAT 广告 影子篇

图片来源：由原创作团队中的创意娄宇杰提供

在奥美广告公司，它被称之为“按钮（ Button ）”，这是单一、精简及相关的内心真实感知的触发，带领我们从市场现状到达消费者的期望。它可以是一个理性的利益点或是感性的触发点——也可以是核心的 benefit（消费者利益点）。

我的经验告诉我，创意概念始终是来自对消费者内心心智的洞察，而不是凭空而出的，所有的创意概念始终隐藏在消费者的内心，让我们不断去探寻消费者内心的思考，找到激发他们内心共鸣的“按钮（ Button ）”。我相信这个“按钮（ Button ）”应该是一座桥梁，连接消费者的内心需求和产品独有的特征。

创意核心概念的填写会涉及很重要的一个观点，那就是什么是创意?观察整个广告行业，我发现中国的广告行业会把创意和美术连接起来，似乎创意都只能是美术出身的人才能够想出来，而创意人员给人的感觉也都是，男的长发飘飘，穿着绝对另类。我曾经看过一个成都广告人撰写的一本关于创意的小说，书中描写的广告创意，简直就是美术的一个分支似的。谈到创意，就不外乎是美术技巧加美术风格流派，一副俨然只有美术大师们才能够有创意的样子。我很认同 1995 年到 1996 年之间的《国际广告》上对创意的定义：创意就是发现产品能够给予消费者何种利益的本质，然后用本质相同的简单的事物将其传达出来，这种本质相同的简单的事物可以是生活中的细节，也可以是历史文化中的一个典故，或者是一个故事，等等。所以我并不认为创意仅仅是美术设计的专利，大卫·奥格威虽然只是一个文案出身，但是当年奥美早期的许多广告，如哈撒韦衬衣、劳斯莱斯汽车等，创意不都是出自他的脑海吗？

接下来需要填写“客户的问题是什么 What is client worry ”。这个应该不是很难吧，对于客户的工作指令做了详细了解的人，都能够填写出来，其实关键就是看你是不是用心聆听了客户的话语。这个选项的后面是“客户的解决办法 What is there solution”，只要仔细聆听客户说的话就能够填写。填写这两个选项的目的在于，检验一下自己是不是认真记录了客户的指令，看看是不是还有什么遗漏，同时也给自己时间，深入思考一下客户的指令。作为 AE，你需要消化这些指令。

永远记住一个原则：客户和你之间的广告交流是存在统一标准的，这个统一标准就是消费者的需求和产品之间的必然联系。

10. 如何填写 Brief 创意简报（三）

在认真思考并消化客户的指令之后，作为 AE 最需要完成的事情，就是检验自己对客户的需求是不是真的了解了。这个时候，你需要填写“我们的看法 Our point of view”这个选项，这个选项是对客户指令的深入反思，客户对自己的产品太熟悉，往往无法正确地判断自己的问题所在并找到准确的解决方案。借由这个问题，我们需要检验一下，客户这次广告的目的需要解决的问题是不是正确的。有时候，客户所需要由广告所解决的问题，不一定是正确的，毕竟对于广告专业来说，客户并不是知道太多，隔行如隔山，我们需要利用我们的专业知识去发现真相。

“我们的解决方法 Our solution”是在确定真相之后，作为广告专业工作人员为客户提出专业见解和解决方案，这才是客户雇佣我们的目的。

针对上面两个选项，作为 AE 需要一个认真思考的过程，这个过程涉及以下五个问题：

①客户所认为这次广告活动需要解决的问题点是不是正确的？

②如果是正确的，客户提出的解决办法是不是适合解决这个问题？

③如果不是正确的，那么真正的问题点到底在哪里呢？

④找到真正的问题点了，我们应该怎样解决这个问题呢？

⑤我们应该怎样判断这个问题在我们的广告推广出去以后被真正解决了呢？

消费者看到广告前对客户的产品有什么认知，这样的消费者认知观点被称作“A 点描述 Point A”。这个选项所需要填写的是作为专业广告公司，我们在问题解决之前所了解到的目标消费群体对客户目前产品的看法和观点。这个选项应该用第一人称的日常语写下来——现在目标消费者对我们的品牌 / 这个产品类别有怎样的感觉？他们是否注意到我们以前的传播？记得什么具体的事情？和竞争对手相比，他们觉得我们比较好还是比较差？

自然下一个选项就是“B 点描述 Point B”。什么是 B 点？ B 点就是目标消费者在看过广告之后所发生的心智变化，也就是我们期望广告之后达成的效果。这个选项应该用第一人称的日常语写下来——在沟通之后，我们希望目标消费者做出什么反应？有什么感觉？实际些，不要放进那些不可能的“热情”在你的文字里。

什么是“支持点 Support”？就是独特的销售主张（USP），它的填写必须遵循以下原则。

第一个重要的原则：用事实说话。

不要为了 USP 而胡编乱造，本来是没有的产品特征，偏要强加上去；或者是产品本来是有这样的特征，却偏偏为了迎合市场的潮流，瞎编一个不存在的特征出来。我的一个朋友为成都一个地产客户服务，产品是适合年轻人的小户型，其最大的特征不在方便上网这个点上，却偏偏要去宣传什么高速上网，搞得我以为他们是在销售电信产品。

第二个重要的原则：客户产品一定是有不一样的差异化，不是存在于功能上的利益点，就是来自于情感上的利益点。

现在的地产广告动不动就几大卖点、几大产品特征，完全忘记了 USP 是独有的这一原则，更加忽视消费者的记忆能力。

第三个重要的原则：任何产品功能上的利益点和情感上的利益点一定有必然的联系。

比如宝洁的海飞丝，它的广告宣称“自信从头开始”。广告上一对恋人发生了争执，然后两人朝着不同的方向离开，女孩一边走一边微微一笑，相当自信地说：“他一定会回来找我的！”长发十分飘逸。果然，男孩子很快追了上来，真诚地向女孩道歉。作为海飞丝产品，其功能点就是让长发更加飘逸，但是飘逸的长发给予消费者的情感利益点，就是自信。

"必要条件与元素 Must"选项需要填写的是客户广告设计中必须要注意的要点和元素，一般都是和品牌管理手册紧密联系在一起的！

在这个环节上，需要做好以下几件工作。

首先向客户索取其品牌管理手册，看看在商标标识的管理上有没有什么要求。

其次和客户广告部的人员沟通，看看国家有没有相关政策限制，或者有没有行业特殊约定。举例而言：服务过中国移动的 AE 一定有切身体会，省移动的名字一定不能写错！

"参考资料及图片 Advertising available"选项需要填写的是客户广告设计中必须要使用的要点和元素，最好列出清单，让创作部的人员点收！

在这个环节上，需要做好以下几件工作。

建立文件袋，把这些在设计中要使用的要点和元素（如产品图片）都打印一套，并进行编号，在创意简报上写上清单，让创作部人员签收。

把打印出来的文件和拷盘的电子文件汇集，装入工作袋，交给创作部。

最后，别忘记了给自己保留一套备份。

11. 理想时间工作表保证 Brief 创意简报的最终执行质量

Brief 创意简报的最后一个部分就是对作品质量的管理，它包含两个重要的方面，一是流程控制，二是质量管理。

流程控制部分

	营业部门	创作部门	执行部门
下单 Projeot Management	AE: AD:	AD 艺术指导：　OW 文案： D 设计：　FA 完稿： CD 创意总监：	E 执行： ED 执行总监：
制管 Quality Control	AE: AD:	AD 艺术指导：　OW 文案： D 设计：　FA 完稿： CD 创意总监：	E 执行： ED 执行总监：

质量管理部分

图 6-8　Brief 单的填写方法

前面谈到过广告的工作流程，这是广告公司特别容易忽略的一个问题，广告公司的出品出现这样那样的问题，往往都是流程控制不利造成的。这其中的问题是非常多的，比如客户给予一个工作指令，往往希望广告公司越快越好地完成。AE 为了迎合客户，完全不计较客户所给予的工作完成时间是否足够，盲目地答应，造成的后果就是一味地赶时间，不按照流程进行，其出品可以想象，不出现问题才真是奇怪了。

而这样造成的另一个不利局面，就是整个广告公司项目时间管理混乱。很多 AE 认为下单流程是多余的，要么直接口头给创作部下单，要么就是草草填写了 Brief 创意简报丢给创作部。但是作为一名合格的 AE，你有没有认真思考过项目控制和管理的问题呢？每一个 AE 可能同时管理着 1~2 个客户的项目。作为 AM 呢？应该更多吧，作为 AD，我想统管整个公司的项目，是应该的吧。如果 AE 不按照流程，把 Brief 创意简报交给自己的上司签字确认，我真不知道作为 AE 上司的 AM 和 AD 们怎么合理分配各个项目的时间？如何控制各个项目的进度？相同的道理，创作部的主管也无法知道哪个设计师时间相对紧张？哪个设计师时间相对宽松？

在我的办公室里面，我请制作公司做了一块很大的板子贴在墙上，上面贴满了各个项目的工作单，每天我需要详细看看每一张工作单的完成时间。每当有新的工作单下达的时候，我会看看与其他工作单的时间是不是冲突，如果冲突，应该怎样调整，也就一目了然了。

下单这一个选项是简单的，就是签上自己的大名，但是切记签字之前认真阅读 Brief 创意简报，不要随意挥动你的大笔，确认可以完成了再签。

作品完成之后，就是质量的管理。设计师应该首先检查自己的产品是不是合格了，如果认为合格了，就请签上自己的大名，然后连同作品一起交给自己的主管。主管审视之后，不合格应该返回，并要求设计师修改；认为合格了，就签上自己的名字，然后再传递给营业部。这样通过层层检查，出错的概率会降低不少。中国有句古话说得好：三个臭皮匠赛过一个诸葛亮！说的就是这个道理，任何作品要指望一个 AE 发现错误是不现实的！

要保证这样的工作流程和质量管理，就必须有充足的时间，而不是客户说什么时间要，就盲目答应。这样做是对客户的不尊重，也是对自己专业的不尊重。因此，作为一家专业的广告公司，应该制作一张理想时间工作表，确定自己完成工作的理想时间。当然，现实的工作中，可能无法完全按照这个时间表执行，根据工作的具体状况，可以调整这个时间表，但是有了这个时间表，作为 AE 就可以合理地管理各项工作的时间分配了。

我最怕听到客户的话语就是：“我们公司效率很高，要求很严，作为广告公司，你们要适应，很多广告工作不会给你们什么时间，要的就是快！”客户说这个话，我觉得无可厚非，因为原因不在客户身上，而是在我们广告公司自身。许多广告公司只知道一味地迎合客户，客户说的时间似乎都是天经地义的，久而久之，就给客户一个印象，广告公司简单地拍拍脑袋就可以完成工作了，因此给一个通宵的时间足够了。殊不知，作为广告公司，要完成一个作品，也是需要时间的。

下面是我在工作中长期使用的理想时间工作表，每服务一个新的客户时，我也会给客户提供一份，和客户共同商榷每一项工作完成所需要的时间。

表 6–1　理想工作完成时间表

项目(不含调查时间)	年度提案	CF 脚本	广播稿	平面	延展设计	包装
策略简报	10 天	5 天	0.5 天	0.5 天	–	3 天
客户审核	–	–	–	–	–	–
创意形成	8 天	5 天	2 天	1 天	3 天	8 天
内部检核	2 天	2 天	1 天	0.5 天	1 天	2 天
客户审核	–	–	–	–	–	–
修正	5~10 天	2 天	0.5 天	1 天	1 天	5 天
客户审核	–	–	–	–	–	–
制作	–	–	–	–	–	–
打字 /完稿	5 天	–	–	1 天	3 天	5 天
插画	–	5 天	–	3 天	–	5 天
喷修	–	5 天	–	1 天	–	5 天
摄影	–	5 天	–	2 天	–	5 天
制作脚本	–	5 天	–	–	–	–
演员、道具	–	10 天	–	–	–	–
卫生检查	–	10 天	–	–	–	10 天
拍摄 /录影	–	+ /–5天	–	–	–	–
A–Copy 剪接片	–	5 天	–	–	–	–
客户审核 A– /初	–	–	–	–	–	–
B–Copy 录音Copy幕	–	5 天	–	–	–	–
客户审核 B–Copy	–	–	–	–	–	–
广电部审核	–	5 天	–	–	–	–
外包摄影	–	–	–	6 天	–	6 天
外制音乐	–	5 天	–	5 天	–	–
印刷	依印刷物而定	–	依印刷物而定	–	–	依印刷物而定
客户审核						

12. Brief 创意简报范例

表 6-2　Brief 创意简报范例

<table>
<tr><td colspan="3">开单日期 Issuing Date：2006-9-15AM10:30</td><td colspan="3">工作号 Project No：IY20060915B</td></tr>
<tr><td colspan="3">客户 Client：伊藤洋华堂</td><td colspan="3">最终完成日期 Due Date：2006-9-18PM 3:30</td></tr>
<tr><td colspan="3">商品 Product：伊藤洋华堂品牌</td><td colspan="3">工作名称 Title：伊藤洋华堂主画面设计</td></tr>
<tr><td colspan="6">工作内容 Contents：■主画面□延展设计□修改尺寸□现场物料□其他：</td></tr>
<tr><td>媒体
Media</td><td>□电视广告 TV 秒数
Time：</td><td>■杂志广告 MG 尺寸
Size：</td><td>□印刷物 Print 尺寸
Size：</td><td>□活动 S P</td><td>□公关活动</td></tr>
<tr><td></td><td>□报纸广告 NP 尺寸
Size：</td><td>□候车亭广告尺寸
Size：</td><td>□事件行销 Event</td><td>PR □其他
Others</td><td></td></tr>
<tr><td colspan="6">颜色 Color：□ B/W　□ 2/C　□ 3/C ■ 4/C　□特殊 Special</td></tr>
<tr><td colspan="6">出品 Produce：■ JPEG □ AI　□ cdr ■彩色打印□黑白打印□光盘□文稿</td></tr>
<tr><td colspan="4">工作说明 Job Description：
背景说明：目前伊藤洋华堂是成都市重要的零售百货企业之一，其经营业态为综合型百货商场和超级市场，详细的客户资料请参阅附件一（附件一：关于成都伊藤洋华堂的介绍）。
目前伊藤洋华堂在成都进入了高速拓展期，截至 2008 年年度，它将在成都完成再开 3 个分店的计划，随着该计划的实施，伊藤洋华堂也将由城市中心店转换成为社区百货店；同时在 2006 年 11 月 11 日将迎来伊藤洋华堂的 9 周年年庆。秉承“以顾客的支持为背景实现销售目标”的一贯理念，伊藤洋华堂将举办盛大的 9 周年年庆活动，同时以顾客为出发点，改善目前伊藤洋华堂的购物环境，创造更加关心顾客的人性化购物环境。
1) 广告任务 The Role of Advertising：
a) 以 9 周年年庆为契机，以关心和回馈顾客为根本点，举办店庆，感恩顾客、回报顾客；
b) 改善购物环境，创造更加人生化的购物环境。
2) 创意核心概念 Code Idea ：伊藤洋华堂是一家能够改变你生活品质的商场。
3) 客户的问题是什么 What is client worry：伊藤洋华堂的特色是生鲜和家居，长期以来这是吸引客户的关键点，如何促使客户认识到这样的关键点能够改变顾客生活品质?
4) 客户的解决办法 What is there solution：以顾客为出发点，改善目前伊藤洋华堂的购物环境，创造更加关心顾客的人性化购物环境。
5) 我们的看法 Our point of view：购物环境的改善是一种实际执行手段，需要将改变顾客生活品质融入品牌联想之中，让顾客有直观的感受。
为了达成这个目的，我们需要了解以下资料：
a) 成都主要商圈 2006 状况：主要针对春熙路中心商圈和双楠社区商圈，分别就两大商圈内主要的竞争企业及其 2006 年发展状况进行了解，并收集商圈主要消费能力和消费倾向的状况资料；
b) 各个商场 2006 年销售状况：主要针对王府井百货、太平洋百货以及摩尔百盛、人人乐等几个百货、商超的 06 年度销售状况，要针对他们和伊藤洋华堂之间进行有效的经营对比；
c) 消费者购物选择习惯：成都市场购物群体的基本形态（年龄、性别、职业、收入），以及他们对购物场所的选择和偏好，挖掘这个群体的购物心态和爱好以及他们对商场促销活动的选择因素和喜好、参与程度（包含对竞争对手的消费群体进行描述）；
d) 各个商场 2006 广告投放状况：针对各个商场的广告媒体选择，以及 2006 年度投放比例和投放频次进行资料收集；
e) 各个商场 2006 促销活动状况：各个商场目前在 2006 年度已经举办的促销活动，以及所取得的效果。
6) 我们的解决方法 Our solution：通过对市场的了解，为客户提供专业的广告解决方案——以品牌标志的鸽子创造品牌 symbol，促进消费者对伊藤洋华堂的品牌联想，协助客户达成利用 9 周年年庆回馈顾客的根本目的。
7) A 点描述 Point A：伊藤洋华堂的商品丰富，是其他地方买不到的；价格合理，值得购买。</td><td colspan="2">工作内容简介 Brief（check list）项目写真

1) 广告任务 ■
The Role of Advertising
2) 创意核心概念 ■
Code Idea
3) 客户的问题是什么 ■
What is client worry
4) 客户的解决办法 ■
What is there solution
5) 我们的看法 ■
Our point of view
6) 我们的解决方法 ■
Our solution
7) A 点描述 ■
Point A
8) B 点描述 ■
Point B
9) 支持点 ■
Support
10) 必要条件与元素 ■
Must
11) 参考资料及图片 □
Advertising available
12) 其他说明 □
Other description

（依工作任务及性质挑选打钩）</td></tr>
</table>

续表

<table>
<tr><td colspan="4">8) B 点描述 Point B：伊藤洋华堂的商品是精心组织的，能够有效地帮助你提高生活品质！
9) 支持点 Support：以满足顾客需求变化为核心的强大单品管理体系，是满足顾客生活品质需要的有力保障！
10) 必要条件与元素 Must：</td><td></td></tr>
<tr><td colspan="4">客户提供的资料 Information From the client：</td><td>注意：
·请使用工作单时，在相应的工作执行栏上签署自己的中文名字；
·全部人员签名完成以后，烦请复印备档，营业一份，创意一份；
·请妥善保管工作单，使用文件夹管理。</td></tr>
<tr><td rowspan="2">下　单 Project Management</td><td>营业部门</td><td colspan="2">创作部门</td><td>执行部门</td></tr>
<tr><td>AE：
AD：</td><td>AD 艺术指导：
D 设计：
CD 创意总监：</td><td>CW 文案：
FA 完稿：</td><td>E 执行：
ED 执行总监：</td></tr>
<tr><td>制　管 Quality Control</td><td>AE：
AD：</td><td>AD 艺术指导：
D 设计：
CD 创意总监：</td><td>CW 文案：
FA 完稿：</td><td>E 执行：
ED 执行</td></tr>
</table>

13. 如何下单进行创作修改

客户修改广告作品，对于广告公司来说是家常便饭，因此讲求修改的流程至关重要。在很多的时候，客户不满意的地方往往在于需要修改的问题点没有修改到。事实上，修改是一件比创作更加困难的工作，它相当考验工作人员的细节执行能力。客观来说，我在这个方面也是吃了不少亏的，也因此被客户批评了不少次。

修改过程是相当琐碎的，也因此出现了不少问题，问题最多的就是当修改的细节过多的时候，难免会出现遗漏，因此有效利用原有设计的打印件成为其中的关键。客户的修改意见可以直接在原有的设计打印件上标注出来，以便设计人员按照顺序进行修改。在标注的时候要特别注意，画面修改意见和文案修改意见要分别标注，特别是对于文案的修改，可以借助国家技术监督局于 1994 年 7 月 1 日正式颁布实施执行的《GB/T 14706-93 中华人民共和国标准校对符号及其用法》来进行标准的文稿修改，保证客户和意思能准确地传导到创作部。

涉及修改的内容比较多，范围比较广的情况下，AE 最好召开一个修改工作会议，在会议上把应该修改的内容一一详细阐述清楚，这是提高效率的最有效的方式之一。最可怕的莫过于口头传递修改信息。一名刚刚参加工作不到两年的 AE 是我的同事，他一个人同时负责了两个客户，恰好那次他的客户同时针对世界杯足球赛做促销宣传，创作部都在为他的两个客户创作全新的促销主视觉画面。两个客户的稿件先后创作完毕交付客户审阅，两个客户在同一时间反馈了修改意见。因为时间紧急，这位同事直接冲进创作部分别口述两个客户的修改意见，由于两个客户的促销内容太近似，他把部分修改意见刚好弄混淆了，本来是很简单的事情，反而因此变得复杂了。结果两个客户非常生气，因为弄混淆的缘故，其中一个客户的广告上出现了另外一个客户的产品品牌名称。

好记性不如烂笔头，作为 AE 一定要永远谨记这句话，白纸黑字记录下来的，出错的概率会小很多。遵照下面的流程表执行，相信你出错的概率就会降低。

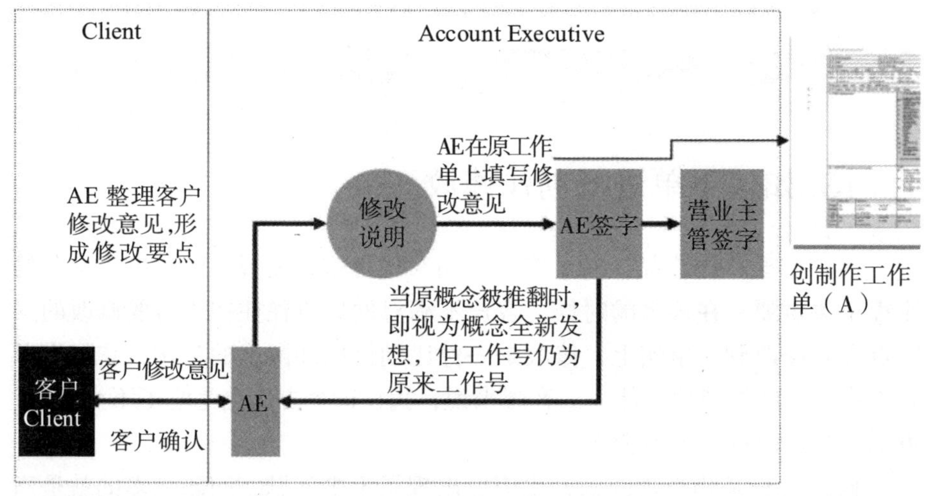

图 6–9　修改工作流程

14. 汇总管理工作档案

AE 每天所接触的工作是非常繁多的，时间安排得已经非常紧凑了，再加上客户时不时有紧急的工作需要完成，那简直是雪上加霜，让 AE 更是手忙脚乱。而客户需要广告公司的是，能够协助自己完成工作，所以当 AE 向他们索要设计元素或者有关资料的时候，他们总是喜欢告诉 AE：之前不是已经给过了吗？你找找就好了，我很忙，来不及给你找了……可怜的 AE 又得开始翻箱倒柜，在自己的电脑和文件夹里到处寻找着客户需要的文件。

要迅速地找到文件，这就需要对文件进行有序管理。这个道理说起来似乎人人都懂，但是要真正做起来却不是那么容易。任何工作只要进展了一段时间，资料的累计和繁多是可想而知的，如何管理好这些资料呢？这个问题对于所有从事客户服务的 AE 而言，都是很直接的。

在现实工作中，多数的 AE 其实相当不善于管理自己的资料，走进他们的办公室和办公桌，凌乱成了唯一的现象，在电脑周围堆满了这样或那样的文件，不同客户的文件堆放在一起，完全没有区分。更糟糕的是，他们往往不善于使用文件夹来对文件进行分类，而是任由文件四处堆放，美其名曰：只要我自己能够找到就好了。现实真是这样吗？恐怕不是，常常出现的情况是，在一阵手忙脚乱之后，要么找不到文件，要么拿错了文件，把旧版本文件给了客户。

资料归档管理分为两个部分，一部分是电子文件的归档管理，一部分是纸质文件的归档管理。电子文件归档管理的做法相当简单，在该项目文件夹下面新建一个文件夹，以归档管理当日的时间命名，然后将 Brief 创意简报工作单和商品概念单（视实际工作状况而言，这张工作单不一定会出现），以及创作部根据 Brief 创意简报工作单和商品概念单所创作的广告作品的 JPEG 格式文件，一并放入其中，进行归档管理。其实这个原理就是把时间作为了文件管理的 ID 号，便于查找。

纸质文件管理的方法类似，就是把打印出来并签字完成的 Brief 创意简报工作单和商品概念单（视实际工作状况而言，这张工作单不一定会出现），以及创作部根据 Brief 创意简报工作单和商品概念单所创作的广告作品的彩色打印文件，合并装订在一起，放入该客户的档案袋里面。

为了更好地进行管理，每进行一次归档管理，就进行一次登记。登记的原理就是为该客户建立一个 Excel 文件，文件分为以下几个栏目：

客户名称（便于客户的分类）

工作号（便于纸质文件的查询）

入档日期（便于电子文件的查询）

电子文件包含文件名

纸质文件包含文件名

一个月一张这样的文件归档管理清单，清晰明了，能够帮助 AE 有效地管理自己的文件和各类客户资料，这样出现错误和慌乱的概率降低了不少。

15. 填写工作周报表

开会的时候，AE 告诉我：“总监，你的要求实在没有办法实现，因为客户的工作基本上是临时下达的，不仅我们无法预测，就是客户自己也是无法预测的。”他这样说的原因是我要求填写工作周报表。在他们看来，工作周报表的填写是对工作的预测和提前安排，但是许多客户的工作是临时下达和安排的，所以填写是不太现实的。但是我估计其中的原因是因为填写工作周报表是一件很复杂的事情，相对于偷菜什么的网络娱乐来说，确实辛苦了不少。

我在浏览一些 GTD 网站的时候，针对时间管理，他们提出了一个新的口号：偷菜 OUT 了，玩点有意思的。这句话对于我来说很有意义，也推荐给所有 AE。严格来说，工作周报表的填写是任何一个 AE 对一周工作的回顾和总结，更是对未来一周工作的展望和安排，这其中包含了目标管理和过程管理两个重要的部分。

目标管理是每一个 AE 工作的方向和动力来源，填写工作周报表可以清楚地看到自己在本周完成了哪些工作，哪些工作没有完成，所有这些工作的目标价值是不是达成了？目标达成了的工作，值得总结和继承的因素有哪些？目标没有达成的工作，为什么没有达成？要继续达成目标价值的话，需要做什么样的努力？

人的一生就是一个不断前进的过程，这个过程是达成自我人生终极目标的道路。要实现人生的终极目标，就需要把人生大目标区隔成一个一个阶段的小目标，这些小目标会自然而然地融汇在我们日常的生活和工作中，做好工作中的每一个小环节，达成工作的每一个目标，就是朝着自己的人生大目标又前进了一步。

而过程管理也是一个很重要的方面，任何 AE 的工作是相当繁多的，缺乏计划性的结果就是一片混乱，因此必须让自己的工作有计划性。对于所有的工作区分轻重缓急和资源配置，是工作高效率完成的前提和必要条件，这样的一个思考过程，就是在我们填写工作周报表的时候产生的。正是通过对工作步骤的思考，我们才能把重要的工作安排在前面，用最多的资源来完成，让工作完成的时间和质量得到双重保证。

AE 多数时候的混乱往往都是缺乏计划性造成的，这在现实工作中，是一个不可否认的事实。遗憾的是，多数的 AE 一直没有认识到这一点，他们总是认为工作周报表有什么好写的，在每周的工作会议上说说不就好了吗？其实口头表述和书面表述是截然不同的，所得到的效果也大相径庭。书面表述需要 AE 具有更加缜密的思维，才能促使书面的内容能够让阅读者看懂，这其中还必须拥有较强的逻辑思维能力，通过有效组织书面语言将事情阐述清楚。口头表述能力和书面表述能力绝对是两个不同的能力，书面表达能力强的人在口头表达方面基本也没有问题，但是口头表达能力强的人未必有非常好的书面能力。未来会讲到 AE 如何撰写 PPT 文件，相信大家对此就会有更加深刻的印象了。

其实工作周报表也是一个小型的甘特图，能够做好工作周报表，对于看懂和制作甘特图也是有很大的帮助的，毕竟甘特图是 AE 日常工作中不可或缺的工具之一。初次接触甘特图，AE 往往感觉相当的吃力，这是 AE 不常使用甘特图所造成的。通过工作周报表，也能锻炼 AE 绘制甘特图的能力，日久天长，AE 就能够相对熟练地使用甘特图，并且让甘特图成为自我工作的重要组成部分。

16. 作为 AE 不可不知道的企业管理十大概念

前面谈到 AE 应该在通才的基础上成为专才，所以孜孜不倦地学习应该成为 AE 人生的一个部分。还在深圳工作的时候，公司新来了一个从广州麦肯光明过来的创意总监，是一个地道的广东人，我们都叫他阿添。阿添的设计能力是相当强的，我不管和他谈什么项目的策略，他似乎对那个行业多少都知道一些。比如我们在服务一个电脑品牌的时候，因为客户准备发展 whitebox 这种电脑形式，需要我们整个专案小组收集这个方面的资料，然后展开创意，结果全专案小组最先找到 whitebox computer 资料的竟然是阿添。每一次我们针对客户的市场营销问题召开分析会议，阿添总是要来参与，对于听不懂的营销知识或者名称，他总是用随身携带的小本子记录下来，之后会找营业部的人询问。和阿添共事一年，我始终感觉他是一个很有想法的创意人，当别的创意人员把目光焦点集中在美术上面的时候，他却把目光投向更多的方面，如营销、生活和文学等，这为他创作了不少好广告奠定了基础。

2004 年的时候，我们服务深圳电信的小灵通业务——华夏风，确定的广告策略是实用就好。阿添从“选择”这个话题着手，创作了一幅平面广告，画面上有一盘很诱人的食品，让人非常有食欲，一看就想动筷子把这盘食品吃掉，但是食品的旁边却没有筷子，只有扳手、榔头和钳子等。广告语告诉读者，要想吃到美食，就要选择正确的工具。客户很喜欢这个广告，因为当时在深圳通信工具的选择是很多的，广告从诙谐的角度告诉大家，选择功能繁多的通信工具不如选择功能满足自身需求的通信工具，这就是实用。阿添之所以能够创作出这样客户高度认可的稿子，其原因就在于他知识面的广泛，帮助了他能够从营销心理来思考广告推广。

从阿添的身上，我感受到一个人的知识面的广泛对他的工作有多大的帮助。对于作为 AE 的你，是不是应该有所启示呢？下面我就简单介绍一下 AE 不可不知的十大企业管理概念。

CIS(Corporate Identification System)

CIS 是指将企业经营使命及经营理念以文字、图案、颜色等整体造型设计，传达给企业内外大众。

SWOT 分析

SWOT 分析是指分析组织内部之优势 (Strength)、劣势 (Weakness) 及其在外部环境中所面临的机会 (Opportunity) 与威胁 (Threat)。

平衡记分卡

平衡记分卡是 20 世纪 90 年代 David Norton 和 Robert Kaplan 提出的全面衡量企业健康状况和企业价值的管理方法，它克服了使用单一企业的财务业绩的缺点。它是一个将影响企业的四个重要因素，即：财务业绩、客户满意度、企业的内部流程和企业的学习成长作为考评指标的管理体系。

ERP（Enterprise Resource Planning）

ERP 是指企业资源计划。本着整体规划、分步实施的原则，对 ERP 项目所有方面的计划、组织、管理和监控，是为了达到项目实施后的预期成果和目标而采取内部和外部的持续性的工作程序。这是对时间、成本以及产品、服务细节的需求相互间可能发生矛盾进行平衡的基本原则。建立起一整套行之有效的项目和风险管理机制，对提高 ERP 系统的实施成功率至关重要。

OA（OFFICE AUTOMATION）

OA 的本意为利用技术的手段提高办公的效率，进而实现办公的自动化处理。采用 Internet/Intranet 技术，基于工作流的概念，使企业内部人员方便快捷地共享信息，高效地协同工作；改变过去复杂、低效的手工办公方式，实现迅速、全方位的信息采集、信息处理，为企业的管理和决策提供科学的依据。一个企业实现办公自动化的程度也是衡量其实现现代化管理的标准。

CRM（Customer Relationship Management）

CRM 是指客户关系管理，它是一项综合的 IT 技术，也是一种新的运作模式，它源于“以客户为中心”的新型商业模式，是一种旨在改善企业与客户关系的新型管理机制。

MIS（Management Information System）

MIS 是指管理信息系统，是一个由人、计算机及其他外围设备等组成的能进行信息的收集、传递、存贮、加工、维护和使用的系统。

KPI（Key Performance Indicators）

KPI 是指关键业绩指标。企业的生产过程是劳动者运用劳动工具改变劳动对象的过程。在企业生产的三个基本要素（劳动力、劳动资料、劳动对象）中，劳动力是最重要的因素，正确地统计、分析、预测劳动生产力指标，对于企业有序地组织生产、充分开发、合理利用人力资源有着重要意义。

体验营销（Experiential Marketing）

站在消费者的感官（Sense）、情感（Feel）、思考（Think）、行动（Act）和联想（Relate）五个角度，重新定义、设计营销行为的一种思考方式。此种思考方式突破传统上“理性消费者”的假设，认为消费者消费时是理性与感性兼具的，消费者在消费前、消费时、消费后的体验才是购买行为与品牌经营的关键。

OST(Objective Strategies & Tactics System)

OST 制简称为“目标、策略、战术”贯联制，OST 制首先将企业目标明确的文字化，其次制定达成该目标的策略及战术。

第七章　AE 的财务控制能力

1. 工作号是 AE 管理工作的重要元素

在 4A 广告企业里面，工作号是项目管理不可或缺的重要管理要素之一，坊间关于广告项目运作的书籍向来很少谈到工作号的问题，工作号也往往成为多数中小型广告企业的项目管理死角。我一直强调，AE 的重要职责就是项目管理和成本管理，工作号也就是这两项管理的重要核心点。目前的许多 AE，特别是刚刚入行的 AE，对于工作号的认识非常匮乏，可以说几乎没有。

之前广州英扬传奇广告公司客户总监朱海松先生在其所著的《国际 4A 广告公司基本操作流程》一书中，简单地谈到过工作号的问题，他是这样描述工作号的："工作号是每项展开工作的代码，标志着这项工作已经开始确实展开实施。"他对工作号的描述应该说已经非常清楚和准确了，我在此就不在多言了。

工作号就是项目管理的代码，更是成本管理的代码，在信息时代的今天，广告一样需要量化管理，工作号就成为量化管理的基础和核心。在不同的 4A 广告企业里面，对于工作号的设立方式也是不太一样的，但是基本上都是达成以下几个目的。

便于项目管理的需要。AE 每天经手的项目众多，即使是一个客户，可能也会因为不同的时间段和不同的工作目的，出现多个工作项目。我常常听见 AE 在办公室里面，拉开喉咙大声对着创意人员喊："就是那个促销的项目，你上次做过的！"说实在话，这样的表述，不要说创意人员迷糊，我也一样的会迷糊，什么叫作"你上次做过的"？要知道一个创意人员每天都在做很多的设计，他怎么知道"你上次做过的"是哪一个创意设计。采用这种表述的 AE，真是一个极其偷懒的人。每一个项目都应该有自己独立的编号，用编号来陈述一个项目，是非常准确的，而且绝对不会出现什么错误。希望所有的 AE 能够认识到这一点，不要再用那些模棱两可的语言，做一些含含糊糊地陈述，搞得整个小组的人员都迷糊到家。还是不要忘记一个原则，广告公司为客户开展广告活动的根本目的是在于协助客户和目标消费群体之间进行沟通，如果作为广告公司的我们，连内部的沟通都做不好，试问我们怎么为客户做好沟通呢？

实现对项目成本的有效管理。任何一个项目都必然地存在项目成本，这对于广告公司的经营者来说，应该不是一个陌生的观念，但是对于 AE 来说，并不见得。在许多 AE 的第一印象里面，认为这是公司财务部的事情，和自己没有一丝一毫的关系，往往对于项目的营业额和收益率持有不闻不问的观点。我遇到过一个 AE，他一直认为自己是一个出色的 AE，而且拥有很多年的客户服务经验。一次，我们为客户的企业画册立项开始工作，整个项目的总营业额大约是 5 万元人民币，由于公司的设计力量有限，他提出外包设计，当时公司出于对客户企业画册工作时间和质量上的考虑，同意了他的提议。整个画册设计完成，客户也认可了，然后印刷交付，一切都比较顺利，但是当财务把项目损益表交给我的时候，我几乎是大吃一惊，外包设计几乎花掉了 2.5 万元人民币，而印刷上又花费了接近 2 万元人民币，他招待客户又消耗掉了近 2000 元人民币，扣除应缴税金 1650 元整，公司真正实现的毛利仅仅 1350 元整，连公司在设计、印刷方面投入的校对、监督印刷等人力资源成本都无法支付，我和他交流这个项目的收益，他竟一脸无辜地告诉我："成本控制应该是财务的时候，和我没有关系，你应该去询问财务！"如果任何一个 AE 都可以不过问成本，我真不知道财务又是通过什么样的渠道来了解和管理每一个项目的成本？

AE 应该控制合理的成本，保证合理的利润，还应该对税金和运营成本有详细的了解。不了解这些，试问作为 AE 的你，怎么来保证公司的项目能够获利？不要找任何借口，没有做到就是 AE 的责任，因为这是一个 AE 最基础的工作了！或许要改变这样的观念真的是很不容易！

我想告诉每一个 AE，成本控制和管理是 AE 的基本工作之一，做好项目成本控制，是广告企业赢利的基础。AE 对项目成本的控制和管理，是广告企业财务人员管理整个公司财务运作的重要渠道之一，千万不要忽视。

2. 如何建立工作号

工作号所发挥的作用是相当大的。任何一个项目的工作号都将自始至终贯彻在整个项目的运作过程中。营业部的 AE 可以利用工作号，有效监测和控制、管理整个项目的进展状况；创作部根据工作号区分项目的时间安排次序，管理设计任务的进度；质管人员根据工作号追踪和管理项目工作的进程，保证工作质量；在这个项目执行的整个过程中，所有和这个项目有关的费用都将计入这个项目的成本之中，由这个唯一的工作号统一管理，便于财务人员在做账时候，明确计入合理的借贷科目之中。

如何建立工作号呢？首先谈谈建立工作号的几个原则。

第一个原则就是新项目立项的时候，必须建立工作号。任何项目都应该有一个自己的名称，这个名称就如同一个人的姓名，应该始终跟随着这个项目，因此在新项目立项之初就必须设立一个工作号。

工作号应该是唯一的，不能发生重复，保证项目管理的唯一性和独立性。

工作号必须含有准确的时间。时间是项目管理和查询的最好的 ID，其实 ID 在信息时代的今天，已经广泛应用于我们的生活和工作之中，打开电脑，很多软件和程序都涉及 ID 的应用。什么是 ID 呢？百度给予了我们最权威，也是最贴切的解释："ID 是英文 IDentity 的缩写，身份标识号码的意思。也可以称为序列号或账号，是某个体系中相对唯一的编码，相当于是一种'身份证'。在某一具体的事物中，ID 号一般是不变的，至于用什么来标识该事物，则由设计者自己制订的规则来确定。"而时间是绝对不可能重复的，因此工作号里面包含准确的时间，是工作号独一无二的核心要素。

工作号应该明确客户是谁。工作号里面必须包含明确的客户名称缩写，以便在追踪客户工作的过程中，不会和其他客户的相同工作内容发生冲突和不必要的混淆。

工作号必须具有明确的工作类型区分。从一个独一无二的工作号必须清楚地分辨出工作类别，以便同一个客户的不同项目在同一个时间段内出现的时候，可以明确区分，不至于出现混乱。

基于上述工作号开立的原则，作为 AE 就能够开立一个完整的工作号，下面让我们来看看一个工作号的开立。假设作为 AE 的你目前正在服务中国电信这个客户，他们最近的项目就是需要设计一个促销活动的主画面，针对这个项目，你应该怎样开立工作号呢？

让我们再次回顾上述的几个原则，然后思考几个问题：

中国电信的名称缩写是什么？

我们将在什么时间开始这项工作？

这次中国电信的这项工作主要类型是什么？

在考虑清楚上述三个问题之后，我想你会毫不犹豫地写下这次项目的工作号：CM 20100523 C。

下面这张表格是对客户服务类型的一个区分，在实际工作中，可能不同的广告企业会因为自己的实际情况而有所不同。

表 7–1　工作号中关于工作类型的分类方式

项目	市场策略	创意制作	媒介	制作	其他
代码	R	C	M	F	O
说明	Marketing planning	Creative	Media	Facture	Other

最后一个问题，工作号是由谁来给予呢？刚才我谈到，对项目成本的控制和管理，是 AE 的基础工作之一，更是财务部人员管理整个广告公司财务运用的基础渠道。可以这样说，AE 控制和管理项目成本，是广告公司财务部人员管理公司财务不可或缺的眼睛和喉舌。因此，工作号应该是由 AE 立项之时向财务部人员提出申请，然后由财务部工作人员来授予。

3. 如何填写业务申请单

业务申请单是 AE 工作中十分重要的一个工具，它是 AE 合理有效地把控业务收益的关键所在。毕竟广告公司也是企业，只要是企业，就必然面临盈利的问题，单纯地指望广告公司财务部去把控每一个项目的收益状况，估计这家广告公司距离亏损也就不远了。本书一开篇就谈到 AE 是什么，如果你记不得了，建议你翻回第一章再次阅读一下。

AE 的全称“Account Executive”是什么？首先就是不要忘记“广告掮客”这个词汇：以一定的成本获得广告位置，再加上合理的广告利润，销售给需要这个广告位置的广告主。这一段话很清楚地说明作为一个 AE，必须清楚成本、营业额和税金之间的关系，保证广告公司获得足够的合理利润。这就是业务申请单的关键作用：广告代理商合理利润管理！我再次强调，这是 AE 工作中最重要的一点，往往却被广告从业者忽视。

填写业务申请单是一件很无聊，但是也是十分关键的工作，而且其中的出错率往往也是很高的，因此在填写的过程中，作为 AE 必须注意以下三点。

这是 AE 在项目的财务和利润管控方面的重要体现，必须要认真填写，特别注意每一个数字所涉及的计算！

AE 往往会在计算中出现误差，这可能导致很严重的后果，所以请 AE 填写时候无比注意，反复计算！多次核对，多找人核对，绝对是有效的方法，千万不要因为一时的疏忽，导致不必要的经济损失！

合理控制自己每一个项目的毛利率！一般而言，广告公司会根据自身的特点和服务的成本，合理规定一个项目毛利率值，所有 AE 都应该熟记于心，保证每一个项目的毛利率不低于这个固定值，以保证公司的运营收益。

在了解以上三个填写原则之后，让我们实际来看看一张业务申请单是怎样填写的。

首先来看看业务申请单的构成。业务申请单一般由以下三个部分组成：

项目基础部分：这个部分主要是填写客户项目的基础资料，包含工作号、客户名称、业务种类、业务名称和 AE 姓名几个部分，清楚地表明这项业务运营的发生时间、种类和人员。

项目运营收益部分：在这个部分，清楚地展现了该项目运营的总营业额，所产生的所有成本，以及获得的毛利、毛利率以及税金等财务盈利状况。

项目运营收益确认部分：作为项目直接负责的 AE 及其直接领导，以及广告公司财务部和总经理应该及时了解项目盈利状况，并签字确认。

沟通｜价值｜创造　ICON

业务工作单 Job Card

业务申请书Professional Work Requisition

Job NO.												

※R-（市场策略）C-（创意）M-（媒介）F-（制作）O-（其他）
※D-（数字小区行业）P-（数字小区公众）V-（移动增值）
在※填写部门英文代码

业务种类	

客户名称		营业担当	

业务名称	

※2、※3、※4工作单正式起票时记入

	项目※2	完成单位名称※3	预计成本（RMB ¥）※4
外发成本			
预计外发成本合计			¥0.00
客服部	通信费		
	交通费		
	公关费		
	杂　费		
创意部	通信费		
	交通费		
	公关费		
	杂　费		
预计内部成本合计			¥0.00
成本总计			¥0.00

预计实施时间	年	月	日	~	年	月	日

媒介业务（税金8.8%）			媒介以外业务（税金5.8%）		
1	预计成本	¥0.00	1	预计成本	¥0.00
2	预计毛利	¥0.00	2	预计毛利	¥0.00
3	预计税金	¥0.00	3	预计税金	¥0.00
4	预计营业额	¥0.00	4	预计营业额	¥0.00
5	预计毛利率	#DIV/0!	5	预计毛利率	#DIV/0!

（委托部门）/暂时起票		（委托部门）/正式起票	
客户经理	客户总监	客户经理	客户总监
/	/	/	/

（月/日）

（委托部门）/暂时起票		（委托部门）/正式起票	
客户经理	客户总监	客户经理	客户总监
/	/	/	/

（月/日）

备注：请记入实际毛利率=（预计营业额-成本总计-税金）/预计营业额

图 7–1　业务申请单

了解业务申请单的构成之后，我们需要来详细了解一下这张业务申请单是如何进行填写的，以便保证 AE 本身和广告公司财务部准确把控项目运营的收益状况！

项目基础部分的填写方式

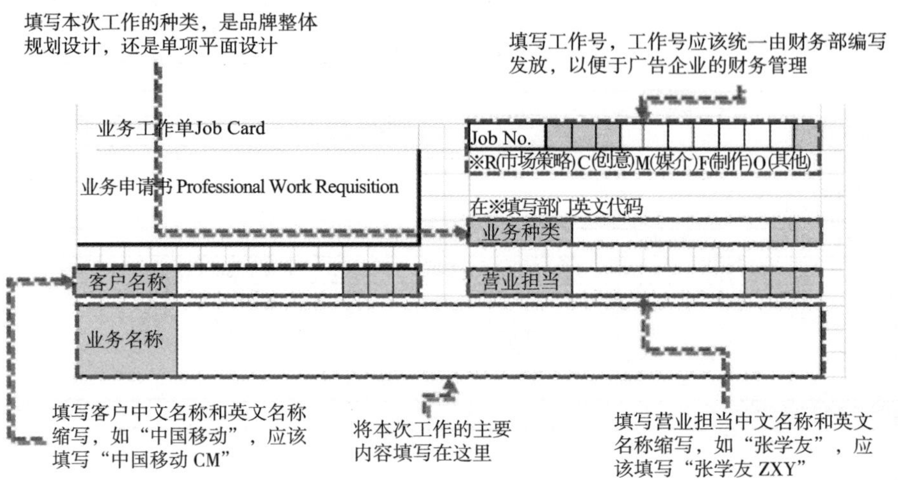

图 7–2　业务申请单的填写方法（一）

项目运营收益部分的填写方式

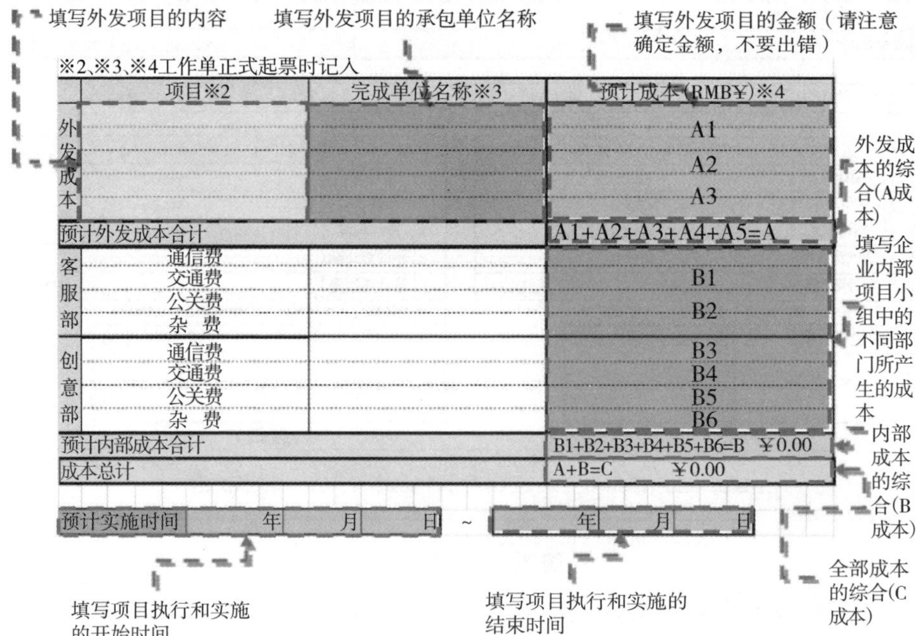

图 7–3　业务申请单的填写方法（二）

要特别注意的是在第二个部分，区分了“媒介业务”和“媒介以外业务”两个项目收益计算栏，因此填写的时候要特别关注，是媒介规划投放业务的请填写在“媒介业务”项目收益计算栏之中；如果不是媒介规划投放业务，请填写在“媒介以外业务”项目收益计算栏之中，千万不能搞错了。

“媒介业务”项目收益计算栏的计算填写方式，如图7–4所示。

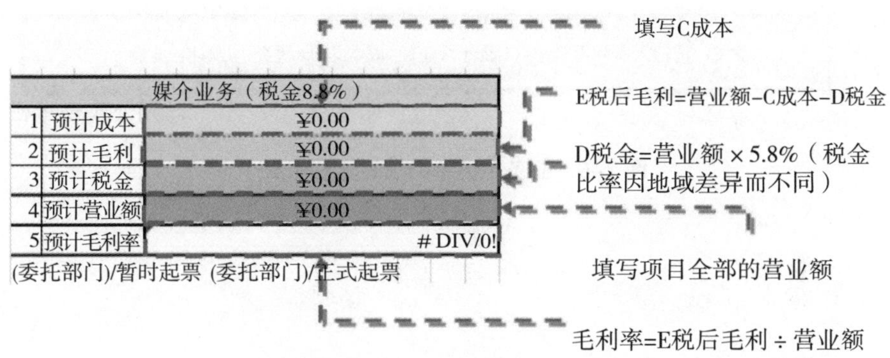

图 7–4　业务申请单的填写方法（三）

“媒介以外业务”项目收益计算栏的计算填写方式，如图7–5所示。

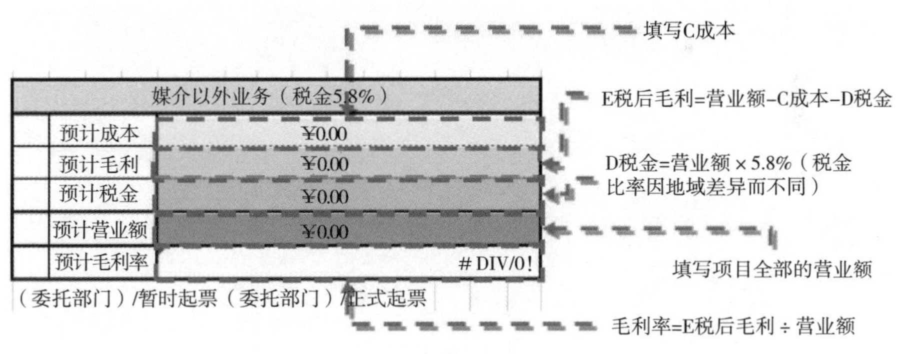

图 7–5　业务申请单的填写方法（四）

项目运营收益确认部分的填写方式，如图7–6所示。

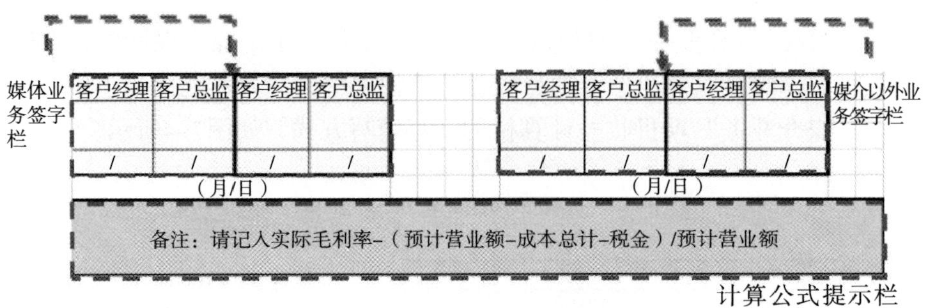

图 7–6　业务申请单的填写方法（五）

第八章　信息时代，收集信息最重要

1. 为什么要进行信息管理

我始终强调的一个问题就是，广告是一个信息传递的行业，因此要做好信息的传递工作，保证信息接收者，也就是我们广告的目标受众群体，不会对我们所传递的信息产生理解偏差和误解。这就需要我们明白怎样给他们传递信息是最恰当和适合的。如何做到这一点呢？那就是我们要比他们了解更多的信息，懂得如何在相似和繁多的信息源里面，将自己所要传递的信息进行差异化传递，以使广告的目标受众在第一时间发现并接受我们的信息。

其实要做到这一点，实在是相当的不容易，我们今天所处的社会是一个信息越来越丰富的社会，在前面的章节里面，我曾经谈到过怎样利用现在的网络技术来收集信息，相信聪明的你一看就能够明白并学会利用。但是信息过多了也不是一个好事情，谁能够保证把这么繁多的信息都能够一一看完呢？或者说，谁能够保证在需要某个信息的时候，能在第一时间从自己收集的信息库里面找到相关资料呢？从这样的角度看来，信息的整理和管理成为十分关键和重要的事情。

还在深圳联合广场的时候，我服务的客户对象是中国某大型的手机生产企业，他们市场部的办公室就在联合广场的B座。那是一个副楼，没有联合广场主楼高，客户在那里的办公空间相当大，足足占有了五层之多。市场部在其中的二层，有一个相当大的办公室，里面足足容纳了整个市场部的一百多号人，因为是服务全国市场，这一百多号人总是显得人手不足，每天踏进他们市场部的大门，唯一看到的就是所有人员的忙碌。

市场部最多的工作就是和我们的服务专户小组进行接触，而我和我的部门作为市场媒介部，就是专门收集整理各种有关手机生产、销售和品牌的市场变化资料，然后汇总整理形成两种不同的文本，交给客户的市场部，便于广告公司和客户同时能够掌握第一手的市场资料。为了做好这项工作，我和我部门的三个同事需要完成三项工作：

第一项工作就是，每天早上一上班，就登录各家门户网站，收集各种信息。这是一件相当繁重和无聊的工作，我十分感谢上苍，还好有了计算机和网络技术，否则我和我的同事们需要订阅全国的重要报刊，还必须一张张地翻阅，直到找到我们需要的信息。问题是更加痛苦的是，如果不把这些信息输入成电子文件的话，客户恐怕没有耐心来一个人一个人地传阅这样一本信息。在收集到每天的信息之后，就是把信息简单地整理一下，快速以电子文件的形式传递给我们的客户。在这里，我真需要感谢腾讯公司，他们的 QQ 和微信产品让我们的文件传输变得十分快捷和简单。

第二项工作就是每一个月对所有收集的信息进行整理，相对来说，这项工作要轻松一点儿，但是也好不到哪儿去，往往一个月下来，我们四个才会陡然发现，我们所收集的信息有如此之多，就是一一看完都需要花上好几天时间。为此，我们不得不想尽一切办法，找到快速准确整理这些信息的技巧，能够保证在每一月的最后五天形成市场信息月报，以电子文件和纸质文件两种形式交给客户。每当一个月的月初来临之时，客户市场部总是开始焦急地催促我们提报市场信息月报，因为作为市场部门，对于市场信息是十分重视的，他们也希望有人来为他们完成这项工作，但是广告公司往往容易放弃这项工作。

第三项工作是和客户市场部的人员一起深入市场。每一个月的月底，客户市场部总是会派出一到两个人，协同我们市场媒介部的人员，一起前往深圳华强北的电子市场，走访每一个手机销售门店，近距离观察自己的产品和竞争对手的产品市场销售状况、促销活动以及消费者对品牌的认知情况。一般来说，在完成市场走访之后，我们市场媒介部的出访人员会根据走访的情况，汇总写出一个 PPT 文件，然后就是抽时间和客户坐下来一同分析市场状况，一起探讨下一步双方应该开展的工作。

可以说，信息的收集和管理，为我们和客户之间搭建起了一座有效沟通的桥梁，保证了广告公司和客户之间始终保持信息一致和对等，客户也能够从信息的收集和管理过程中感知广告公司的专业实力，同时和广告公司一同建立工作预警体系，保证在和对手的市场竞争中不致落后。广告公司也因此能够形成以专业为导向的主动服务局面，不至于变成被动和单一迎合客户的局面。

2. 信息管理收集的渠道

我反复强调的一点就是，广告是信息的战争，作为 AE，只有第一时间掌握了最新最全的信息，才能在广告宣传中满足客户的需要，找到消费者愿意听取和接受的资讯。信息的收集和管理在 AP 工作中显得尤为重要，关于 AP，在后面的章节中我将专门谈到。

互联网的出现，改变了我们生存的世界，也让我们收集汇总信息变得十分简单。在前面的章节中，我已经详细地谈到过怎样收集信息，可以利用的渠道实在很多，搜索引擎、门户网站、RSS 等，都是我们可以有效利用的工具，但是仅仅有了工具，还需要找到渠道。在此，我最后向大家推荐一个信息收集的工具，那就是浏览器。

在常用的浏览器上建立自己的信息站点库，并根据自己的需要对它们进行一个简单的分类，以便随时可以利用这些站点找到自己想要的资料和信息。可以负责地说，这是一个非常有效的方法。

为了有效地收集有关信息，首先必须清楚自己所服务的客户属于什么样的行业，然后有针对性地登录相关行业网站，在第一时间掌握行业动态信息，这是客户最需要 AE 完成的第一项重要信息收集工作。还在服务四川移动全球通品牌的时候，针对客户品牌及其产品的需要，我必须和我的小组去了解更多国家对于通信管理的政策和行业信息，于是我们有针对性地寻找了不少行业网站收藏在自己的浏览器里面。

其次要前往的就是竞争对手的网站，这是我们发掘竞争对手动态的重要渠道。也是我们作为 AE 收集竞争对手动态信息的关键渠道，因为从 1997 年开始服务通信行业的缘故，我的浏览器收藏夹里面始终收集了不少通信企业的网站站点地址，帮助我很好地为客户提供竞争对手的一手动态资料。

还有一个重要渠道，就是当地的报纸。每一个区域都会有自己相对出色的报纸，比如在成都，发行量相对较大的就是《成都商报》和《华西都市报》，而在深圳可能就会是《深圳特区报》和《南方都市报》。不管在哪个地区，作为广告 AE，一定要先找到这些报纸，每天从报纸上收集自己需要的信息。网络技术改变了我们的生活和工作方式，过去在深圳服务深圳电信的时候，公司为我们订阅了深圳当地的所有主流报纸，每天我们的工作就是用剪刀剪裁下竞争对手的各类广告和新闻信息报道，然后进行编号扫描，变成电子文件归档管理。现在很多的报社都纷纷为自己建立了电子报刊，并发布在网络上，所以我们完全可以利用 PDF 电子报刊。

3. 如何汇总分析剪报信息

主流报刊大约有五种，公司为我们市场媒介部全部订阅了。每天我们的工作就是拿着剪刀剪裁各种各样的广告和新闻报道，然后打开扫描仪，一一进行扫描。往往在扫描之前，会给予这个剪报资料一个独立的编号，这个编号的设置原则只有一个，就是方便未来的统计。所以这个编号的格式原则是这样设置的：

竞品名称—广告形式—刊登媒体—版面位置—广告大小

举个例子来说，为了服务中国移动全球通，我们必须要收集中国联通的世界风的有关广告和信息。假设我们在 2010 年 6 月 18 日从《成都商报》的第 35 版上剪裁了中国联通世界风的一个半版广告，那么我们就应该这样为其编号：世界风—促销—商报—35—1/2。从这个编号可以看出，“竞品名称”所对应的就是竞争对手的品牌名称；“广告形式”所对应的就是这个广告的形式特征，是企业形象广告？还是促销广告？抑或者是公益广告？这里需要根据你所剪裁的广告的实际来进行填写；“刊登媒体”就是填写发布广告的媒体的名称，很简单；“版面位置”一般在发布广告的媒体上可以找到；“广告大小”是指广告发布的版面大小，这样的规格可以在媒体的广告发布刊例上面找到，对应填写就可以了。必须注意的是，一个平面广告或新闻、软文等对应一个编号，编号是不能重复的。

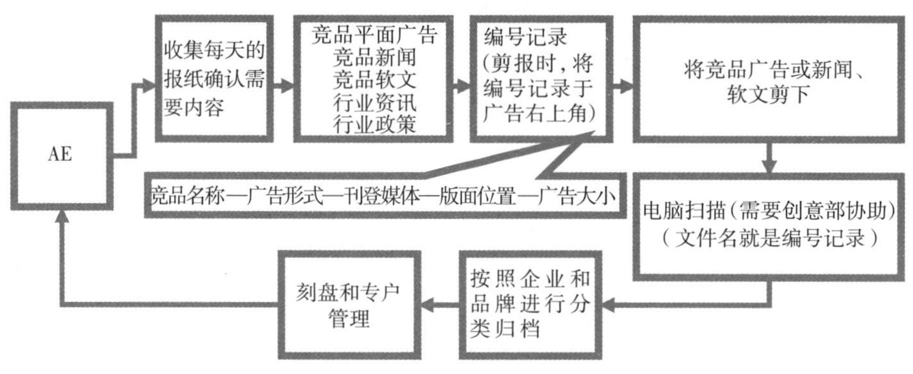

图 8-1 工作剪报的流程和方法

对于 AE 来说，剪报是每一个月都必须进行的，这将成为广告公司和客户之间有效沟通的重要桥梁。为了保证剪报的及时性和完整性，必须要每一个月为客户对应部门提供剪报，因此，每一个月剪报必须有一个固定的周期，这个周期必须根据客户对应部门的需要来设定。在深圳服务中国电信的时候，为了有效地为“市话通”品牌的市场营销部提供竞争对手资讯，我们设定了每一个月的剪报周期为上一个月的 25 日到本月的 25 日，每月 25 日结束本月监测，每月 25 日以后就是开始对本月的剪报进行汇总、整理和总结，以此作为基础，撰写形成市场月报提供给客户。

除此之外，还必须对竞品广告和新闻、软文进行分析，主要的方法是内容分析（Content Analysis），这是一种观察方法，它使用特定的分析规则把书面的材料（可以是广告文本）分析为有意义的元素。这个分析规则分为两个步骤，第一个步骤就是汇总所有的竞争对手的广告和新闻、软文，从其中总结归纳出关键核心，这个关键核心必须只有一个词汇；第二个步骤，就是把这些关键词汇进行相近合并，直到只剩下四个主要的核心词汇，然后将这四个词汇放置到四个象限的不同四个坐标点上。2004 年的时候，我们服务了一家深圳的 IT 企业，他们所生产的准系统在业界非常出色，广告推广工作开始之后，我们针对其竞争对手的广告宣传做了大量的收集和整理工作，仅收集竞争对手的平面广告就足足三四百张。我们分成三个小组，共计六个人，提炼每一张广告的核心概念，每提炼一个广告的核心概念，就把它们记录在笔记本上面，然后再将近似的词汇进行合并整理，经过两天多的分析和汇总，最后我们得到了下面这个分析图。

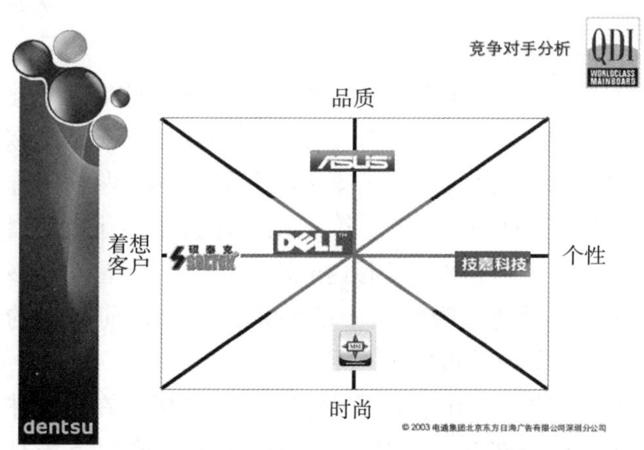

图 8–2　联想 QDI 品牌坐标分析图

图片来源：作者 2004 年在深圳电通日海任职时服务联想 QDI 品牌时的信息分析坐标图

这样我们非常清楚我们客户的竞争对手正在处于一个什么样的品牌定位阶段，也明确了作为我们客户的核心产品应该怎样在市场上寻找突破点。通过汇总分析剪报，发现市场竞争的关键要素和突破核心点，是我们和客户之间沟通的最有效的方法之一，也是和客户取得一致的市场观点的不二法门，同时也促使客户尽可能地用市场的客观状况作为衡量广告公司工作能力和成效的标准，打破那种单纯以个人喜好作为衡量广告公司工作能力的局面。

4. 为客户提供市场月报

每当时间来到每个月 5 日之时，我总会接到客户市场部的电话，直接询问月报有没有出来？每个月月初为客户提供相应的市场月报，已经成为了我所在广告公司和客户之间沟通的重要桥梁。市场月报是我所在的广告公司的一项重要服务，我在 2002 年进入公司市场媒介部之后，就接手这项工作。刚刚开始的时候，我对市场月报的结构和编写完全是一无所知，可以说是想摸着石头过河都是不容易的。

大约在 4 月的时候，总经理突然叫上我和营业一部的总监一起去公司对面的一个四川豆花庄吃饭，在那里，我第一次见到了后来成为公司营业群总监的王露华。她来自我国台湾地区，听说一直在电通在台湾的分公司就职，做的就是营业总监。王露华是一个杰出的广告人，从她的言谈举止中不难看出，她非常热爱广告这项工作。

就在第一次见面之后的第四天，她正式出现在我们办公室门口。一个简短的欢迎仪式之后，王露华积极地投入了工作。下午的时候，我们整个市场媒介部就被叫到了会议室，王露华给我们安排了两项工作，一是每一天清晨给客户发送当日新闻信息，第二项工作就是强化市场月报的编写。她同时把台湾广告公司做的市场月报交给了我，希望我能够组织整个市场媒介部学习，然后通过吸收其中的精华，结合目前客户的需要，形成本公司为客户撰写市场月报的结构和风格。

对于我来说，这项工作实在是太有意义了，毕竟在王露华来到之前，我所带领的市场媒介部并不清楚应该怎样为客户撰写市场月报。王露华来到公司的那天下午，她从电脑上传给我了不少她从台湾带过来的文件，其中就有几份台湾电通广告为客户所做的市场月报。这几份资料给予我和市场媒介部相当大的启迪，让我们找到了为本土客户提供市场月报的方向。

首先需要明确的是，为什么要定期为客户提供市场月报？其实客户，特别是本土客户都是期望广告公司能够为他们提供不一样的优质营销服务，而这样的优质营销服务是建立在什么基础上的呢？在回到成都的一段时间里面，我感受到很多的本土广告企业对此似乎并不是很了解，他们过多地把精力集中在了所谓的创意上面，而真正对营销有促动和帮助的策略似乎成了一个能够卖出创意的工具。因此在很多广告企业的提案中，策略是不是符合客户市场的需要？是不是真正针对客户目前存在的营销问题？这些真正的要素都被严重地忽略了，策略成了创意的装饰品，没有人关注策略的真正作用。

在我看来，策略要真正发挥它的作用，就必须保证一点，策略是来自于对市场状况的准确分析。而这种准确的分析必须建立在客户和广告公司对市场信息一致地掌握和了解，只有双方对市场信息保持对等的状态下，才能够统一对市场的认知和评判标准。因此保持市场信息的一致和对等，成为定期为客户提供市场月报的重要因素。

其次为客户提供市场月报，就是为自己提供市场月报。接触客户和市场最密切的就是 AE，如果连 AE 都不了解自己所服务的客户所面对的市场环境，他怎么为客户提供不一样的优质营销服务呢？广告是营销体系中一个重要的推广环节，是促进目标受众了解所推销的产品和服务的关键性传播渠道，这样的一个传播渠道上的任何一个小小变化，都可能引发一连串的蝴蝶效应。作为服务客户的 AE，必须随时掌握任何一个小小的变化，及时为客户提出解决方案，或者根据每一个小小的市场变化提前为客户提出新的市场营销推广计划或者促销活动，相信这样也是客户，特别是本土客户所需要的。

总之，市场月报是一个广告公司全面把握市场动态，和客户共享市场资源，为客户提供专业服务的核心所在。

5. 如何编写市场月报

曾几何时，科健作为中国国产手机品牌，在中国手机市场上叱咤风云，想必今天很多从事手机生产和销售的行业人员，不会对科健感到陌生吧。近几年，我服务电信的过程中，先后接触到了成都不少手机生产和销售行业的人员，说到科健，他们无不记忆犹新，依然称赞科健是中国手机行业的黄埔军校。

今天中国的手机行业遍布着当年曾经在科健工作过的人员，从他们的言谈之中可以感受到他们对科健赞誉有加。为什么会出现这样的状况呢？在此不得不提到科健当年的品牌理念——专注做好每件事！正是由于这个理念的存在，科健企业上上下下的人员都无不为之努力，其敬业精神至今都令我记忆深刻。

其中尤为记忆深刻的莫过于在当年的客户群总监王露华带领下，我们整个市场媒介部开始为科健调整市场月报，科健市场部也积极配合，为市场月报的风格结构的最终定型从其客户的角度，提出了不少合理化意见和建议。而这种客户和广告公司之间的沟通，也真正做到了无缝配合，真正实现了为准确地收集整理市场信息而共同努力。

可以说，为科健收集整理和编写市场月报是一件很痛苦的事情，科健市场部的高标准严要求给予了我们不少的压力。科健的市场月报是由以下几个部分组成的。

政策与发展：以关注市场变化为核心，收集整理国家对于手机行业的政策，及时发掘手机行业的发展动态和趋势。

消费者动态：主要是收集消费者的市场消费行为的有关信息，洞察消费者的消费心理，发掘深层次的消费动机和消费需求。如出现在科健 2004 年 6 月市场月报中的“2004 年中国手机质量、服务调查”“2004 年 5 月中国手机市场用户喜爱度分析报告”。

生产商动态：以收集行业竞争对手的动态为核心，收集整理其产品生产和市场营销方面的资料。

运营商动态：关注中国移动、中国联通（当时中国电信没有获准开展手机业务）的移动业务动态，以便为开展相应的市场促销等工作提供参考依据。

促销活动：收集整理手机行业中，科健的主要竞争对手和合作伙伴（主要指三星手机）在市场上开展的各种促销活动，分析这些促销活动对于消费者的价值所在，以及可能对科健造成的市场冲击和影响，以便提前做好预警准备。

他山之石—品牌管理经验：针对本土企业品牌管理的不足，收集整理国际品牌先进的管理理念和办法，以供客户参阅和学习。

数据资料：集中行业有关数据，为后面的分析奠定基础，保证客户看到的分析结果是科学分析的结果，为营销策划提供依据。

综合评述：这是客户最重视的市场月报的部分，广告公司在营销方面有没有专业的实力，在这里都能够反映出来，是客户认可广告公司的重要指标之一。

下面是我曾经所在的广告公司为科健市场部提供的市场月报中的一期，得到了科健市场部的好评。科健的市场月报包含三大部分，第一部分是使用 Word 撰写的完整版市场月报和使用 PowerPoint 撰写的精简版市场月报，以及 PDF 公开版；第二部分是平面广告监测部分，汇集当月的行业竞争对手的平面广告和当地的竞品平面广告，主要来自于报刊、杂志等平面媒体；第三部分是为了阅读市场月报，给客户必备的一些免费软件，如为了阅读 PDF 而必备的 Adobe Reade 软件。

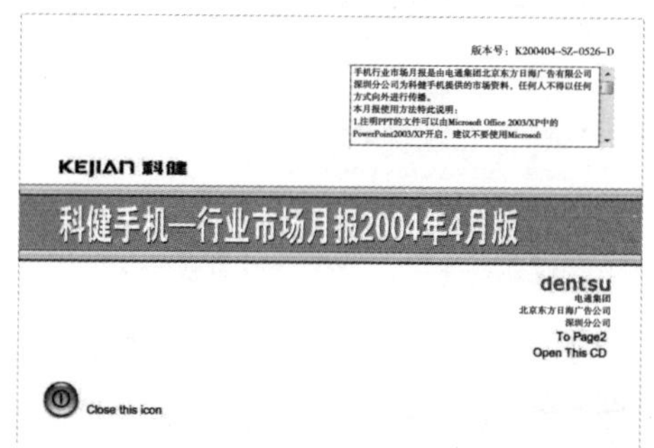

图 8–3　科健市场月报启动的界面

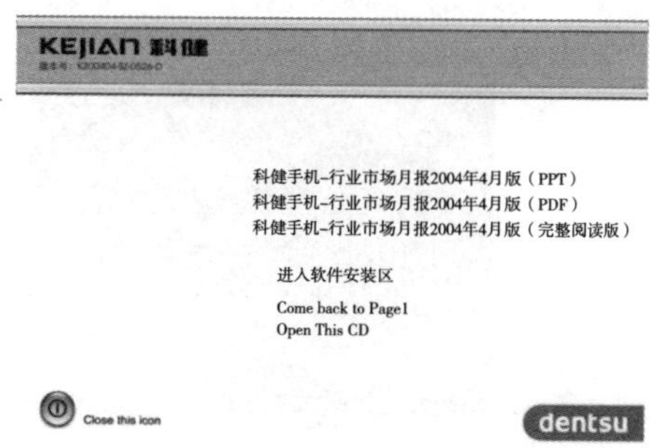

图 8–4　进入启动界面之后的阅读引导界面

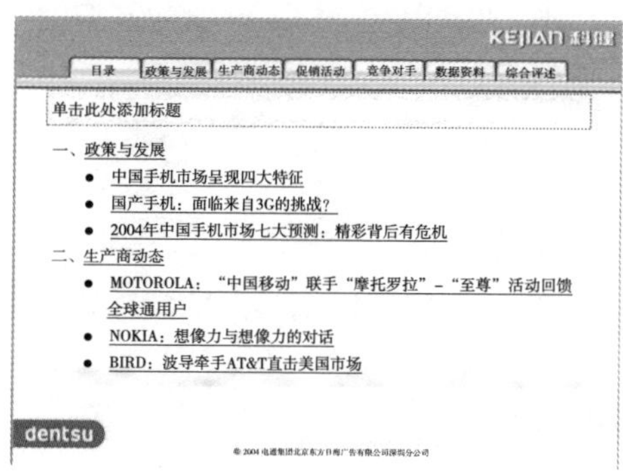

图 8–5　科健市场月报的目录

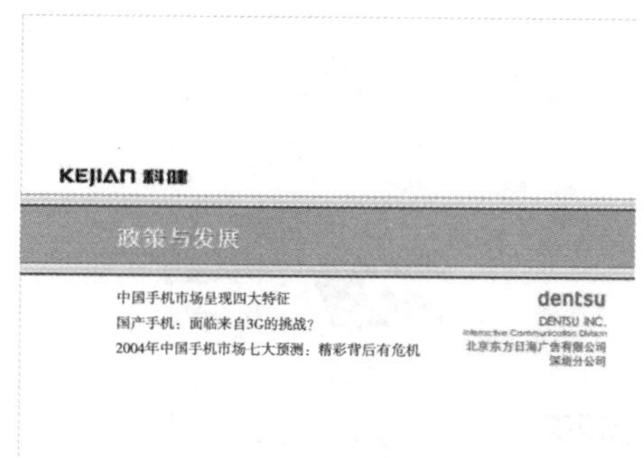

图 8–6　科健市场月报每一个分支栏目的标题页

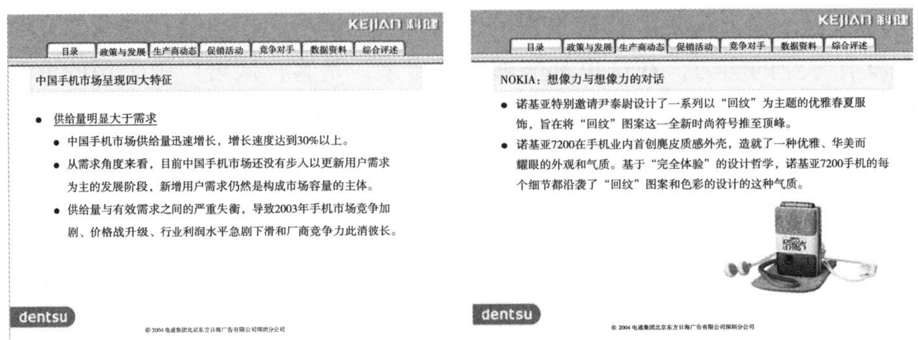

图 8–7　科健市场月报的具体内容页（一） 图 8–8　科健市场月报的具体内容页（二）

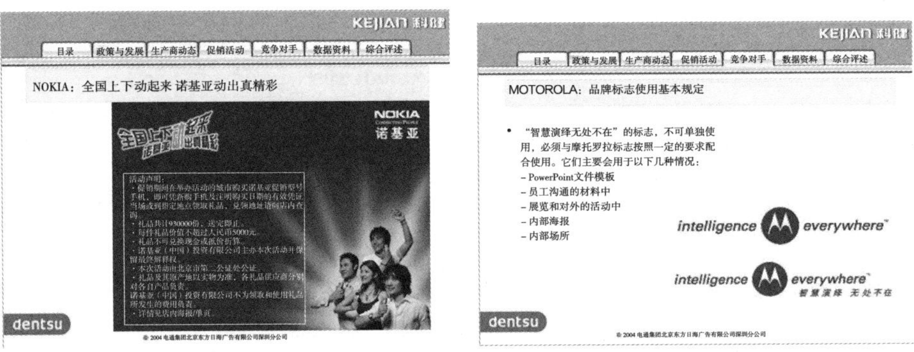

图 8–9　科健市场月报的具体内容页（三） 图 8–10　科健市场月报的具体内容页（四）

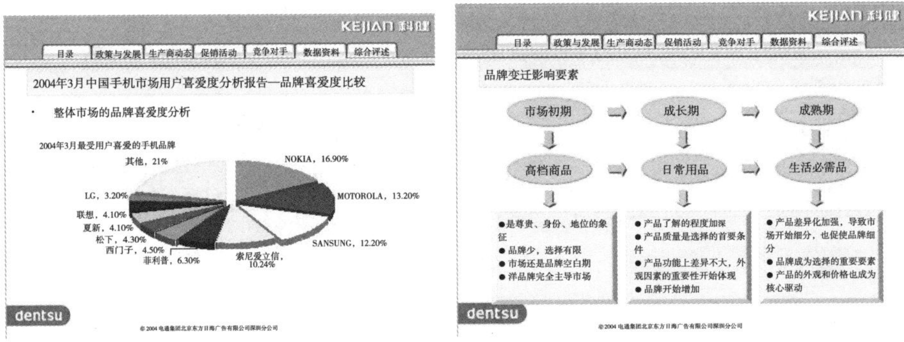

图 8–11　科健市场月报的具体内容页（五） 图 8–12　科健市场月报中的分析结论部分

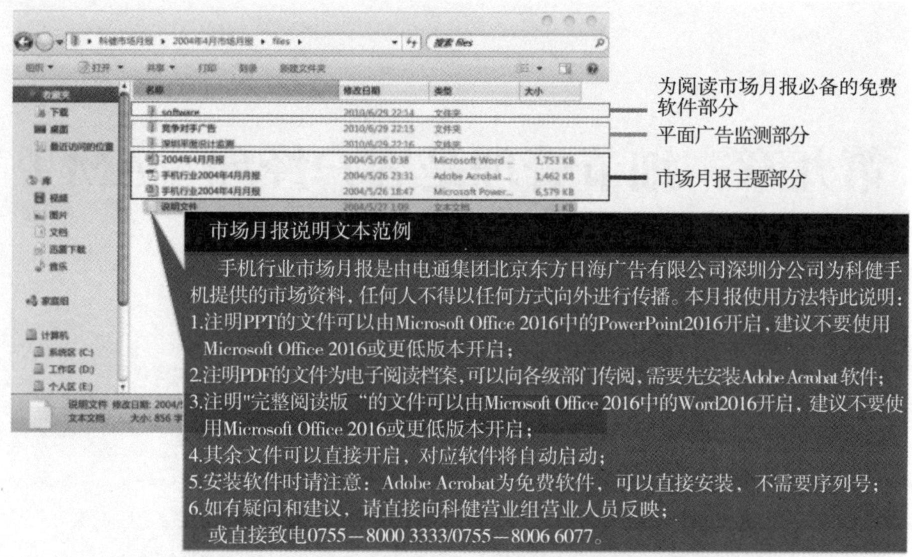

图 8–13　市场月报内容构成的文件种类

第九章　细节管理是客户经理（AM）的基础

1. 细节管理见真章

AE 的工作是相当繁重的，这也导致了 AE 在日常工作中出现各种各样的混乱局面，也常常因此被客户骂得狗血淋头，落得一整天都处于不开心状态。这种现象相信大多数 AE 都亲身经历过吧！怎么去改善这样的状况呢？其实方法是很多的，前面谈到过的 GTD 时间管理就是一种，而 GTD 时间管理也强调一个重要的方面，那就是细节管理。

注重细节，相信是每一个 AE 所期望的，谁不愿意把每一个细节都照顾到，这样可以做好每一件工作。但是细节应该怎样来关注呢？让我们从文件夹的管理开始吧。现在的 AE 应该是人手一台电脑了，但是任意打开一个 AE 的电脑，就可以发现不少 AE 的电脑文件和文件夹管理是相当混乱的。于是我们常常可以听见，办公室里传来 AE 寻找文件的焦急声音。事实上，文件夹管理混乱可能导致的后果 AE 都知道，只是在每天烦琐的工作中，AE 最大限度地忽视了文件和文件夹的管理。

管理好文件和文件夹的根本目的如下。

让上司了解工作进程：当上级领导需要在第一时间了解项目工作的时候，AE 能够在最短的时间内，向上级领导提交工作进度状况报告。

让同事清楚工作状态：广告公司是讲求团队合作的地方，任何工作不可能是一个人能够做完的，让合作的同事也准确及时地了解和把握工作的进度状况是非常必要的。

让自己一目了然，提升工作效率：任何一个项目的分支工作是相当众多的，让自己清楚工作的每一个进展状况，是合理分配工作节奏、提高工作效率的最佳途径。

文件和文件夹管理应该遵循一定的原则，保证管理是有效的和合理的。

文件必须全部归档，任何一个文件夹应该放入有针对性的项目文件，而不允许有非本项目的缺乏针对性的文件放入。

给予文件夹清晰的搜索路径：不同种类的文件按母、子目录区分，同类文件按日期区分，目前的 Windows 操作系统都具有了关键字查询功能。

每月一次定期清理：文件只会越聚越多，因此定期的整理和清除显得十分必要，日本设计师佐藤可士和一直以来都非常提倡整理，佐藤可士和在东京的办公室也是非常简洁和干净的，值得所有广告同仁借鉴和学习。

文件和文件夹管理的目标在于方便存储和迅速提取，因此应该符合 90 秒寻找原则，任何合理的文件和文件夹管理都可以在 90 秒之内查询并提取。

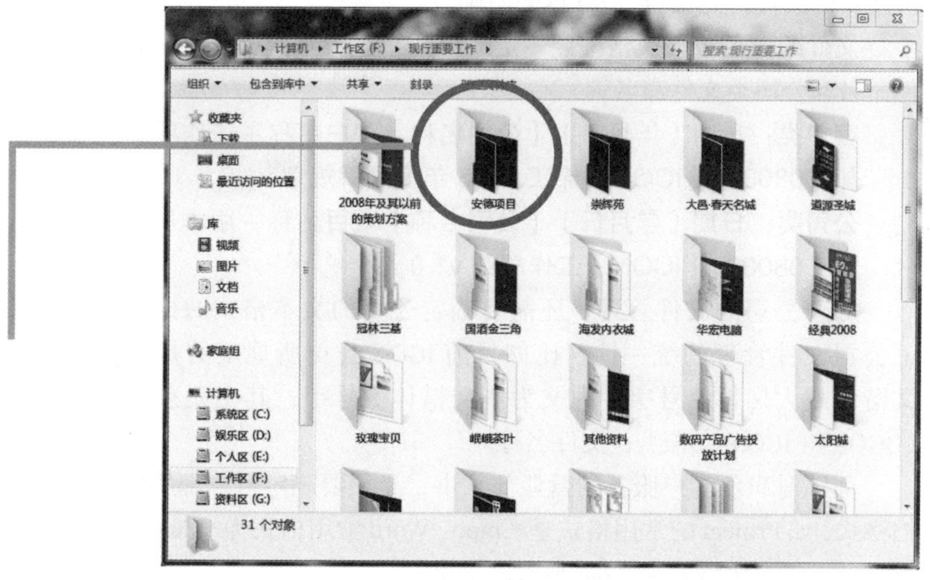

图 9-1　客户文件袋建立的方法

根据前面提到的工作袋原则，任何一个客户的项目都应该建立一个独立的客户档案袋，每一个档案袋里面根据客户的项目设置独立的子文件夹，作为项目工作袋，和实物工作袋具有相同的管理特征。

2. 给文件一个清晰的命名

广告公司的工作人员在对文件命名的时候，常常为了方便起见，直接输入“111”或者“222”作为文件的命名，然后丢在桌面上，美其名曰方便查阅文件。但是在实际的工作中，导致的最终结果往往是需要寻找某一个文件的时候，AE 就开始抓狂，在一头雾水中寻找，可以想象，连 AE 都是一头雾水，更不要说团队的其他成员了。

文件的命名是细节管理的非常重要的一个环节，也是 AE 把握细节的重要工具。按照我们在前面谈到的文件和文件夹管理原则，即给予文件夹清晰的搜索路径：不同种类的文件按母、子目录区分，同类文件按日期区分；在命名的时候给予文件和文件夹一个关键字。目前的所有电脑操作系统，不管是 Windows，还是 Macintosh，或者是 Linux，都具有强大的搜索功能，只要在操作系统的搜索对话框中输入关键字，就可以很快地找到所需要的文件，完全符合 90 秒的原则。

文件的命名应该严格按照一定的格式来进行，其中需要区分客户类文件命名和公司类文件命名：

客户类：日期（年月日）【公司名称】客户名称 + 工作项目 + 版本号

如：080324【ICON】锦江 2008 年度品牌规划 v1.0

公司类：日期（年月日）【公司名称】项目名称 + 版本号

如：080324【ICON】工作总结 v1.0

对于公司的文件管理，还需要确定公司的文本格式的标准字体，保证公司文件管理的统一性。比如目前 ICON 公司所规定的是：标题为华文楷体或大黑体 4 号字，内文为华文楷体 5 号字；其主元素为公司的主 LOGO：（ICON 广告）；文件名称。

而针对肩负客户服务的营业部来讲，必须要确定营业部所常用的用文档格式，如 Project 的常用格式是 *.mpp，Word 常用格式为 *.doc 或者 *.docx，PowerPoint 常用格式为 *.ppt 或者 *.pptx。

在公司内部的打印文稿尽量采用 A4 再生纸，文档文件如不牵扯到公司或客户方机密资料的，都可作为再生纸使用。这样做的目的在于，尽可能地节约公司的成本。对内文件尽可能地节约，对外文件因为涉及企业形象，因此必须使用全新的纸张。

我曾经遇到一个很严重的事情，公司的一名 AE 由于文件命名的不当，把两个报价的文件完全混淆在了一块儿，其实这两个文件一个是公司的成本价，一个是公司加入了合理利润之后的给予客户的报价。但是由于命名不清晰，加之当时公司繁忙，这名 AE 把公司的成本文件直接传给了客户。由于和这个客户是初次合作，于是客户认定这个成本文件就是作为广告公司要给予的最终报价，在上面签字确认，在广告公司反复沟通无果的情况下，最后导致广告公司没有任何利润。其实这样的情况完全是可以避免的，注意细节，把握细节，就可以在很大程度上避免错误的出现。这样的结果是大家都不愿意看到的，起因完全就是因为文件命名，因此大家千万不要忽视这一个小小的细节。

3. 如何进行电子文档管理

把握细节，必须对文件和文件夹进行合理的管理，特别是部门内部的电脑上，文件和文件夹应该是统一的管理格式。设置统一的管理格式，有一个很重要的目的，就是形成部门统一的管理标准，真正做到文件的方便存储和快速提取。

当某个 AE 休假或者临时不在公司的时候，不管是客户索要文件，还是创意部需要文件，其他 AE 都能够在那个休假的 AE 所使用的电脑上找到相应的文件，避免出现工作延误。因此，设计统一的文件和文件夹管理格式显得尤为重要。下面是 ICON 对于营业部文件及文件夹管理的规定。

提案资料：主要存放项目的相关提案文件，按照分类子项目进行分类管理。此资料由项目组负责人直接管理，必要时可对该文档加密。下设：

策略文件夹：不管是年度大型提案，还是促销、公关等小型提案文件，应该及时存储在该文件夹中，策略文件分 PPT 格式和 DOC 格式两种，保证文件保留的统一性。

创意文件夹：作用于营业部保留创意部各种创意和服务过程中所做的所有规划，要求创作部以 JPEG 格式文件发送至营业部。

媒介（活动）文件夹：作用于营业部保留执行部为客户所进行的有关活动的记录，应该以 PPT 格式和 DOC 格式文件，以及 JPEG 格式文件进行保留，由于目前涉及客户媒介投放文件不多，所以暂时合并管理。

工作单：作用于公司内部各部门的工作连接和计算该项目的工作量之用；输出流程单是指该项目的公司内部工作已完成，需提交给客户方或发布刊登在媒体上使用。输出的形式一般为光盘和菲林片。

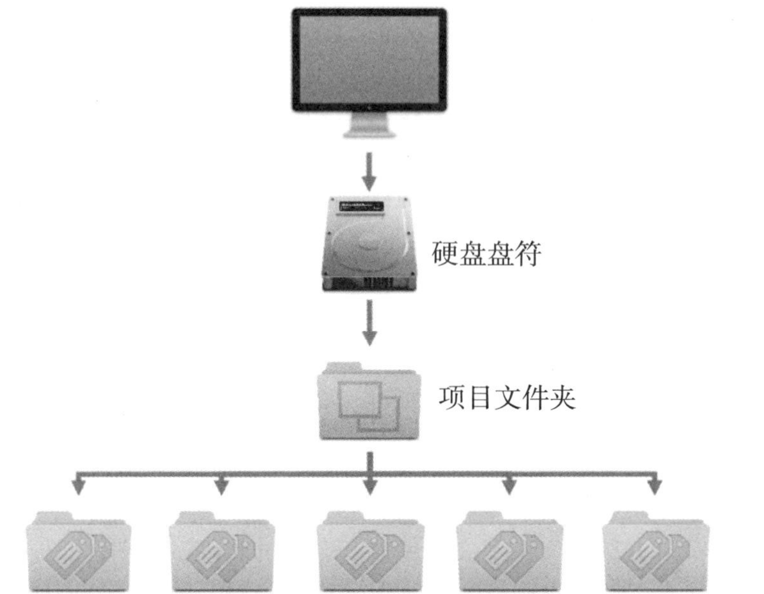

图 9-2　客户文件袋内的文件分类

价格和合同：作用于营业部与客户之间的具有法律性规定的往来文件管理，是 AE 平时最重要的工作文件夹，下设 6 个子文件夹。

合同夹：夹内存放着各项目的合同签订文件，并分为设计、媒体、制作三部分，合同文件夹应放置在较为隐藏的部分，必要时可将其隐藏起来。

报价和财务管理文件：在公司内部项目会议和与客户方项目会议后所做的会议整理。与客户方参与的会议中，有需双方确认的内容必须传真给对方签字确认。会议备忘由项目组的客户人员分电子文本和文字文本两项进行妥善保管。

基础资料：主要存放项目的相关资料及客户方负责人员联系方式和个人资料。此资料由项目组负责人直接管理，必要时可对该文档加密。下设：

客户资料文件夹：主要存放客户资料。

竞争对手文件夹：主要存放竞争对手资料。

计划和总结：作用于营业部与客户之间的日常工作进展和管理文件夹以及阶段性工作或者全面性工作结束后总结管理，是 AE 平时最重要的工作文件夹。

工作计划夹：夹内包括每周的工作计划（内部和各项目的）、月工作计划、项目开发计划等。主要目的是能够有预见性地处理和管理好每个项目。

月报总结：指各项目服务过程中，每个月所提交的服务总结和行业月报，是客户服务的重要组成部分，关于月报的详细内容请参阅之前章节谈到的市场月报编写方法；总结为阶段性工作的回顾和反省，要求进行详细记录和回顾，保证客户服务质量的不断提高。

会议及往来资料：指各项目服务过程中，与客户所发生的每一次联系的记录。记录范围包含往来文件、邮件、传真、确认函等，是进行月度工作总结的重要依据，也是AE对项目控制和量化管理的基础数据，请及时记录，并妥善保管。

注：客户回复传真件及相关的工作资料，由营业部备份留底，其他部门需要时可给予复印件。

客户合同和项目报价单应统一妥善保管在该项目的合同文件夹内。项目合同原件交由财务部上传至公司总部。另复印两份：一份交由客户总监，另一份放入合同夹内保存留档。

客户方签字确认稿件代表对该项目设计的认可和该项目的完结。项目的设计终稿需创意部设计人员、营业部项目人员、客户方三方签字确认无误后，方可提交给客户方。

月报总结是指各项目服务过程中，每个月所提交的服务总结和行业月报，是客户服务重要的组成部分，关于月报的详细内容请参阅之前章节谈到的市场月报编写方法；总结为阶段性工作的回顾和反省，要求进行详细记录和回顾，保证客户服务质量的不断提高。

其他文件管理规定如下。

管理文档的设置：管理文档为本业务小组部门日常管理性文件的存放夹。主要设置工作周报、部门管理文件等文件夹，同时营业部的临时性文件亦都存放在此。

广告文档的设置：该文件夹为营业部内部文件格式及相关管理条例保存的文件夹，FAX、备忘、报价单、签收单、工作周报、物料工艺确认单等固定的营业部文件格式皆存入在此，以方便各业务小组人员从中调用相应文件格式。（为保证营业部门各类文件格式的规范性和完整性，该文件夹内的任何文件格式不得自行修改，同时亦不能将任何项目组的文件或自拟的文件格存放于此。该文件夹的修改权和增删权均在客户总监，任何人的修改意见或新文件格式的增加、原文件格式的删减均需事先向部门总监汇报核准后方可执行。）

第十章　没有市场研究能力，如何洞察用户心智

1. 为什么需要市场研究

许多的广告公司，特别是本土公司，在广告市场研究方面很缺乏自己的标准和体系，可以说，几乎谈不上对客户所面对的市场和消费者开展真正的调查和研究。目前很多的广告都处于一种很迷茫的态度之中，作为一个消费者，走在繁华的都市之中，面对着铺天盖地的广告，很难对什么广告留下深刻的印象，不是因为广告的繁多，信息的复杂，而是因为多数广告都大同小异，实在很难有特别出彩的广告。

图 10-1　成都九龙广场外围广告牌

资料来源：该广告由作者本人拍摄于成都九龙广场

我在阅读大卫·奥格威先生 1963 年撰写的《一个广告人的自白》时，看到一段话，对为什么要开展市场调查解释得明明白白："消费者不是傻瓜。消费者好比就是你的妻子，如果你以为仅凭口号和煽情的形容词就能劝服她购买东西，那你是在侮辱她的智商。"

市场调查对于广告行业而言，到底应该是针对什么样的目的开展呢？一直以来，我始终认为广告是信息传递，作为一个广告从业人员，想要准确地传递能够打动人心扉的信息，就必须首先了解目标消费者的心智，深入挖掘目标消费者内心深处的东西。但是要真正做到这一点实在不是那么容易。我有一个在上海工作的朋友——阿杰，第一次见到他的时候，看到了他的几个广告，我非常地敬佩，敬佩的不是广告的设计，而是对目标受众心智的精准洞察。从他和他所在团队的广告作品中，我看到了他们对人性的挖掘。

图 10–2　兰乔圣菲系列广告　邻居篇

资料来源：该广告是陈绍团及其团队设计出品，由其原团队成员娄宇杰协助提供

我一直很喜欢这句广告语："没有 CEO，只有邻居。"记得阿杰告诉我，这是前上海李奥贝纳创意群总监陈绍团带队做的作品，当时阿杰就在这个团队里面。在这个简单的广告当中，陈绍团和他的团队用简洁而直接的文字写出了一个商界成功人士的心语："放下名利与地位，忘掉尊贵与虚荣。

兰乔圣菲的会所是原味精神的延伸，当然也是家的延伸。沿着河边道路踱过石桥，就是三面环水的会所。这是由多重院落组成，内含大草坪及无边界游泳池的围合式建筑。没有任何金碧辉煌，只有阳光、花草、艺术与健谈的邻居，最后在风云际会的间隙，邂逅知己之士，享受阅尽奢华后的淡泊与闲情。”

一样都是人，在外面不管如何成功，回到家里，卸下行业和公司里面叱咤风云的种种光环，有的只是喧嚣和繁华过后的光环，不论外面的灿烂如何绚丽，让心境恢复一丝的平静，喝一杯茶，拿起今天的报纸，看着落日的余晖耀映在屋前的走廊上，坐在摇椅上轻轻晃动，那一份惬意无论如何是没有办法在豪华的办公室里面寻得到的。这一种轻松的心境，这一种生活的态度，其实恰恰是所谓成功人士在喧嚣和豪华之后所期待的，毕竟事业上再怎么成功，无法逝去对凡人平静生活的渴求。当我们作为普通人仰视着成功人士的时候，仅仅只是看到了他们流光溢彩的一面，而往往看不到他们渴求普通生活的另外一面，陈绍团和他的团队发现了这一点，我相信，这和他们开展有效的市场研究是密不可分的。

相较于陈绍团和他的团队所创作的这个万科兰乔圣菲的经典广告，成都本土的一个广告就显得逊色了不少。说它逊色，不是因为成都这个广告设计不好，相反它的设计十分精美，文案也写得非常有文学色彩，但是在成都市场上却是一个失败的广告。同样是高端楼盘，同样是针对成功人士进行销售，广告差距却相当巨大，“少数人的攻城略地！”相信多数阅读广告的人很难从这句广告语里面感受到广告究竟想要表达什么？而后面的广告内文文案更是不知所云：

“【攻城】只属于城市少数人的‘封疆’游戏。【攻城】的地图是城市文明进程的地图。【攻城】里有强势的话语权。【攻城】里有城市革新的痕迹。【攻城】里有影响一个行业的思想光芒。【攻城】让态度拘谨的遗产和循规蹈矩的实用主义却步，他们更乐意‘守住一方城’。”

如果广告不能引起目标消费者的共鸣，那么这样的广告就失去了它本身的价值和意义，这样的广告就更不能称其为出色的广告了。上面的两个广告，如果一起放在成功人士的面前，他们更看重哪一个广告，已经不言而喻了。广告需要的是直指人心，把目标消费者想说但是没有说出来的话清晰地表达出来，而这种内心的感受，不是仅仅凭一句广告从业人员的：“我想要表达‘高处不胜寒’的感觉，所以用了‘攻城略地’这样的词汇。”就可以完全展现的，相信多数的成功人士都会明白“高处不胜寒”的意味，但他们更需要人性的关怀，更需要得到一份普通人的家庭的温馨。所以要做好广告，还是先从洞察消费者心智，做好市场调查研究开始吧。

2. 市场研究的方法

市场研究在广告中显得尤为重要，这是一个洞察消费者心智的过程，更是发现客户存在问题并寻找问题解决方案的过程，因此选择适当的方法就显得十分重要。广告是营销环节中的一个重要组成部分，是直接关系到营销成功与否的重要因素，但是绝对不是营销的唯一影响要素。广告传播必须和分销通路、竞争活动、价格、包装、产品品质等要素组合在一起，才能够全面影响营销的最终结果。

市场调研也就成了广告的前提和基础，因此市场调研能够解决的应该是三个方面的问题：

提供对目标消费者心智和需求的理解

帮助理解企业目前的广告展示了企业具有怎样的优势

了解目标消费者怎样看待企业及其产品

系统地开展市场调研，可以帮助企业有目的地开展广告活动，并及时评估自己所开展的广告活动，让广告活动更加贴近市场，贴近消费者，提高时效性。

市场调研从内部和外部资料收集来达成企业广告活动和管理要素分析的目的，有助于企业发现市场上存在的问题，

市场调研分为定性调查和定量调查两种。现在就两种调查方法做一个区分性的说明。

定性调查是“指从定性的角度，对所研究的对象进行科学抽象、理论分析、概念认识等，而不对研究对象进行量的测定。”

在过去从事广告的经历中，我所接触到的定性调查的方法是很多的，以下这些都是广告公司常常使用的，能够深入了解产品特性和消费者需求的方法：

观察法（Observation）

观察法是指广告公司市场研究部门或者市场研究公司研究者根据一定的研究目的、研究提纲或观察表，深入市场一线或者企业内部（如办公环境、生产一线）去直接观察被研究对象，从而获得资料的一种方法。这种方法必须要求市场研究者在事前做出观察的提纲，根据提纲开展市场观察，

并在客户同意的前提下携带如照相机、录音笔、摄像机（或者有摄像功能的移动设备，如手机、Ipod）等设备来完成对调研对象的观察，同时以笔记的方式记录下观察获得的资讯，最后将文字和图形资料汇总整理、分析、概括观察结果，做出有关的结论。

个人深度访谈（In-depth interview）

这是一种常用的一对一性质的访问，广告公司必须在事前准备访谈的提纲，由掌握高级访谈技巧的调查员约定时间，对调查对象进行深入的访问，从而有机会了解企业或者消费者对市场营销或者传播中一个专项问题的态度、情感，甚至于是内在动机。这种方法常常使用在广告策划之前，针对企业高层、企业营销主管或者消费者代表的访问。

焦点小组座谈会（Focus Group Discussion）

FGD 是近年来在广告行业常常使用的一种重要的定性研究手段。一般选择 24~36 个目标消费对象，然后划分为三个组，每一组大约 8~12 个具有代表性的目标消费者，在一个装有单向镜或录音录像设备的房间里，在一个专业主持人的主持下，就某个产品和市场等专题进行讨论，从而获得消费者的消费需求、心理和行为等重要特征，为进一步的定量调查奠定基础，可以应用在消费者使用态度测试、产品测试、概念测试、媒体接触等研究，一般每一场大约在两个小时左右。

资料收集法（Data collection）

互联网的出现改变了我们的生活和工作方式，在前面的章节中我就谈到过，如何利用互联网的新兴技术为客户收集资料，其中就谈到了利用搜索引擎和 RSS 技术为自己收集和定制信息，在这里，我补充一点，就是还可以利用很多的市场调研公司的网站，他们也经常性地在网络上发布一些免费的报告。

定量调查是“对一定数量的有代表性的样本，进行封闭式（结构性的）问卷访问，然后对调查的数据进行计算机的录入、整理和分析，并撰写报告的方法”。这是一种为大家所熟悉的调查方法，但凡广告专业教学和专业培训，只要讲到市场调研，多是讲定量调研，而几乎或者完全忽视定性调研。

在过去的工作中，我所在的公司一般把定量调查交给专业的市场研究公司完成，从他们所给予的培训资料上面可以看到这样的说明：“影响定量调查方法的因素主要包括：抽样的精度、预算的可能性、向被访者提供的各种刺激、数据的质量要求、问卷的长度、需要被访者执行特定的任务、抽样难度、调查完成的时间要求等。”因此，我在这里提醒各位，定量调查的数据一般是比较准确的，即使有偏差，只要设定合理，这样的偏差是可以接受的。但是不管怎么说，定量调查的数据对于广告策略的制订来说，永远只是一个参考，千万不要一味地迷信这些调查数据，毕竟它们只是存在的表象，一定要透过表象，深入挖掘数据背后的真相，这样才能够对广告策略的制订有真正意义上的帮助。

一般而言定量调查的方法有以下几种：

电话调查 (Phone survey)

电话调查主要是利用电话作为媒介，与被访者进行信息交流，从而达到资料收集的目的。调查员被集中在某个场所或专门的电话访问间，在固定的时间内进行工作，督导现场管理。电话调查适用于一些简单的访问，一般不超过 10 分钟。它的优点是整个项目的访问费用较低，可以解除对陌生人的心理压力。电话调查又可分为传统的电话调查和计算机辅助电话调查。不过这种方法随着移动互联网时代的到来，使用的比较少了。

面访调查 (Face to face interview)

面访调查是调查员与被访者面对面进行直接交流的调查方法，主要有：入户访问、拦截式访问和神秘顾客法。虽然进入移动互联网时代了，这种方法还是最有效的。人与人之间的沟通，其实不管用什么工具，直接面对面的沟通是最直接、最准确的沟通方式，所以在移动互联网时代千万不能放弃使用这种方法，它始终可以让你在定性调研中真实洞察用户内心的需求。

邮件调查 (E-mail survey)

移动终端设备的普及，让人们有了更方便的联系和沟通方式，所以邮件调查也成了最直接的方式之一。其实邮件调查不一定是局限于通过给用户的移动终端设备（手机或平板电脑）发送邮件来进行调研，还可以利用人们登录自己企业所在的公共 Wifi 时开展调研，抑或者通过移动终端设备开展促销时进行调研，方法是很多的，只要选择合适的时间灵活开展，用户是非常愿意参与的。

3. 如何深入市场一线和企业内部开展观察

2005 年的时候，我所在的广告公司接触到一个在四川规模很大的乳业企业，这家企业在 2005 年年初邀请了四家广告公司，来一同参与比稿。这是我第一次带队面对乳业客户，之前我多数时间是在服务通信类客户。

所以我在听完老板对我们的要求之后，顿时目瞪口呆，脑海里面一片茫然，内心真不知道从哪里下手。当时和我搭档的是一个来自加拿大的副总经理兼创意群总监，以及一位来自中国香港的创意总监，接到任务的当天晚上，我们三个坐在红照壁的那家国营餐馆，一边点了几个小菜，喝着啤酒，一边商量着应该怎么办。

当时，我们面对的三个竞争对手中，有一个竞争对手总部一直在北京，其公司的核心人员基本都是当年麦肯光明广告成都分公司的人员，实力不容忽视，而且他们长期以来一直服务这家乳业企业。先不谈双方的磨合度，单就经验而言，这家广告公司也是远远超过包含我们在内的其他三家广告服务商。如何在竞争中脱颖而出，成为摆在我们三个面前最核心的问题。谈了一会儿，我们三个不约而同地提出，安排全组人员到客户在洪雅的基地去看看，并走访市场第一线，这也许是我们最快了解乳业、超越竞争对手的唯一道路。

于是我们很快联系客户，提出了我们的期望，客户很愉快地答应了，在他们看来这次对客户的走访，既是客户一直期望的，也是其他广告公司一直没有做到的，客户同时还主动给我们派出了一辆专车，在约定的时间来接我们。

这次经历让我记忆非常深刻，因为这次访问的过程中，客户对待我们的态度是非常友好的，可以看得出客户很欢迎我们作为广告服务商这样的行为，同时也为后期比稿过程中，我们始终处于前两名奠定了良好的印象的基础。多年之后，成都很多本土广告公司也兴起了“踩盘”，我也有幸参与了一些，和我这次前往当时服务的乳业企业生产基地的访问也是大同小异，但是其“踩盘”的工作方法确实和我们当时深入一线的访问不能同日而语。

记得当天从餐厅出来之后，我们三个人就开始紧张地准备访问的资料。访问的资料分为了两大部分，第一大部分是关于企业内部的访问，包含了四项工作：

- 对客户的执行总经理尚总经理的访谈，安排时间为 120 分钟；
- 针对客户在洪雅的西门塔尔牛养育培植基地进行访问，访问和参观的时间为一整天；
- 深入客户设在成都的产品生产线访问，时间为半天；
- 针对市场部的主管和有关工作执行人员进行有关市场工作了解，由小组中市场专员申斌带队执行。

第二大部分是关于企业外部的了解和访问，包含了以下三项重要的工作：

● 走访客户设在石人小区和走马街的销售形象店，了解市场销售状况和营销工作开展状况，观察现场终端品牌用品和广告用品的使用情况；

● 了解市场竞争对手的状况，收集竞争对手的产品包装和广告设计成品，以及促销活动；

● 将小组的工作人员分为三个小分队，分别走访成都市场的不同 K/A 店和士多店、连锁店的销售终端，观察和了解客户产品和竞品的市场状况。

我花了整整一个通宵的时间，把所有的走访信息提纲整理了出来，在第二天召开的项目讨论会议上提报出来，供全体组员讨论商议。多年之后，我回想当时的项目进展中，每一项工作之前都有完备的文字资料，针对每一个工作步骤及时召开会议，都是专业实力的体现。

2009 年年末的一个下午，我被一个本土的地产广告公司很着急地叫到他们的办公室，他们临时召开了一个会议，决定在第二天沿着沙西线前往郫县“踩盘”，了解沙西线到郫县沿途的楼盘状况。之所以叫上我，是因为我在深圳的时候就是市场媒介部的主管，在市场研究方面可以予以他们一些帮助。

会议上我提出了质疑，既然要“踩盘“，那么是不是应该有针对性地收集一些关于沙西线和郫县房地产的信息，这是第一；其次就是在汇总消化这些信息的基础上，列出本次“踩盘” 的目的和目标楼盘，以及信息了解的提纲。很遗憾的是，这个项目的主管直接否定了我的质疑，在我送他回家的路上，他很语重心长地告诉我：你说的这些都对，但是都是理论，不适合现实的状况。

我很想询问他，那我们第二天去了解什么呢？不带着问题去了解市场，这样的市场走访有什么意义呢？第二天，我还是如约和他们同行了。但了解市场上什么样的情况？这些情况是不是关于当地地产营销和消费者的？对于我们即将要服务的客户，这些情况有什么价值和意义？我一无所知，我唯一记得的就是，那天中午的一鸡三吃相当美味，下午的牌局相当激烈。

如果客户知道我们广告公司的市场走访就是这样，真不知道他们会怎么看待我们？

4. 如何开展 FGD（焦点小组访谈）

我国台湾的广告人李欣频在其《十四堂人生创意课》中写到：“……如有可能，最好每星期都去书店浏览有哪些刚出版的书，在脑中建成目录文件，每周更新一次到两次……”对这样的说法，我深有体会。2002 年的一个炎热的下午，我被深圳城中村的热浪熏得就要晕倒过去了，我简直感觉就要崩溃了。按照我在深圳的经验，这种时候，最好的办法就是去深圳书城，既能够享受冷气，又可以更新自己的书目。

于是我赶到了深圳书城，不知道是不是上天眷顾于我，在一个最不起眼的角落的书架的最底下一层，我看到了一本小小的蓝色封面的书籍——《焦点团体座谈会》。简单地翻阅了一下，我发现这本书非常实用，作者之一就是中国市场调研界的顶尖人物——零点研究咨询集团董事长袁岳。我所在的市场研究部一直以来也是需要从事 FGD 方面的工作，但是由于公司没有专门的 FGD 培训教材，我们整个部门一直不知道怎么样来进行，无奈之下，只能通过北京总部或者外包市调公司来进行。

得到这本书，我实在是惊喜万分，在收银台付账的时候，竟然听见营业员一边收钱一边说：“真是万幸，这本书终于又出去一本了，简直太难卖了！”我直到今天也无法明白，这样好的书籍真的没有市场吗？至少到今天，这本书再也没有再版过了。

通过阅读这本书，我详细了解了 FGD 的操作过程。焦点小组访谈法源于精神病医生所用的群体疗法。2002 年我开始正式使用 FGD，为当时的一个客户了解其产品在全国 26 个城市的消费者接受度。一般来说，我们会选择 24~32 个具有特殊代表性的目标消费者，把他们分为三个小组，每一个焦点小组一般由 8~12 人组成，在一名主持人的引导下对客户所需要了解的市场或者营销、传播等方面的某一主题或观念进行深入讨论。焦点小组座谈会是一种非常实用的调研方式，是倾听消费者心声的最佳途径，因此在很多国际广告公司为客户服务的过程中，FGD 成了定性调查中必不可少的选择。

焦点小组座谈会需要一个相对封闭的环境，如果大家看过美国的警匪片，应该对里面的一个场景记忆深刻，那就是当一个受害人前往警局指认犯罪嫌疑人的时候，他会和办案警官一同站在一扇单向镜的后面，而单向镜的前面会是另外一个房间，所有的犯罪嫌疑人就会站在那里。我们所要进行的焦点小组座谈会就需要这样的一个房间，其次我们还需要一个摄像机，如果作为广告公司自行组织的FGD，其实有没有单向镜和摄像机都不重要，只要是相对封闭的环境即可。而作为专门的市场调查公司组织的FGD，设备相对齐全一些，可能需要把话筒、单向镜、室温控制、摄像机、书写板等都准备齐。毕竟对调研者来说，焦点小组座谈会法是一种了解消费者内心的理想方法。

焦点小组座谈会的征选参与者是十分重要的。2003年的时候，为了做好当时的深大电话有限公司（也就是深圳电信）“市话通”产品的焦点小组座谈会，我们恳求深圳电信向我们提供了“市话通”产品的用户名单，根据双方的讨论，从中随机选择了42个电话号码，然后电话通知这些参与者，最后前来参与的人数总计37个。在征选过程中，一定要极力避免在小组中出现重复的人员，或者是以参加座谈会为“职业收入”的人员。为了合理分组，我们最后不得已劝退了一名参与人员。

在和这些参与者的交谈中发现，这些参与者首先是冲着报酬而来的，每一个参与者都在会后得到了价值100元的话费补贴，这对于参与者而言实在是令他们惊喜！

其次就是他们非常想发表自己的意见，焦点小组座谈会正好提供了一个表达的机会，在这样的机会中，他们更愿意把心中的想法或者意见坦诚陈述出来。

因此选择一个适合的主持人显得十分重要，需要注意的是，不是随便去媒体或者大学的播音专业找一个主持人就可以了，焦点小组座谈会对主持人的要求是：

● 主持人必须能恰当地组织和控制一个小组，不能在座谈过程中让局面失控，或者出现一言堂的局面。

● 主持人必须具有良好的商务沟通技巧，以便有效地与参与座谈的消费者进行互动沟通，一定要保证参与者能够说出内心的真实想法，而不是敷衍了事的语言。

在焦点小组座谈开始之前，一定要编制一本座谈运营操作流程手册，同时要把必要的图片请创作部收集并设计好，同时准备好A4的白纸和可以使用的铅笔、橡皮擦，并把需要询问的问题在座谈运营操作流程手册中按一定顺序逐一排列整齐。焦点小组座谈会一般包括三个阶段：

第一个阶段是主持人和参与者建立友好关系、解释本次座谈会中的各种规则，并提出讨论的个体；

第二阶段是在主持人的引导下，针对问题激发深入的讨论；

第三阶段是总结重要的结论，衡量信任和承诺的限度。

一般来说，在一个小组座谈完成后，会有一个主持人的报告，这被称为“即时分析”。“即时分析”为观看小组座谈的营销专家与主持人提供了一个讨论的机会，可以使营销专家马上获得主持人脑中的主要印象并做出相应的反应，在头脑风暴的情形下，也容易产生新的思想和看法。然后再以纸质和电子的形式形成正式的报告。报告一般分为以下几个部分：

第一个部分是解释调研目的，说明本次座谈会中所涉及的主要问题；

第二个部分是描述本次座谈会参与人员的情况，并说明征选参与者的过程；

第三个部分是总结调研发现，说明本次座谈会发现的问题所在，并针对问题提出建议，这是整个报告的主体，因此需要认真撰写；

最后的部分就是附录，把整个座谈会中的关键资料附录在报告的后面。

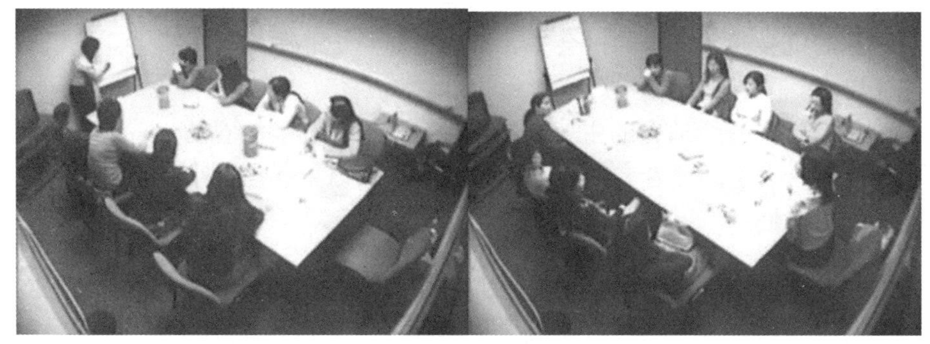

图 10–3　作者服务恩威时，配合奥美广告在成都所做的关于恩威洁尔阴的 FGD（焦点小组访谈）

图片来源：作者从保留的工作光盘中截图

5. 没有预算，怎样做市场研究

2003 年，我所在广告公司的北京总部通过比稿获得了 Olympus 这个客户，于是北京总部成立了专户小组开始服务 Olympus，我们远在深圳，也特别关注这个客户，毕竟这是一个重量级的国际客户。经过一段时间的市场调研和策划，新的广告语出来了，这个时候，客户看到了提案，竟然不知道选择哪一个广告标语比较好，在反复协商和讨论无果的情况下，北京总部的市场研究中心，决定联合客户做一次全国性的调查，看看目标群体喜欢什么样的广告标语，以便印证市场的反应。但是客户这个时候已经没有了多余的预算，无法公开地实施这样的一次市场研究。北京总部很快决定在全国范围内的本公司分支机构内展开这样的一次市场研究。

不久我所在的广告公司在全国的分支机构都动员了起来，开始的调查集中在对数码产品的关注度和知晓度上面，这个问卷是北京总部市场研究中心通过 E-mail 发送到全国各个分支机构的，我们深圳分公司也收到了这样的一份问卷。问卷旨在确定哪些公司同仁是 Olympus 的目标消费群体，作为重量级的日本光学研究企业，其产品也是相当不错的，深受广大消费者的喜爱，因此公司里面很多人都是 Olympus 的目标消费群体。

很快我们接收到了第二封 E-mail，里面还是附了一张问卷。我们马上组织人员将问卷打印出来，给之前确定的公司内部的目标消费群体一人发放了一张。大家拿到调查表单之后，都在第一时间内填写完毕，交到了我们部门的负责员工小黄手中，然后由我们市场媒介部统一收齐之后，做了数据化的统计，然后形成统计报告，连同原始统计数据一同用 E-mail 发送给了北京总部的市场研究中心。

这次关于广告语的市场调研，从客户服务的角度上而言，没有消耗客户一分钱的预算，但是效果非常出色。这句广告语后来在市场上也获得了一致好评，在消费群体中广为传颂，甚至还有网友自行仿照拍摄了这个广告片，虽然是恶搞，但是也足以见得当时 Olympus 的广告是多么深入人心。直到今天，这个广告语依然让我记忆犹新——My digital story。

除了上面的这个方法之外，在客户没有任何预算的情况下，也有办法开展市场调研，就是有效利用网络。我一再强调，不能忽视互联网的力量，随着 Web 2.0 技术的不断成熟，越来越多能够和消费者互动的技术层出不穷，其中不乏市场调查的网站。比如问道网，这个网站是一个专业的在线问卷平台。

图 10-4　在线市场调研网站——问道网首页

资料来源：问道网

这样的网站使用起来非常简单，首先就是在该网站上注册，成为这个网站的会员，因为只有成为了这个网站的会员，才能够在这个网站上发布调查问卷。

为了适应移动互联网的发展需要，这个网站现在已经推出了 App 客户端，适合于 Android 和 IOS 操作系统，更方便 AE 利用移动终端设备开展调查。只要 AE 在 App 客户端上把问卷发布好，通过 QQ、微信等社交圈就可以开展市场调研了。最终得到的调研结果也非常容易使用，直接以 Excel 文件格式导入电脑，使用专业的分析软件，如 SPSS 等就可以开展普通分析和交叉分析等各种深入的数据分析了。

注册成功之后，就可以进入到在线问卷的页面，点击上图中的“我也要发布调查问卷”，就可以将问卷发布在上面了。上图的左边，那些都是已经在网站上发布的问卷，同时你可以点击橙色按钮“查看问卷结果”，就可以看到调查的数据结果，当然必须是在发布者同意公开这个数据结果的前提条件之下。

可以看到，这些在线调查问卷的方式和实体纸质问卷一模一样，愿意参加接受调查的人员，可以自由参与，发布问卷者一样可以在线承诺给予被访者一定的物质奖励，当然是在你的客户有这份预算的前提下。

是不是很方便呢？所以在这里，我再次奉劝广告人一句：不要把目光局限在自己所谓的专业里面，不知不觉之中，这个世界已经发生了巨大的变化，作为广告人不能忽视科技进步的力量！

网易曾经为了达成更良好的用户体验，举办了用户体验提升调研，所使用到的方法也是上述介绍的方法，可见在移动互联网时代，信息的采集是非常关键的一个环节，但是万变不离其宗，方法总是不变的，改变的只是更先进的信息采集技术！

网易用户体验提升计划的目的是提升网易现有产品的使用体验，并开发出更具吸引力和可用性更好的新产品。您的参与，可以帮助我们更深入地理解用户的需求，观点和行为，以此为基础，我们将持续不断地做出改进，让您获得更愉快的使用体验。

我们欢迎各种类型的用户参与其中，无论您是否为网易的用户，无论您的产品使用经验如何，无论您是工作还是仍在读书，我们都欢迎您加入我们的用户体验改善计划！

参与方式

1 在家里接受我们的访谈，允许我们从旁观察您使用网络产品的实际情况。

2 接受我们的邀请，莅临网易公司参与访谈，焦点小组或可用性测试等活动。

3 通过电话接受我们的访谈。

4 在线与我们的研究、设计人员交流

5 完成在线问卷。

图 10–5　网易用户体验提升计划市场调研流程

6. 和客户面对面开展深度访谈

在成都广告这个圈子里面，客户所给予的机会是相当多的，我常常感叹的一件事，就是广告公司给客户提案，总是以失败的居多。这里所谓的失败，不仅仅是指提案的失败，也有执行之后的失败，原因究竟出在哪里呢？

这个原因就是，客户对市场研究的能力走在了广告公司的前面。看看上面网易的“用户体验提升计划”，让我想起了在天下广告和一个网友展开的论坛笔战。我一直喜欢在专业网站上发表一些文章，来阐述自己的观点。有一次在天下广告网站我就 FGD 对广告策略的影响发表了一篇文章，一个网友就此文章马上发表了不同的观点，认为 FGD 只是理想化的理论，不适合于广告实践。对于这样的反对意见，我想每一个人都有自己的观点和看法，不能简单地用对与错来衡量。但是我坚信我的看法是正确的，客户对市场研究的能力远远超过了目前的多数本土广告企业，遗憾的是多数本土广告企业并没有发现这一点，依然执着地追求所谓的大创意。

大创意从哪里产生？要弄清楚这个问题，最好还是再次认真思考一下，广告的根本核心点在哪里？说到底，还是准确地传递信息，如果做不到这一点，任何创意对于广告传播来说都是空洞乏力的。这一点体现在一些地产广告上，尤其明显。

“2009 天府广场，最后资产”这样一句广告主标语，想告诉阅读广告的群体一个什么信息呢？目标受众会相信你这个地产就是整个天府广场最后最值钱的项目吗？就算这个地产是最值钱的项目，一个“最后资产”能够传达这样的含义吗？

“成都，暂停空谈！”这个广告主标语更是让人丈二和尚摸不着头脑，这个地产项目到底想表达什么？要不是看到广告下面还落着一个地产公司的名头，还以为不是广告呢。

这样的广告林林总总，实在是举不胜举，究其根本原因，应该是作为服务商的广告公司并没有真正了解自己的客户，也就无法真正挖掘客户产品的优势点，也就更谈不上准确传达信息了。

2005 年一家来自香港的百货超市想要进入成都，受朋友的引见，我们有机会参与这个客户上市的品牌规划。这是一家我在深圳工作时就已经比较熟悉的超级市场。我住在深圳的时候，居住地附近就有一家它的超市，时常会去逛逛，加之自己原来是从事百货业的，也就特别留意它在深圳的发展。现在它进军成都市场，一时间也感觉万分亲切。

于是我和团队迅速整理了有关这家超市的各方面资料，然后提炼出了一份营销主管个人深度访谈提纲，希望和客户的营销总监做一次一对一的深访。客户很愉快地答应了我们。他们的营销总监是一位经验丰富的百货人，一位来自香港的女强人，为了这次访谈专门决定在成都多待一天。我和我的小组带着精心准备的访谈提纲，敲响了她办公室的门，我们也期望这次的访谈给予她一个良好的印象！

她很有气质地坐在工地的临时办公间里面，尽管临时办公间显得比较凌乱，但是她依旧把她周围的环境整理得井井有条，一点不显得和她的气质不协调。我整理了一下西服，然后微笑着坐在了她的对面，她很优雅地一边询问我们是不是需要换一个地方，一边吩咐她的助理去安排两杯咖啡。

我一边回答说就在这个环境，没有任何关系，一边打开我的笔记本，里面放着我的访谈提纲。当咖啡端上来的时候，我故意说了一句："原来在深圳的时候，客户也是喜欢用咖啡招待我们！"这位营销总监听到我说这样一句话，微微抬起了头笑道："你原来在深圳工作过？"

"是的！"我很轻松地简单介绍着我在深圳的一些情况，当提及我曾经待过的那家广告公司的时候，她笑了起来，"原来你在这家公司供职过呀，我们在香港和他们的香港分公司合作蛮紧密的！"我一边听着她的话语，随着她的话语微微点着头，一边用眼睛的余光扫描着访谈大纲，我临时做了一个决定，不从第一个问题开始询问，直接从第三个问题开始："其实我在广东生活工作的时候，就知道你们超市了，而且我还经常去，感觉你们经营得相当不错呀！"看到她脸上略略露出一点满意的神情，我继续说道："你们在广东的成功，和所提倡的'服务'是分不开的，那么你们是怎样理解'做加法，不是减法'的竞争策略？"

听到这个问题的时候，她笑了起来，笑得很舒畅，也很愉快，"你对我们企业了解得很全面嘛，'做加法，不是减法'是我们总经理提出的经营理念，也是我们成功的核心所在……"那天我们的访谈进行得十分顺利，作为客户的营销总监，她以积极的态度配合我们完成了这次深度访谈，临走的时候，她一再要求我们给她留下了当时带去的访谈提纲。

虽然后来我和这位营销总监没有了联系，但是我依然记得她当时的满意，这给予我一个启迪，任何一个广告客户都希望你从深入了解他们开始，让我们记住他们的这个特点，成功迈出这关键的一步吧！

<table>
<tr><td>客户名称
Client Name</td><td>Parknshop
(ChengDu)</td><td>访谈对象
Interview Object</td><td></td></tr>
<tr><td>访谈主题
Interview Theme</td><td>百佳购物广场现状了解</td><td>访谈时间
Time</td><td>2005-6-10</td></tr>
<tr><td>访谈地点 Add.</td><td></td><td>主持人 Anchorman</td><td></td></tr>
<tr><td>项目名称
Project Name</td><td>百佳成都开业品牌战略规划</td><td>广告公司
AD. Company</td><td>Black Arc(T)</td></tr>
<tr><td colspan="4">内容 Content</td></tr>
<tr><td colspan="4">感谢您的宝贵时间，就百佳未来经营的一些状况，我们需要和您进一步做沟通，所以劳您在百忙之中安排本次会谈：
1. 百佳进入成都市场的目标是什么？
2. 就百佳的三种业态（购物广场 / 超级广场 / 便民超市）而言，百佳会在成都有怎么样的规划？会同时出现在成都吗？抑或只是出现一种？
3. 百佳在广州的成功，和所提倡的“服务”是分不开的，那么百佳是怎样理解“做加法，不是减法”的竞争策略？
4. 百佳所提倡的使命是“便利生活、可靠、物超所值”，那么作为成都第一个店，您认为哪一点会比较突出，以便吸引消费者的尝试性光顾，迅速扩大知名度？
5. 您是怎样理解百佳所倡导的市场定位——生活好管家？
6. 百佳的服务特色将怎样来进行体现？有什么具体的动作呢？
7. 百佳将以什么方式来体现温馨的购物体验，而能够有效区别于竞争对手的简单和呆板的购物经历呢？
8. 成都百佳占地 1.6 万平方米，那么将如何规划这个场所呢？
9. 百佳成都店会有哪些品类呢？
○纺织品○粮油杂活○个人护理用品○家用电器○生鲜食品○家居用品○自有品牌
10. 您认为目前百佳进入成都市场最大的障碍在哪里？有解决的办法吗？
11. 和家乐福等竞争对手相比，百佳的突出优势在哪里？
12. 百佳是怎样划分竞争对手的？百佳怎样看待这些竞争对手？
13. 百佳期望通过广告传播以后，成都的消费者如何来看待它？
14. 针对其他地区百佳的成功经验，您认为成都百佳开业值得借鉴的因素有哪些？
15. 百佳开业的营销活动将怎样安排？
16. 百佳未来的广告管理将如何进行和安排？</td></tr>
<tr><td>结论 Conclusion</td><td colspan="3"></td></tr>
<tr><td>未来工作重点 Future Key point</td><td colspan="3"></td></tr>
<tr><td>部门 Departments</td><td></td><td>整理人 Arranger</td><td></td></tr>
<tr><td>客户经理 Manager</td><td></td><td>客户总监 Director</td><td></td></tr>
</table>

图 10-6　客户深度访谈单范例

第十一章　从用户的角度开始企划

1. 商业模式的运用要求我们更懂产品

前面我曾经谈到过商业模式的规划，在我看来，移动互联网时代和传统时代最大的区别就是广告人不能再单一地等到产品成型才开始规划推广计划了，而是要从产品的规划开始，深入到整个商业模式的每一个环节，熟悉每一个环节中的要素，最终才能实现“一切为了销售”的目的。

我一直服务于通信运营商所在的行业，从深圳到成都。其中某个通信运营商的强项一直都在网络上面。2010 年的时候，这家运营商正式推出了光纤网络，开始了整个城市的“光进铜退”工作。当时我正好为一个客户引入了这家通信运营商的 IPTV 数字电视,所以一听到开始铺设光纤的消息，我马上回到公司和产品设计部展开讨论。

我们意识到作为新一代的数字电视 IPTV,其传输的重要载体就是网络，也就是意味着带宽越大其传输的数据也就越快，数字电视信号的清晰度也就越高。而相对于传统的 ADSL 方式而言，光纤不仅具有传输速度快和数据传输稳定的优势，更是未来发展的趋势。恰好在这个时候，国务院常务会议决定加快推进电信网、广播电视网和互联网三网融合。会议要求加快电信宽带网络建设，推进城镇光纤到户，扩大农村地区宽带网络覆盖范围；充分利用现有信息基础设施，积极推进网络统筹规划和共建共享。

我们意识到这是一个难得的机会，在来不及和通信运营商商议的前提下，我们提出了一个全新的融合产品规划，将该通信运营商的固话业务、IPTV 业务和网络数据业务合并在一起，命名为“优客居”品牌名称，开始向开发商推荐。当时的很多开发商对此表现出了浓厚的兴趣，因为以往的开发商在房屋建设中，本身就有弱电工程建设，其中就包含了通信线路的建设。以往开发商都是采用分类建设模式，也就是固话是固话线路，网络是网络线路，电视是电视线路，一个电井中必须有三根线路，不仅投资较大，而且要重复三次施工。

我们所设计的融合产品就是利用光纤设备和光缆一步到位，用一根光缆解决业主固话通信、上网和看电视的需要，不仅为开发商减少了费用，也减轻了开发商三次建设的压力。对于开发商而言，降低了建设成本是他们最能够接受的亮点，而给予业主的一根光缆解决方案，则为开发商在营销上带来了传播的亮点！

这项业务一开始就受到了开发商的欢迎，所以在移动互联网时代，商业模式的完整与否直接关系到你是否能够为客户提供更加切合其需求的服务。之后经过通信运营商的两次改名，最终将这项融合产品定名为“光网智慧小区”。

“光网智慧小区”是三网合一的直接产物，所以也引发了一些开发商弱电工程师的误解，以为三网合一就是电信网、移动网和联通网的融合，毕竟这群工程师是技术人员，一经解释就马上能够理解到这是错误的认知。但是很遗憾的是，当我们和一个开发商共同引入“光网智慧小区”的时候，为这个开发商服务的广告公司却始终找不到宣传的亮点。

或许是因为他们太多地习惯于传统地产广告的宣传模式，就是无法理解光纤信号的快速和稳定应该如何来表现，只能说一句“高速光缆让您尽情冲浪”，说实在话，这样的广告语实在无法吸引目标购房者。在联合办公大会上，我举了一个例子：“以往用传统的 ADSL 网络下载一部 1G 的影片，往往需要 2~3 个小时，现在使用高速光纤网络，下载同样 1G 的影片，只要半个小时。”遗憾的是，广告公司的与会 AE 始终摇着头，称无法表现出来，觉得这个概念太抽象，还不如他们的“高速光缆让您尽情冲浪”讲得实在。

就在这次会议结束不久，我在《成都商报》上面看到了形容网速极快的中国移动广告，用一个手机上的等待和缓存符号就把想要展示的 USP 表现得淋漓尽致。我从网上的 PDF 版报纸上下载了这个广告，在之后的会议上，我询问广告公司：“网速快不是不能表现吗？那么别人是怎么做出这个创意的呢？”

其实不是广告公司无法做出切合需要的创意，而是他们，或者说是参加会议的 AE 根本没有对开发商所采用的光纤技术做深入的了解，无法理解产品本身在营销上的优势。

2. 什么是 AP 运营制度

最早看到 AP 这个单词的时候，我对它一点儿都不了解，当时市面上也很少有相关的书籍。

我很久以后在龙之媒购买了并简单地阅读之后，才领悟到这本书的精妙之处，于是遗憾这样好的一本书籍在中国广告业界，无法得到广泛地推广和应用。这本书里面的很多内容都非常实用，可以说就是一套完整的执行手册。我建议所有 AE，都想办法去找到这本书来阅读一番。

什么是 AP 运营制度呢？目前在中国业界没有一个统一的翻译，我个人比较认同的是百度知道上面对它的一种解释：所谓 AP，即 Account Planning，通常译作业务策划、广告企划，是指在整个广告活动的策划、制作和实施过程中，洞察消费者态度和行为，代表消费者发言，提出消费者观点，以此来协调广告运作中各个环节的广告策划方式。按照我个人对 AP 的理解，就是 AE 工作人员以市场和消费者为出发点和核心点开展的广告策略，这种运营制度彻底打破了原来 AE 制度的单一化，促使 AE 不能仅仅把眼光和工作的重心放在和广告主单一的信息沟通上，而是更加强调 AE 必须在和广告主沟通的过程中，充分理解广告主的陈述，并深入挖掘广告主的问题，以对市场和消费者的洞察为广告主提出完整、合理的解决方案。

我非常支持 AP 制度，曾经在回到成都之后，先后在加盟过的几家广告公司积极推行这项制度，非常遗憾的是，都先后遭到了绝大多数同事的强力反对，最终失败了。我得到的答复，不管是哪一家公司，几乎都是一模一样的，他们一致地告诉我，AP 制度是完全不适合中国广告实情的，作为公司主管领导的你，不要太理想化。是我真的很理想化吗？ AP 真的不适合中国广告实情吗？带着这样的疑问，我先后和一些广告客户做了很直接的交流，让我吃惊的是，和我所同事过的广告同仁们不同的是，作为广告客户们几乎都非常赞同 AP 运营制度，一听到我介绍 AP，都相当渴望深入了解这种模式，并希望为自己所在企业服务的广告公司能够积极推行这项制度。

为什么会有这样明显的反差呢？当时的我始终不得真解，于是带着新的疑问又回到了广告公司。不过我很快发现了其中的真实原因，在市场分析和营销能力等实际运用中，客户的能力已经远远领先于广告公司了，而许多本土的广告公司一直没有发现这一点，依然以很自我的姿态和方式运营着，这也导致了许多本土的广告公司始终无法真正地介入客户的营销工作中，始终处于做做执行的下游环节。

事实上，在我看来，很多本土的广告公司在企业建制上存在很大的问题。举个例子来说，很多广告公司会单独设立一个策划部，但是往往这种策划部又严重脱离客户和市场，既不随 AE 前往客户，亲身和客户进行沟通和交流，也不经常前往市场一线，一味地闭门造车，这样做出来的策划，经常在客户面前过不了关，也是非常正常的。

我还经常遇到广告公司在自己公司的建制中，把广告战略的规划划到广告文案一职的工作责任中，在招聘之中，就要求应聘的文案人员必须会写策划。我真是觉得非常奇怪，找遍所有书籍和文献，也没有找到文案就能写策略这一种观点，大抵这也是中国广告行业的一个独有创举吧。

其实上述两种情况都是由于部分广告从业人员专业素质低下造成的，在他们的脑海里面，广告策略只是广告的一个附加要素，广告真正重要的核心元素是创意，只要创意精彩了，就不愁客户不认可你的工作。这样错误的思维也导致了，多数客户在判断广告公司作品的时候，片面把目标的焦点集中在广告创意上面，而忽视真正应该成为广告作品评判标准的策略。

在国际化的广告公司，流程中对于策略的关注比重是非常大的，AE 在了解客户情况和市场情况之后，会积极召开项目说明会，向所有的组员详细说明目前所了解的状况；之后的策略一般也是由 AE 来牵头撰写，甚至就是 AE 本人撰写，毕竟距离客户和市场最近的就是 AE 本人。而 AE 撰写出来的策划，也需要通过策略沟通会来予以印证和讨论，以便保证小组每一个成员都理解这个策略，也保证这个策略能够在之后的创意会议中有效转化为创意概念。

AP 制度的出现，并不意味着取代 AE，而是 AE 工作的升华和完善，AP 制度不仅仅是广告运作流程的变革，也是广告策略和项目执行程序化和标准化的有效保证。以消费者为核心和导向作为广告创作和评判广告标准的关键点，AP 的主要任务就是洞察消费者内心，把握其心理、行为，以及生活形态与变化趋势，通过导入 AP 制度实现广告公司内部流程的顺利执行，保证取得理想的广告效果。

3. 奥美的 360 度品牌管家

二十世纪五六十年代是一个风起云涌的年代，伴随着经济的巨幅增长，一个英国年轻人来到美国开设分公司。他在公司成立之初，为自己设定了几个目标客户，然后以在法国餐厅领悟到的坚忍不拔的精神，努力为客户服务，他最终成了世界广告历史长河中一颗闪耀的新星，他就是大卫·奥格威先生。正是这位后来定居在法国杜夫古堡的老人，提出了世界著名的“品牌形象”理论，为广告发展注入了精彩的色彩！

品牌形象是“品牌的全部性格，而不是产品琐碎的差异决定了它的最终市场定位”。至今看来这位广告大师的每一句名言都依然闪烁着耀眼的光芒，虽然是很多年前的至理名言，在今天看来还是那么正确。遗憾的是，我们今天太多的广告人和他们的作品早已忘记了这些大师的忠告，我们把品牌形象的塑造单纯地理解为寻找差异化，而这种差异化又被简单地用寻找惊世骇俗的概念所取代。

大卫·奥格威认为：“优秀品牌的特点是令消费者在品牌上折射出他们自我的一部分。”我第一次阅读到这句话的时候并不是很理解，在经历了多年广告生涯之后，我渐渐明了大师这句名言的至理之处，广告或者品牌要是不能让消费者看到自己生活工作的影子，是无法引发他们的共鸣的。而不能引发消费者共鸣的广告或者品牌，是不能进入消费者脑海的。

不仅大卫·奥格威作为广告前辈深悟此道，他所创立的奥美广告更是深悟此道，同时也在自身的工作中深入贯彻这个核心道理。奥美广告在 20 世纪 90 年代初提出了“品牌管家”(Brand Stewardship) 的管理思想。“品牌管家实际上是一套完整的企业规划，用以确保所有与品牌相关的活动都反映品牌本身独有的核心价值及精神。”

奥美广告十分注重洞察消费者内心世界的真实需求和感受，真正以消费者为导向，深入研究消费者和品牌之间的关系，选择每一个消费者接触品牌的关键点。Mark Blair、Richard Armstrong、Mike Murphy 三人合著的《360 度品牌传播和管理 The 360 Degree Brand in Asia》一书中，对这样的观点做了详尽而准确的描述：“360 度品牌管理要求关注细节，把握所有可能冲击品牌声誉的元素，即使是最细微的考虑也可能对消费者的记忆产生令人惊奇的影响。”

他们作为奥美的资深员工，认为“360 度品牌管理的核心是营销‘消费者的一切体验’！”也就是说 360 度品牌管理“的方法在于它不局限于目标消费者接触点的数目，它总是在寻找媒体机会，创造行销活动，无论何时何地都使消费者与品牌的互动最大化。”

360 度品牌管家的运作可以简单地划分为以下六个步骤：①信息收集；②品牌检验；③品牌探测；④品牌写真；⑤如何利用品牌写真；⑥品牌检核。

在百度搜索栏中输入“360 度品牌管家”，你就可以找到很多管理它的说明，其中也有对上述六个步骤的详细解释和说明，但是就要看你的领悟能力是不是很强了，如果你能够领悟到，就会明白 360 度品牌管家是“从解决问题入手，用量身定制的方案解决问题。”

4. 电通的品牌蜂窝

这些天的夜晚，我为了写完这部书稿不得不加夜班，每每这个时候，望着成都华灯照耀的街道，不禁想起了当年在深圳的种种景象。“你是谁？你是哪里人？你是哪一年来深圳的？”第一次读到深圳蔚蓝海岸地产广告的时候，热泪不禁涌了出来，当年多少有志青年带着理想，带着期望，踏上了深圳这片陌生的热土，在深圳日复一日的打拼之中，寻不到一点家的感觉。我不敢确定当年的这一批人是不是还记着这样的广告语。

截至目前，坊间随处可以找到关于奥美“360 度品牌管家”的书籍，但是要找到关于电通“品牌蜂窝”的书籍确实相当不容易。在没有加入电通广告公司之前，我所知道的也只有奥美的“360 度品牌管家”。第一天踏进电通在深圳的办公室，我就被王越总经理叫到了他的办公室，之所以有机会加入电通，就是之前在和王越总经理的交谈中，他感到了我所具有的一定的市场分析能力，他希望我可以在未来效力于市场媒介部。

在他的办公室里面，王越总经理给我看了几个公司内部培训的 PPT 文件，就是在这样的环境里，我第一次看到了电通的品牌蜂窝（Dentsu brand honeycomb）工具。接触品牌蜂窝的初期，我并不是很清楚这个工具应该是怎么使用的，不管什么类型的客户，在使用的时候，我总是感觉自己有点生搬硬套，无法很清晰地理顺自己的思路，没有办法把客户品牌的核心价值阐释清楚。这一切在客户群总监王露华从台湾来到深圳之后，发生了很大的改变。

王露华在台湾的时候，深入学习过电通品牌蜂窝的使用，作为市场媒介部，对市场的洞悉和对策略的把握，成为她来到公司以后的第一件重要的工作。从那天中午开始，她单独把我叫到了会议室，深入给我讲解电通品牌蜂窝的特征和使用方法。

从她的讲解中，我才知道电通品牌蜂窝是电通为了适应现代品牌发展的需要而创立出来的，和美国的先知品牌策略咨询公司（Prophet Brand Strategy）有十分密切的关系。电通通过购买美国先知品牌策略咨询公司30%的股份，大大地强化了自身的品牌咨询和管理能力，同时电通也期望通过先知品牌策略咨询公司的品牌力的强化，能够以更加从容的态度向美洲和欧洲进行品牌业务的扩张。

而电通品牌蜂窝正是在这样的背景下产生出来的，是电通公司在总结自身丰富经验并结合先知品牌策略咨询公司的品牌理论基础上总结发展出来的，“电通希望在品牌上做得更专业，从而配合其整体传播优势，实现品牌传播最大价值。但是电通蜂窝模型只是电通公司一整套品牌构建系统的核心工具。”

在王露华的指导和培训下，我开始学习使用电通品牌蜂窝，在几年的使用过程中，我逐渐感受到这是一个非常强大的品牌价值核心工具，要想真正地完全掌握，不是一件容易的事情。

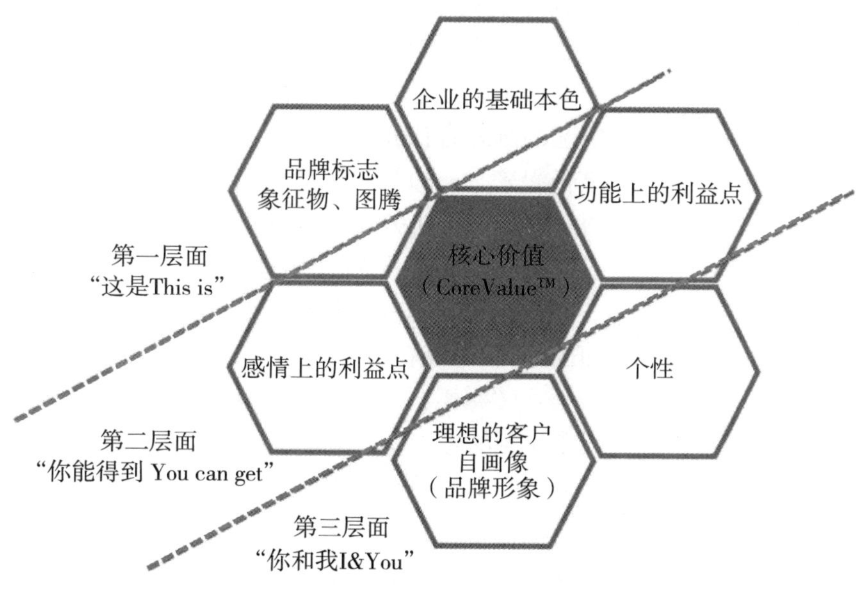

图 11–1 著名的电通品牌蜂窝（Dentsu brand honeycomb）

电通品牌蜂窝最大的特点就是以消费者的内心为导向，这在很大程度上印证了艾·里斯和杰克·特劳特在《广告攻心战略——品牌定位》一书中的观点，也是广告成功的关键核心的体现。在先后几年使用电通品牌蜂窝的过程中，我愈加感觉到，洞察消费者内心的需求和感知，是一个广告能够吸引目标受众，引发目标受众共鸣的基础。

电通品牌蜂窝有两个关键的核心要素：功能上的利益点和感情上的利益点。这两个核心要素为我们揭示了一个很重要的观点，任何产品对于目标消费者而言，都有可能吸引他们的功能特点，而正是这样的功能特点恰恰能够在情感上给予目标消费者一定的好处，这就是我们常常说到的，只有产品具有了吸引消费者的优点，才能激发消费者的购买欲望。

但是在现实生活中的广告，却常常忽视消费者的感受，很多房地产的广告一味地追求一些所谓的概念，其实在消费者看来，这些似乎都和自己没有任何关系。P&G 宝洁公司不少的成功广告案例都及时给予了我们不少启迪，2001 年，宝洁公司飘柔品牌部在洞悉目标消费群体需求的基础上，推出了一系列的“自信”的电视广告，我依然很清晰地记得我看过的其中一篇。

一对热恋中的情人在大海边发生了争吵，可以看得出来，争吵让两个人都不是那么开心，于是他们在极度气愤之中各自转身就走，特别是男孩子一点都没有想回头的意思，大步朝着和女孩子相反的方向前进。这个时候，镜头转向了女孩子，女孩子也是毫不犹豫地向着和男孩子相反方向独自一个人向前走，但是响起的画外音让我们看到了女孩子的真实想法。女孩子一边走一边偷偷地笑了起来，一边笑一边把头向后一扬，顺滑的秀发飞舞起来，在阳光下显得格外美丽，画外音告诉观众，女孩子此刻心里充满了自信，她相信再走不了几步，男孩子就会回来找她！

果然，画外音刚落，那个男孩子已经出现在画面上的女孩子身后，一把抱住了女孩，没有任何的语言，只有女孩子柔顺的秀发在空中飘逸！广告在这个时候，打出广告语：“飘柔，自信从头开始！”我不得不说这是一个非常精彩的广告，至今我无法忘记。

“只有真正树立自信信念，将外在自信和内在自信结合一致，才能真正自信地展示最佳自我，享受美好生活。让更多的人理解并实践这样的自信将是飘柔始终不懈的追求。”这段对飘柔品牌核心价值的阐述来自于飘柔品牌经理唐晓非女士，她很好地诠释了一个产品给予消费者的不仅仅是功能上的利益点，更重要的是要通过功能利益点，带给消费者情感上和精神上的好处，来引发消费者内心需求和产品之间的共鸣！我想这就是电通品牌蜂窝的核心所在吧，发掘消费者内心的需求和共鸣。

窗外的夜色已经很深了，不知道当年那一批到深圳打拼的年轻人，是不是今天已经有了自己的家？是不是今天已经离开深圳，又开始新的漂泊？是不是今天已经带着当年的梦想回到了原来的起点？

我想，不管他们今天身在哪里，他们一定会回想起这段在我们脑海里面刻骨铭心的话语："你是谁？你是哪里人？你是哪一年来深圳的？"

6. 如何发现客户的真实传播需求

2007 年的时候，我们接触到一个汽车客户，他们的一款汽车，是整个中国汽车销售量始终保持第一的车型。客户因为不断有新车产品推出，于是决定把这个汽车的生产转移到本地，公司总部就不再生产这种汽车了。基于这样的背景，客户也期望在本地寻找一间广告公司，能够完成对这个成熟车型的广告推广工作。

我们是经过一个同事的亲戚的引见，得以有机会为这个客户做一次提案的。策划工作开始之前，我们依旧和客户的营销部主管戴经理做了一次深度访谈，并积极走访市场。客户是一家合资企业，因此相较于本土的企业，更懂得如何配合广告公司，也积极为我们提供了不少的资料。

但是对于未来这款车型应该以怎样的核心点继续广告推广，客户也无法给予一个准确的说法。其实这是非常正常的，客户的精力往往已经深陷在他们所在的行业里面，加之每天面对的工作又十分烦多，他们并没有时间来详细思考这个问题。

作为广告公司仅靠思考就能够发现客户广告传播的真实需求了吗？就算需要思考，又应该怎么样开展关于这个问题的思考呢？在接下来的工作里面，我们通过走访市场收集了大量的资料，同时在总部的支持之下，还邀请了一些这款车型的车主进行小组访谈。当大量资料汇集到每一个小组成员手上之后，我们及时召开了项目策略会议。

不可否认的是，前两次的会议并不是很有成效，尽管整个小组对策略的讨论相当积极，但是每一个人心中似乎总是感觉欠缺什么似的。小杨在会议上提出了一个策略核心点，他是从这款车型属于成熟车型这一特点出发的。他认为之所以这款车型始终保持中国销售量第一，就是因为消费者对它的高度认可，说明它是一款消费者喜欢的好车。所以在未来的广告推广中，以“好车能够给予驾驶者好的协助”这样的广告主题来进行宣传。

应该说，小杨的这个策略是一个非常不错的策略，而且接下来的设计工作也是令人非常满意的，画面以普通车主的接小孩放学、生意伙伴和长途跋涉三个生活场景来进行表现，非常贴近目标消费者的日常生活，广告出街之后应该是很吸引人的。

但是我始终觉得客户的广告传播需求并不是在于继续推广产品的好，因为这样的好，之前的广告已经介绍得太多了，消费者也知道得太多了，他们或许并不关心这些好处了。一整个晚上，我和小杨都在翻阅当天的消费者访谈和市场收集到的资料，从消费者的需求出发，来印证客户提出的广告传播需求是不是正确？这是我目前能够使用的最有效的工具。

一个通宵的阅读和思考，我想我们完全没有白费。当朝阳冉冉升起的时候，我长长地伸了一个懒腰，整夜的工作让我们的思维逻辑骤然清晰，带着新的想法我们踏进了会议室的大门。小组成员都不太清楚我为什么要召开第三次策略会议，对他们而言，上一次会议不是已经把策略确定下来了吗？所以当我说出对上一次策略的疑虑之后，大家都目瞪口呆，他们完全没有想到是这样的一个局面。

就在大家的惊愕之中，我提出了我和小杨全新的想法，客户其实并不是需要继续传播产品的好处，而是在目标消费者都知道这个车好处的基础上，给予未来选择这款车的消费者以十足的信心，觉得自己的选择是没有错的，并且应该要为自己的选择感到自豪和骄傲！因为这款汽车作为一个优秀的入门级轿车，能够给予选择它的消费者很多其他车辆不具备的优势！

我们为这次广告活动创作了一个独有的品牌符号，一把这款汽车的车钥匙，上面有这款汽车十分明显的标志，让人一目了然。

整个提案得到了客户及其本地高层的一致认可，同时也认可我们对他们广告传播需求的重新判断。但是这种重新判断，并不是基于广告公司简单的思考可以得到的，它必须是在充分了解客户意见和观点的基础上，深入消费者心智之后，才能够得到的。我可以说它是一座桥梁，是一座横跨在客户观点和消费者内心需求之间的起到连接作用的桥梁。

7. 什么是 USP（独特的销售主张）

看到这个话题，大家应该不会陌生吧，广告从业人员如果不知道什么是 USP，这个玩笑可能就开大了。我记得当年还在深圳东园路台湾花园的时候，老板魏先生从台湾带来了一套广告书籍，其中一本是介绍达彼思广告公司著名经营哲学 USP 的。趁着还没有出发去宁波，我第一个在公司里面借阅了这本书，只花了三天时间便囫囵吞枣似的看完了。出差到宁波后还一直惦记着这本书，希望尽快回到深圳本部，可以再次借出来，仔仔细细阅读一番，领会一下这个著名的广告理论。

十分遗憾的是回到深圳，这本书已经被借走了，我因为经常出差的缘故，再也没有见到过这本书，一直到在深圳书城购买到《实效的广告：达彼思广告公司经营哲学 USP》，才一解求知之饥渴，躺在宁波江花宾馆的房间里，乐滋滋地仔仔细细阅读了一遍。

介绍 USP 之前，先让我们熟悉一下 Rosser Reeves 这位广告大师，大卫・奥格威在其著作《大卫・奥格威自传》一书中表达了他对 Rosser Reeves 的尊敬：当时我们都是没有什么资历的广告撰稿人，每个月两次一起吃中饭，他使我知道了广告到底是什么。我们风风雨雨的友谊一直保持到 70 年代他去世为止。

Rosser Reeves 是广告界公认的大师，广告科学派的忠实卫道士，和威廉・伯恩巴克、李奥・贝纳、乔治・葛里宾、大卫・奥格威一起获得“纽约广告名人堂”荣誉。Rosser Reeves 曾任达彼思广告公司的董事长，他提出了著名的“USP 理论”，即“独特销售主题（ Unique Selling Proposition ）”，这一理论，对广告界产生了经久不衰的影响。Rosser Reeves 所提出的 USP 广告理论，可以说是广告历史上的一次飞跃，简单地说 USP 就是：独特销售理论，也就是给产品一个独特的卖点或恰当的定位。

Rosser Reeves 利用 USP 理论为 M&M 巧克力创造了举世瞩目的品牌形象：“只溶在口，不溶在手”！简单而清晰的广告语，只用了 8 个字，就使得 M&M 巧克力豆不黏手的特点深入人心，它从此名声大振，家喻户晓，成为人们争相购买的糖果。

“只溶在口，不溶在手。”50 多年后，这条广告语仍然作为 M&M 巧克力豆的促销主题，一直流传至今，把 M&M 巧克力豆送到了各国消费者的心中，而玛氏公司也成为年销售额达 40 亿 ~50 亿美元的跨国集团。

我认为 USP 应该具有三个重要的特征：

独特的销售主张，必须是独一无二的！应该是竞争对手在一定阶段内无法提出的。这样的销售主张最好没有被其他竞争对手宣传传播过，是一个品牌或者诉求所具有的独特个性。

独特的销售主张，应该是一个对客户的承诺！这个承诺必须对目标受众说明：购买这样的商品，你将得到怎样的利益好处。也就是说，这个独特的承诺应该包括一个商品的具体功能好处和情感利益。

独特的销售主张，应该引发目标受众的共鸣！感知目标受众的心智，通过独特的销售主张引发他们的共鸣，促动他们的消费欲望，最终实现销售行为。

同样的，美国著名的强生企业的创始人强生博士也在 200 多年前提出了相同的观点："假如广告不向消费者承诺任何一种实益，那便无法销售东西……"大卫·奥格威先生也非常赞同这样的观点，在《大卫·奥格威谈广告》一书中，他谈到了关于 USP 的一点观点，这个观点来自于他对宝洁公司的了解："他们（宝洁）常对消费者承诺一个重要的实益……"

我始终认为 USP 是广告里面一个很重要的观点，也是保障广告成功的核心点。同样 USP 也成为我判断广告是不是符合客户需要的一个重要的指标。滴滴专车和 Uber 的出现改变了人们出行的方式，它们相较于出租汽车，价格非常便宜，而且通过手机预约上车，是一个非常方便的选择。但是毕竟它们都是私车，乘客的安全能不能得到保证呢？这是存在很多乘客心中的疑问。为此，滴滴专车推出了一个系列的广告，告诉目标乘客，滴滴专车是一个不仅让你放心，而且是一切专为您提供舒适服务的交通工具！

图 11-2 滴滴专车系列广告 加班篇

资料来源：北京电通官方网站 客户：滴滴专车

对比我上面谈到的对 USP 理论的三点理解，我相信当任何一个广告人重新看到这一组滴滴专车的广告之时，应该对电通广告人深挖企业和消费者的内在资料，提炼出"今天坐好一点"这个足以引发乘客内心共鸣的销售主张感到敬佩。

但是今天中国一部分广告人忘记了这一个重要的 USP 理论，他们的一些行为不幸被强生博士言中："……不过可惜的是多数广告方案却找不到任何的承诺。"大卫·奥格威先生在他的书里面一再强调广告从业人员要谨记强生博士的忠告："这是本书最重要的一句话，请再读一遍。"我真希望更多的广告人再去仔仔细细阅读一下达彼思前辈 Rosser Reeves 这部关于实效广告的著作，不要再去玩所谓的概念，在概念之下树七八个所谓的支撑卖点，这不是专业的体现，更不是为客户广告费着想的行为。

8. 什么是定位

我想说起定位，只要是做广告的，应该不是很陌生吧，在本章节落笔之前，我一直在思考，要不要再次介绍一下定位的由来和基础知识，最开始的想法是没有这个必要了，因为在广告这个行业里面，知道定位的人应该是占大多数吧。如果读者购买了这本书，看我一直这样重复过去知道的知识，那么对于这样的一本书，购买还具有什么意义呢？

但是我之后在网络上看到一篇文章，使我改变了这个观点，决定还是要花费一点笔墨来讲讲什么是定位。定位是美国著名营销专家 Ai Ries 和 Jack Trout 在 20 世纪 70 年代早期在他们的著作《广告攻心战略——品牌定位》中提出来的，两位作者在该书中提出了自己的观点："定位从产品开始，可以是一件商品，一项服务，一家公司，一个机构，甚至于是一个人，也可能是你自己……"他们认为现代传播的环境日趋复杂，因此"定位是在我们传播信息过多的社会中，认真处理怎样使他人听到信息等种种问题之主要思考部分。"他们对定位下的定义是："……定位并不是要你对产品做什么事，定位是你对未来的潜在顾客心智所下的功夫。也就是把产品定位在你未来潜在顾客的心中。"从中可以看出，定位看成是对现有产品进行的一种创造性试验。"改变的是名称、价格及包装，实际上对产品则完全没有改变，所有的改变，基本上是在作着修饰而已，其目的是在潜在顾客心中得到有利的地位。"

他们于 1972 年在《广告时代》杂志上发表了名为"定位"的系列文章后，在美国营销行业引起了巨大的反响，很快在行业中流行开来，并后来集中反映在他们的第一本著作《定位：为你的心智而战》(Positioning: Battle for yollrmind) 一书中，正如他们自己所言，这是一本关于传播沟通的教科书。1996 年，Jack Trout 整理了 25 年来的工作经验，写出了《新定位》(The New Positionillg) 一书，提出了"重新定位"的概念，也许更加符合了时代的要求，但其核心思想却仍然源自于他们于 1972 年提出的定位论。

只是不知道从什么时候开始，定位在国内演变得复杂无比，特别是在房地产行业的策划中，定位演变出了林林总总的分支，让人目不暇接，项目定位、产品定位、市场定位、专营性定位、象征性定位、价格定位、客群定位，甚至还有品牌定位、形象定位和环境定位，项目种类之多，实在令人眼花缭乱，厚厚一本定位报告交给客户，也不知道客户市场部人员或者老总们是不是看得懂，恐怕就是策划人自己都不一定看得懂这一本自己撰写的厚重如砖的报告吧。

这样的报告着实吓人，至于这样报告的撰写者到底有没有认真看过 Ai Ries 和 Jack Trout 的《定位》一书，想必就没有必要去探究了。定位理论其实说得相当得透彻，翻开《定位》一书，就可以注意到其间第二章的名字是：向心智猛袭，而第三章的名字则是：进入心智！仔细阅读，就会体会到，《定位》一书反复在强调一个观点，消费者的头脑空间毕竟是有限的，他们不想接受太多的信息，他们只会接受那些简单的、容易进入他们大脑的、能够满足他们需求的信息。也就是说，对于消费者而言，定位只能是一个，独特的一个。“对抗我们传播过多的社会所持最好的方法，就是用尽量简化的讯息……传播和建筑相同，越简洁越好，你一定要不断强化你的讯息，促使它们能够深入人心！”

每当我看到地产行业那厚重如砖的定位报告，就算我仔仔细细阅读其间的每一个文字，最后也不太明白这位策划者，为什么把一个本来简单的定位，要划分出这么多的种类，而在最后却往往没有一个合理的总结。我很想知道，关于定位，是给企业看看就好呢，还是需要去传播给目标受众，让他们了解客户的产品？如果仅仅只是给客户看看了事，这样的东西对于客户也没有实质性的意义；如果是要传播给目标受众的话，你认为消费者个个都是天才吗？

9. 不要认为顾客都是天才分析家

不知道什么时候，城市的候车亭布满了一个广告，画面始终是用黑白照片做主画面，文案很简单，一句话：“欧阳先生懒着。”在这句话的旁边，有一个广告语：“如果你是胆敢玩物的先生”。两句广告文案之间有什么联系？这两句广告语想说明什么？一切都不得而知，没有几个消费者看得懂这个广告。不几天，这个广告又出了系列广告，一样的还是黑白照片，主要的广告语还是那么两句：“汪先生乐了。”　“如果你是胆敢玩物的先生。”再过几天，新的系列广告又出现了，主要广告语还是照旧：“邱先生怒了！”　“如果你是胆敢玩物的先生。”

站在街上，随机拦截几位路人，询问他们是不是看过了这个广告，大家都笑笑摇头：“不太知道它想表达什么。”就是广告行业的网友也在网络上发帖言及：“他的画面上的文案让我懵了，不懂不懂……请高人指点！”不仅仅消费者用茫然的眼神看这个系列广告，广告行业里面的人们也看着这个广告感觉一片茫然。

也有网友直言：“大家都看不懂的广告……是广告还是艺术作品？还是自我陶醉？”这个发言和我的观点一致，如此故弄玄虚的广告，估计多数人是无法看得懂的，真不知道这样做的目的是自娱自乐呢？还是为了传播？之后便在网络上看到了这个广告的创作者用了很长一段的文字来解释这个策略，看过之后才明白他们为什么这样设计这个广告，其间分析的逻辑实在是很复杂，一环扣一环，实在不是一句话可以解释得清楚的。那些用茫然眼光看着这则广告的人们，建议在发布这个广告的时候，在广告的旁边附上一个说明：如何读懂本广告！大抵这样做之后，人们才会明白这个广告在讲什么。

上面的案例是一个典型的为了创意而创意的做法，不知道从什么时候开始，这种做法似乎在广告行业里面变得流行，广告从业人员们仿佛自娱自乐一般地卖弄着所谓的创意，而早已忘却了成功的创意应该是建立在准确的唯一的定位之上的。在实际的工作中，太多的广告人把客户的思维想象的超乎异常的灵活和善于思考，似乎个个消费者在看待每一幅广告的时候，都会仔细阅读广告，在广告面前深入思考，直到弄清楚这个广告所要传达的核心概念是什么。

太多的广告人把消费者当作自己行业里面的人了，太多的广告人把消费者当作了自己每天共事的同仁了，他们早已忘记，消费者每天需要花费大量的精力和时间在日常的工作、学习和生活中，他们的心智早已经被各种各样的信息填满，在被疲惫所包围的时时刻刻之中，消费者早已经厌倦了对于每一件事情都去思考，早已厌倦了对所见和所闻都仔细沉思一番，他们渴望只是接受他们愿意接受的信息，他们渴望只去思考他们愿意思考的事情，他们不想看见太多,听到太多,在他们的脑海里面,需要的只是一种简单和直白。

其实现在的一部分广告，距离消费者太远，严格说，是距离消费者心理需要太远。一部分广告人陷入了创意的怪圈里面，他们过分地强调美术设计元素，把广告当作一件艺术品来打造，完全忽略了消费者是不是看得懂。

我刚才谈到优秀的创意是建立在准确的定位之上的，让我们忘记我刚刚讲过的那个“胆敢玩物的先生”吧，来看看下面这个真正具有创意、又能让消费者一目了然的广告。

图 11–3　中华英才网推广广告（候车亭小广告牌）

图片来源：作者于 2011 年拍摄于成都街头候车亭广告牌

这是我在成都街头拍摄到的中华英才网的广告，它发布在成都众多候车亭的小牌上面，广告创作团队非常有创意地利用了在候车亭出现的人群的特征来创作广告。在候车亭出现的人们一定是需要等车的，而等车本身是一种很无聊的事情。相信在众多等车的人群中，也一定有很多正在寻找工作的目标受众，广告很巧妙地利用了他们寻找工作机会的心态，一句“机遇不是站在这里等来的”，一针见血地告诉目标受众，快上中华英才网，主动去寻找并抓住机遇。你能说这个广告没有创意吗？如果仅仅从美术设计的角度，这个广告实在是设计的很大众，绝对不是出彩的设计，但是我们作为广告人必须要清楚一点，我们不是艺术家，我们是消费者心智的代言人；消费者更不是毕加索或者福尔摩斯，他们需要的不是艺术品，更不是线索的分析，而是对他们有用的信息。

10. 有效填写商品概念单

从 USP 到定位，无一不在告诉我们从事广告作业的时候，要找到产品上的功能差异点，并且明确地告知目标消费者，这样的产品功能差异点能够满足消费者什么样的需求，给予消费者什么样的好处。这是给予消费者最重要的一个承诺，消费者只有看到并接受这个承诺，才会进一步采取消费（购买）行为。这个承诺是一个重要的信息传递，越简单越好，越容易让消费者理解越好，因为消费者始终只会对自己感兴趣的信息采取深入了解的行动。

如何让这个信息更加简单？更加容易让消费者理解？我们必须借助商品概念单来做到这一点。商品概念单是广告 AE 明确创意概念的重要工具，也是 AP 制度的重要工具之一。我得到这张商品概念单是在一个非常偶然的机会，如果没有记错的话，这张商品概念单最终出现在《国际广告》上面，具体刊登在哪一年，我已经很难确定了，隐隐约约记得似乎是刊登在 1996 年。唯一还记得的是，那个时候，我一直保留着每月购买《国际广告》杂志的习惯，偏偏这一期，老板没有给我留下，我实在是感到遗憾。但是天下的事情就是那么巧，老板第二天去进货的时候，又找到了一本，特意给我带了过来，不然我就错过了这么好的一个工具了！

这张商品概念单按照《国际广告》上的文章的介绍，应该是来自于台湾的 4A 广告企业。仔细审视这张表单，你会发现这是一张非常实用的工具表单——要是你在填写创意简报的时候，一直想不清楚创意核心概念究竟是什么，不妨就来填写一下这个单子吧！

商品概念单是挖掘商品功能特点，洞悉目标消费者内心真实需求的重要工具，它通过对产品和消费者所开展的全面的、综合的分析，找到架起商品功能特点和消费者内心真实需求之间的桥梁，也就是我们需要的定位。

这样的分析十分关键，这里先让我们来看看一个精彩的案例。这是我利用假期，在城市里面拍摄到的一个广告，广告品牌是绿箭，相信大家都对这个品牌都不会太陌生。老实说，口香糖的功效，不管是什么品牌，应该都是大同小异的，单单就产品功能需要找到差异点，可能并不是一件很容易的事情。

但是绿箭口香糖广告的创作团队并没有简单地把提炼传播核心的目光，仅仅集中在产品的本身，而是把思索的焦点深入到这样的功能特点，能够带给目标消费者怎样的好处，或者说是能够满足他们怎样的内心需求上。

让我们进入消费者心智吧！这不正是 Ai Ries 和 Jack Trout 所提倡的《定位》理论里面，一直强调的核心所在吗？人与人之间的沟通目的，无非是让人与人之间更加亲密。但是人毕竟是需要每日进食的，食物吃得多了，难免引发口中形成异味。试想一下，一对相互吸引的男女，如果因为口中异味而最后导致双方分开，将是多么一件遗憾的事情呀！

还好，我们有绿箭在。“清新口气，你我更亲近”！一句简单的广告语，一针见血地指出了产品能够带给目标消费者的好处，满足了目标消费者内心对口气清新的渴望。

这个广告的画面处理非常有创意，两个本来不相干的男女，就像拉链一样，被绿箭拉在了一起，越来越亲密，绿箭口香糖清新口气的作用正在于此，让亲密的人越来越亲近。你作为广告人，感受到其中的创意核心了吗？对了，就是“亲近”！

图 11–4　绿箭口香糖广告　拉链篇

图片来源：作者于 2010 年拍摄于成都街头候车亭广告牌

那么这样优秀的广告是怎样创作产生的呢？下面就让我们来看看怎样利用商品概念单达成这样的目的。

11. 如何填写商品概念单（一）

一张典型的商品概念单作为重要的企划工具，它包含了三个重要的策略元素在其中：

我们要对谁开展诉求，他们需要什么？ Who are we talking to？——目标消费者在哪里，他们内心需求是什么？

我们的商品特征是什么？ What are we selling？——我们需要把怎样的商品特征作为核心信息传递给消费者，也就是说我们将要宣传的商品具有什么样的特征？

消费者为什么要购买我们的商品和服务？ Why should they spend their money？——具有这样特征的商品能够满足消费者内心的需求吗？这是直接促进消费者采取购买行为的关键所在。

在商品概念单中必须针对这三个部分进行详细的分析和总结，才能够得到需要的结果，而这个结果也就是我们在开展广告运作中所需要的定位说明。首先让我们看看商品概念单的组成。

PRODUCT CONCEPT WORKSHEET 商品概念策略单

Client（客户）：　Product（产品）：

Job No.（工作号）：　Date（时间）：

Target Consumer Profile：　Demographic
目标族群描述：人口统计/心理统计观点

Product Benefits & Support
商品利益与支持点

Product Usage Occasion　使用特征与时机

Brand Identity　品牌识别特征

Competitor/Substitute & Consumer Benefits
竞争/替代品之商品利益

Positioning (Desired consumer perception toward product)
定位（希望消费者对该商品的认知）

因为可以提供/承诺利益，
（商品）（竞争性利益点，形象或价值）
因此对那一群在追求/需要的
（目标族群）（使用场合，生活形态）
消费者们，我们把它当作的商品来卖给他们最恰当。
（商品最恰当的单一概念）

Product Concept Statement (Limited within 50 words) (Develop more than one concept for testing if desirable)
商品概念描述（限 50 字）（必要时，可发展一个以上的概念以为测试）

附注：需经策略部认同才能 brief 给创意人员，以免脱离营销策略，同时烦请复印备档，营业一份，策略一份，创意一份；请妥善保管工作单，使用文件夹管理。

客户主任：	客户总监：	策略经办：	策略总监：
确认时间：	确认时间：	确认时间：	确认时间：

图 11-5　商品概念单

让我们从商品概念单的第一个部分开始，这是一个非常简单的填写部分，主要是围绕商品的基础信息和企划的时间来填写，这些都是一些非常基础的信息，不用和客户沟通都能够获得，因此是很容易填写的，但是也不能因此而出现最基本的错误。

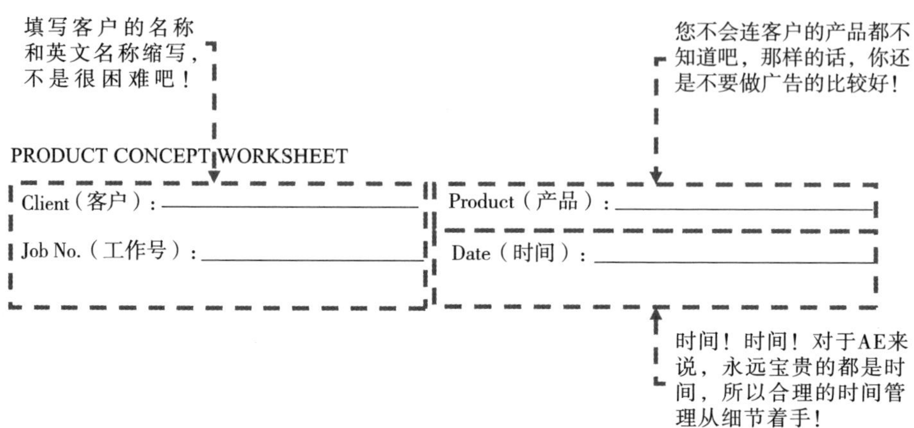

图 11–6 商品概念单填写方法（一）

第二个部分是整个商品概念单的最重要的部分，需要通过对商品本身特征的分析和对消费者内心需求的洞悉，找到它们二者之间必然的联系，进而找到商品宣传推广所需要的定位。让我们具体来看看每一项的填写要求吧。

Target Consumer Profile：Demographic
目标族群描述：人口统计/心理统计观点

1. 填写客户广告需要面对的目标群体的性别、收入、职业、收入和消费等基础特点；
2. 用简短的语言洞察出这样的群体有什么样的共性特征。

Product Benefits & Support
商品利益与支持点

1. 填写客户产品的独特卖点在哪里？这个需要您深入了解产品的卖点之后才能写出；
2. 如果您是做房地产的，还是劝您省省力气，不然估计100个卖点您老人家都能够写得出来！

Product Usage Occasion　使用特征与时机

1. 对于这样的产品，目标消费群体一般使用的时间和怎样使用这样的产品特征，都是在这里填写；
2. 注意它和上面一格的逻辑关系，不要产生让人误会；
3. 就是这一点和上面一格的结合形成消费者需求！

Brand Identity　品牌识别特征

1. 这一格最好填写，去找客户要这个方面的资料就行了；
2. 对了！不要忘记向客户深入了解他们品牌发展的历史，电通广告的“文脉品牌”原理就是从这里发展起来的！

Competitor/Substitute & Consumer Benefits
竞争/替代品之商品利益

1. 对于这样的产品，有没有可以替代的产品，有的话就一定是竞争产品，赶快去收集他们的广告，了解一下，他们的USP在哪里？
2. 所以说，AE是从分析广告开始的！

Positioning (Desired consumer perception toward product)
定位（希望消费者对该商品的认知）

1. 把上面四个格子的内容进行综合分析就能够发现客户产品的定位在哪里！
2. 不要小看这个工作，只要您想清楚了，填写创意简报的时候简直就等于是小菜一碟，容易很多了！

图 11–7 商品概念单填写方法（二）

这是分析结论部分的市场资料填写区域，有四个方面的市场基础资料需要我们去了解，并一一对应填写到其中。

第一个需要填写的是目标消费者的描述，主要填写两个内容，一是目标消费者的性别、收入、职业、收入和消费等基础特点；这些特征只是对消费者进行了范围和轮廓上的界定，并不是对目标消费者心智的了解，更谈不上洞察，因此它们只能算作基础资料。第二个需要填写的内容就是发觉目标消费者的共性特征，比如对于我们广告客户所需要销售的这种商品上有什么样的消费共性，或者有怎样的共同的消费需求，目标消费者渴望通过消费这样的商品获得怎样的满足。比如对于第一次购买汽车的用户群体，一般来说，都需要购买到一辆相对成熟的汽车商品，而他们对相对成熟的理解就集中在技术成熟、维修成熟、质量成熟、价格适中等几个方面，一言蔽之，他们需要选择性价比高的入门级轿车。

第二个需要填写的是商品利益与支持点。前面的章节谈到过很多深入了解客户商品特点的方法和步骤，这里就是对你之前工作的总结，这个时候需要AE扪心自问，是不是已经相对熟悉客户的商品或者服务了，如果是，你能够在第一时间说出客户商品或者服务的优点吗？2007年我和我所在的专案小组遇到的汽车客户，就一再要求我们深入他们企业去了解他们的商品。我们不仅到了他们企业内部（不是生产线，当时生产线还在调试阶段，无法进入），更去找朋友借到了一辆这样的汽车（当然是新款），亲自驾驶，以感受商品的特征。同时我们还在成都大街小巷拦截出租车，因为在成都的老出租车基本都是使用客户的这款汽车。我们详细地询问了我们乘坐的每一辆出租车的司机，他们驾驶这款汽车的各种感受，我一直坚信，商品的优点和突出特征一定是在自己使用中发现的，更一定是在和企业人员、已经使用商品的消费者的反复交谈和沟通中发现的。通过这些大量的亲身体验和信息收集，我们专案小组很快找到了客户这款汽车的优点，就是成熟！它作为一款成熟的入门级轿车，其特征主要体现在三个方面：

经得起时间的考验，连续多年在中国始终保持销量第一的局面，获得众多消费者信赖；

经得起市场的考验，消费者多年以来，始终把这款轿车作为入门级产品的首选；

经得起环境的考验，不管什么样的道路，这款轿车都经历过，获得相当良好的口碑。

在这里需要提醒AE们的是，不要认为一个商品具有的无数个突出的优点和特征，在广告传播中一定要统统告知消费者，这是一个严重错误的观点。为什么错误，看看 Rosser Reeves 提出的 USP 和 Ai Ries、Jack Trout 提出的定位，答案就在其中。至少我是相当反对地产行业里面一个概念之下塞满了七八个所谓产品卖点的做法，毕竟消费者接受信息的能力是有限的，他们的记忆力只会集中在一个核心点上面。

下面一个需要填写的是对目标消费者进一步洞察的内容——使用特征与时机。这是广告从业人员时常忽略的一个关键点，在太多的广告传播策划中，作为广告人的我们，往往严重忽视目标消费群体使用该种商品的特征和时机。比如对于刚刚拿到驾照的目标消费群体而言，一定会注意自己的驾驶技术和经验，并不会急于去购买超越自己驾驶技术和经验范围、不一定能够驾驭的轿车，这个时候他们会积极主动地通过各种渠道收集入门级轿车的信息，因为他们需要一款技术和质量都比较成熟的商品，对于暂时还不熟悉汽车性能的他们来说，这是至关重要的。他们需要这款入门级轿车故障率相对较低，便于维修，同时性价比绝对是一流的。

这个选项的内容是在洞悉目标消费群体内心需求的基础上，深入了解目标消费群体实现这种需求的动机和使用特征，这也是寻找商品特征和消费者内心需求之间必然联系的基础，因此，绝对不能凭主观臆断，深入市场，深入消费者的身边，和他们交谈沟通，这是唯一的有效途径。

第四个选项需要填写的是品牌识别特征，这是一个简单的选项，至少我是这样认为的，如果一个 AE 连客户最基本的品牌管理手册都不了解和熟悉，那么就谈不上能够为客户提供良好的服务。这一个选项，可以放上客户品牌管理手册的核心基本要素（品牌标志、品牌标准字体和品牌标准色彩），以及品牌管理手册中对品牌管理的主要规定。

品牌管理手册

品牌管理手册是品牌策略及识别系统规划成果的书面化，长期而言有助维持企业对内对外塑造一致性的形象。品牌管理手册一般由企业品牌主管部门统一管理。在国际大型企业里面会设置首席品牌执行官，其职责就是管理企业品牌，并和营销部门展开联动，共同提升企业的形象。部分国内的大型企业已经开始意识到品牌管理的重要，开始设置相应的管理机构。这是中国移动“全球通品牌管理手册”的封面。

图 11-8　中国移动“全球通”品牌管理手册

12. 如何填写商品概念单（二）

接下来需要填写的是一个很重要的选项——竞争或者替代品的商品利益。这个选项是针对竞争对手的特征来展开的，需要填写之前深入市场一线，了解竞争对手的商品和消费者对其的看法和观点。这项工作找不到任何捷径，只能自己去深入市场一线。为此，我们整个专案小组在2007年跑遍了整个成都的汽车市场，了解我们客户那款成熟的入门级轿车所面对的两个重要竞争对手的特征，更重要的是，我们专案小组的两个成员几乎在4S店和朋友那里，驾驶了所有能够找到的那两个竞争对手的产品，并在第一时间把驾驶后的感受记录在了随身携带的笔记本上面。

从这一项的填写之中，可以就客户的商品特征和竞争对手的商品特征做一次全面的对比，可以发现客户商品和竞争对手之间的优势和不足，进一步可以检验消费者的需求和客户商品特征之间是否存在有机而必然的联系，也可以检验消费者的需求和竞争对手商品特征之间的联系是不是有机而必然的。在这里我常常会使用一个辅助工具，就是把客户的需求用一个或者几个简单的关键词记录在纸张的左边，然后在纸张的右边分别用一个或者几个关键词记录客户商品特征和竞争对手商品特征的关键词。首先是对比客户商品特征和竞争对手商品特征之间的差异，然后再在消费者需求关键词之间寻求各自的联系。

最后一个选项是一个分析结论的填写选项，作为AE必须深入分析前三个选项之间的必然联系，也就是说需要把对消费者内心需求的洞悉和客户商品利益和支持点、使用时机和特征做一个全面的分析，找到三者之间必然的联系。

2007年的时候，我们深入研究了客户这款成熟型轿车的目标消费者，发现这个群体非常注重实用，期望购买时可以选择典型的实用型轿车。而客户的这款轿车作为公认的入门级产品，一直备受市场和消费者的青睐。我们在同原有车主交谈和沟通中发现，这款轿车的最大特点——历经市场检验、历经环境考验，长时间保持销量冠军，这些凝聚成的成熟和实用，是目标消费者最关注的核心，更是目标消费者购买入门级轿车所关心的特征。

为了印证我们的发现是否正确和符合客观事实，我们更潜心将这个发现结果和竞争对手的商品利益点进行了全面对比，在得到正确的印证之后，我们将最后的总结语言填入了“定位（希望消费者对该商品的认知）”这个选项中：

好东西，总是经得起考验！这是一款经得起市场、时间和环境考验的成熟产品，希望目标消费者在购买入门级轿车的时候，作为首选！

分析阶段到此就暂告一个段落，下面的选项填写基本上都是总结，同样比较重要。

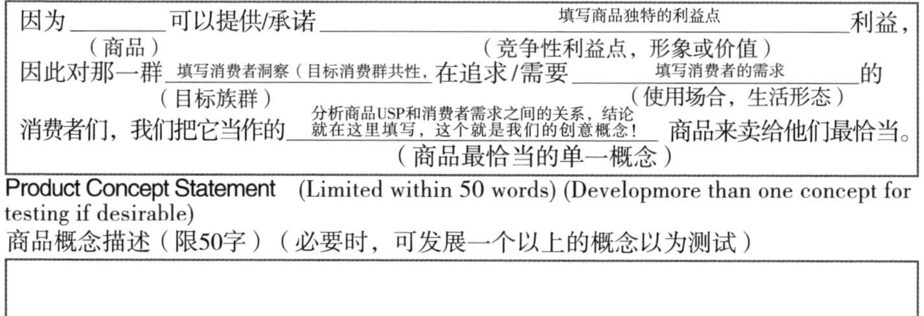

因为______可以提供/承诺______填写商品独特的利益点______利益，
（商品）（竞争性利益点，形象或价值）
因此对那一群 填写消费者洞察（目标消费群共性， 在追求/需要______填写消费者的需求______的
（目标族群）（使用场合，生活形态）
消费者们，我们把它当作的 分析商品USP和消费者需求之间的关系，结论就在这里填写，这个就是我们的创意概念！ 商品来卖给他们最恰当。
（商品最恰当的单一概念）

Product Concept Statement (Limited within 50 words) (Developmore than one concept for testing if desirable)
商品概念描述（限50字）（必要时，可发展一个以上的概念以为测试）

图 11-9 商品创意概念描述

台湾广告人张乐山在其著作《广告武林秘籍》中也提到了相同的方法，尽管前后的文字有一点小小的不一样，但是陈述的顺序是一致的，都强调了找到理想的商品卖点，也是唯一的一个卖点，简单而言，就是把客户的商品当做什么销售给目标消费者。

最后一个选项是将定位转化为创意概念的一个过程，需要做到以下三点：

用不超过 50 个字的语言把商品概念写出来，然后照抄到“创意简报”的“创意概念”一栏中，这是把商品概念转化为创意概念的重要过程！我的建议是不要撰写太多的话语，最好使用一个或者不超过三个的简单关键词汇来表述。

最好的办法是召开一个策略会议，把整个项目小组的人员召集来，大家讨论这样的商品概念是不是符合市场和客户的需要，然后在理解共同认可的商品概念基础上，进行创意会议，共同把这个商品概念转化为创意概念。

在得到创意概念之后，不要着急开始设计，把创意概念简单到容易理解的关键词汇，然后带着这个商品概念和创意概念走出公司去，去问问你的家人和朋友，看看他们的感受和意见，被询问者一定不要是广告行业的！

相信我，这是广告成功的有力法宝。

我曾经无意中在优酷网上看到法国 Total 在 2008 年度投放的一支品牌形象广告片。从第一次观看开始，我就被这支广告深深地迷住了，我实在敬佩这个创作群体，我自问是无法到达他们的专业高度的。

Total（道达尔公司）是全球四大石油化工公司之一，在全球超过 110 个国家开展润滑油业务。2003 年 5 月 7 日全球统一命名为 Total（道达尔），总部设在法国巴黎，旗下由 TOTAL（道达尔）、FINA（菲纳）、ELF（埃尔夫）三个品牌组成。Total 能源的经营范围涉及勘探与生产、天然气与电力、石油炼制和石化等多个领域。

我从来没有接触过能源公司的广告，特别是形象广告，所以我自认如果把这个课题交给我，我不一定能够找到最佳的解决办法，或许我会用一种中国传统的方式，追求所谓的大气，因为这是中国多数客户所喜欢的。但是什么是大气呢？可能不管是客户还是广告公司都无法准确地给出一个标准。

对这支广告的观赏之中，可以发现整支广告没有着眼去表现公司的规模和技术的先进，试想 Total 这么一家全球大型能源公司，要表现公司的规模和技术的先进，是应该易如反掌的，但是整支广告影片没有被铺上这样的调性，没有强调其企业的实力，而是通过展示一个孩子的一天，来反映了 Total 的能源生产和经营和人们的日常生活密切相关。

这支广告的画面用了一个上下结构，每一个广告画面都被分隔成了上下两个小画面。广告一开始，一个小男孩熟睡在床上，而上格的画面则表现了一个 Total 的工作人员正在沙漠上行走，当小男孩醒过来，从床上支起身体的时候，上格画面也显示出工作人员头部特写。我不得不佩服这个广告的创意人员，上下格画面的协调和统一几乎做得天衣无缝，这样做的目的在哪里呢？

让我们看到接下来的画面，小男孩打开淋浴蓬头，上格画面的工作人员也把设在沙漠中的能源设备的开关扭动，下格画面中，淋浴蓬头里面喷出了股股热水，喷洒在小男孩的头上，能源和技术为人类生活服务的寓意表现得淋漓尽致。

在接下来的广告画面中，我们依次可以看到工作人员打开能源设备控制器，小男孩打开了冰箱；海洋研究的直升机就要起飞的时候，小男孩正在奔向去学校的校车；当直升机飞向海洋的时候，小男孩的校车正好经过一个 Total 的加油站；输油管道在山间绵延不绝，校车也正好从隧道出来；

当人类利用风能创造无污染的能源的设备开始转动的时候，小男孩教室里面的吊扇就正好在风能设备的下面，仿佛就是一体的；研究人员把一滴先进能源的元素滴进实验器皿中的时候，小男孩也正好跃入水中。每一个画面的上格和下格丝丝相扣，紧密相连，不断地告诉广告观看者，Total 的经营范围涉及能源的方方面面，而这些方方面面和每一个人的日常生活紧密相联。

广告的最后，小男孩躺在床上看书，画面的上格则是一个 Total 工作人员打着手电筒还在做最后的工作检查，当他关闭手电筒的时候，小男孩也关闭了床灯。这是一个我迄今为止看到的最为精彩的广告，让我回味无穷，本来很有可能被拍摄得枯燥无味的能源广告，竟然被法国同行拍摄得如此有趣。

观看这个广告，我只有一个感触，任何成功的广告都是建立在对消费者的直接承诺的基础之上的，如果你不明白我这句话的含义，那么就请你自己上优酷网，把这个 Total 能源在 2008 年投放的广告，仔仔细细地观看上 50 遍，看完之后，我相信你会明白我所说的。

第十二章　会议管理能力决定沟通效果

1. 会议管理，高效的会议之道

回到了本土广告公司的行列，我最大的感受就是会议特别多，而且特别长。本土的广告企业规模一般不大，人马不多，只有几只三八大盖，怎么看怎么像游击队。不过只要战斗力强，游击队一样具有很强的攻击力。但就是在这样的游击队里面，反倒是会议特别多，会议时间特别长，一天几个会议参加下来，人都被累趴下了。

本土广告企业的会议多集中于两类，一类是策略会议，一类是创意会议。我由于工作的缘故，也参加了不少曾经加盟过的广告企业，或者其他本土广告企业的会议，其特点之明显，特征之突出，实在是令我不得不在此多多介绍一番。

首先是会议容易偏题。会议一开始，是围绕会议的主题进行的，只是往往是一个人在发言，要想引发多数人的发言，总是要花上一点时间的。但是一旦所有与会者的发言积极性被调动了起来，那就可怕了，十有八九会谈到今天的天气，然后可能会过渡到国际局势和国内政治，甚至于会升华到中国人的素质问题，最后谈上了兴致，也许会谈谈如何拯救地球和宇宙。往往这种状况下，很难出现一个能够把大家讨论的话题引回到正题上的意见领袖，于是与会者人人都在天马行空，不时聊出一个精彩段子，逗得与会者是哈哈大笑，在各种各样的笑声中，这个会议也就不知不觉地开了两个多小时。唉，会议主持者只能拍拍手让大家打住：今天会议还是比较有成效，虽然还没有出结果，但是希望大家继续发挥刚才的思考精神，下次会议时候多提建议和意见。

其次是意见难以统一。好歹能够把会议主题断断续续进行下去了，与会者又开始提出自己不同的意见，公说公有理，婆说婆有理，反正我就是坚持我的看法，谁也别想动摇我。要想统一到一个观点或者相近的观点上来，对于所有与会人员而言，实在是一件非常困难的事情，最后还可能把人给得罪了。

造成上述会议现状的原因到底是什么呢？我直言不讳，完全是因为缺乏必要的会议管理手段。其实作为广告从业人员，长期以来一直纠结一个问题，那就是关于理论和实践的问题。但是实践从哪里来？理论又是如何产生的？似乎没有广告从业人员认真地思考过。不管如何争论理论和实践的问题，就会议管理而言，多数本土广告企业不仅缺乏会议管理理论，更缺乏会议管理的技巧，这一切都源于严重缺乏会议管理的观念。

谈论这个问题之前，我必须谈谈关于会议召开时机的问题。我们应该在什么时候召开会议呢？什么时间召开什么样的会议算是合适呢？之前谈到过关于工作流程的安排，其中就指出在整个工作流程当中，包含了“四单两会一条龙”。什么是“四单两会一条龙”呢？我再次解释一下，就是在整个项目运营过程中，AE 需要填写四张表单，召开两个会议，然后完成创作作品的一条龙服务过程。那么这两个会议是什么会议呢？这两个会议分别是策略沟通会议和创意发想会议。

策略沟通会议的根本目的就是需要整个客户专户小组的成员聚集在一起，根据客户的需要讨论整个项目的策略方向，以便指引整个小组的未来工作方向和进程。

创意发想会议，顾名思义，就是围绕之前确定的策略，展开创意的脑力激荡，为设计出符合客户需要的广告表现奠定基础。

这两个会议的顺序是不能够打乱的。我经常看到，许多本土的广告企业，一接到客户的工作指令，二话不说就召开创意会议，讨论不可谓不热烈，商议不可谓不火热，就是到了最后，总是突然有人提出，我们是不是先确定这个创意应该围绕的策略方向呀！于是众人皆哗然，然后散会，准备重新召开策略会议。唉，早知如此，何必当初呢？广告行业里面缺少的不是头脑，缺少的是工作的标准！

那么应该如何保证会议开展的有效和高效呢？

2. 会议流程管理

如果会议仅仅是扯开嗓门，对着所有人大喊一声：“开会了！”这么简单的话，相信这个世界上的很多事情都会变得异常的简单和容易。日本NPO法人国际企划协会理事长、Access Business Consulting股份有限公司的代表八幡纰芦史就专门针对会议管理撰写了一本相当出色的书籍——《轻轻松松开好会》，这本书里面的很多方法都十分实用，同时通过阅读这本书，你可以发现日本人在任何事情方面的执着和敬业。我们常常赞叹日本人做事的严谨和注重细节，其实我们都忽略了一个问题，不仅仅是日本人，很多欧美国家的人，特别是德国人，在任何事情上都是执着和注重细节的，这仅仅是他们的表象，对做事的执着和注重细节都是源于他们善于创造标准。我曾经看过一部关于德国大众企业和长春一汽合作之初艰辛创业的电视连续剧，其中有一个场景令我至今难以忘怀，那就是德国专家组的一名成员，每天上班之初，总是把工具整齐地放在自己的工作区域内，每一件工具都有自己固定的位置。形成反差的是，中国工人们总是把工具用完之后乱扔到身边的工具箱里面，需要的时候又是一阵猛找。而在下班的时候，这名德国专家组成员又是按照一定的流程，把工具一件一件地收回到自己的工具箱里面，依然是位置固定，整整齐齐，一点没有凌乱。和中国工人相比，依然是形成了很大的反差，中国工人的工具只求进入了工具箱，至于整齐与否，没有人去顾及。这是一个痛苦的经历，最终这名德国专家组成员和中国工人之间发生的严重的冲突，导火线就是在工具管理的问题上，德国专家组成员始终认为，要做好工作，首先要有严格的工具管理流程；而中国工人则认为工具永远只是工具，永远只是拿来供给使用者使用的，只要不损坏工具，怎么放又有什么关系呢？

电视剧情节发展到这里，进入了一个高潮阶段。我始终相信现实生活中的德国大众和长春一汽在合作之初，一定存在着这样类似的众多冲突。或许有人会说，这是一个典型的东西方文化冲突。对于这样的说法，我唯一只能说抱歉，我对于所谓的东西方文化了解不多，我只是通过这个电视剧的情节看到了中国人，至少是多数中国人身上所缺乏的一种优点，这种优点恰恰是德国人，或者是日本人所具备的——就是善于创造标准。

中国改革开放已经很多年了，当年发生在德国大众和长春一汽之间的这种冲突，已经被中国人善于学习的精神和行动所渐渐冲淡，当我走进长春一汽成都分公司大门的那一刻开始，我就可以感受到长春一汽在德国人严谨工作态度和作风影响下的巨大改变。

作为营销中心的主管戴经理在接到我们准备正式提案的电话通知之后，首先是去公司内部确定了有关的会议参与者，然后根据各个会议参与者的时间安排，确定了提案会议的暂定时间。这是一个很完善的流程，它保证了与会议有关人员的到场，避免了因为时间安排可能产生的冲突。

然后戴经理以书面传真的方式，告知我们提案会议的时间和地点，并清楚地标示了作为长春一汽成都分公司内部即将参与提案会议的人员。同时他在会议通知单上也特别提醒，作为广告公司的我们应该及时准备好相关的资料，以备与会的客户人员能够人手一份。

面对这样的会议管理流程，作为广告企业中的一员，我们是不是应该认真检讨一下自我的会议管理呢？我们匆匆忙忙地召开会议，又在匆匆忙忙之中结束会议，有没有认真思考过，应该怎样来保证会议的有效性和高效性呢？

我把会议分为了三个阶段：会议准备阶段、会议执行阶段和会议结论阶段。

会议准备阶段就是需要明确会议的主要目的和议题，并且围绕议题准备有关的会议背景材料，保证会议背景材料能够随着会议通知单下达到每一个即将参与会议的人员手中。

会议执行阶段，就是在规定的时间和地点召开会议。会议开始之时，应该由主持人明确说明今天会议的议题，并再次将会议背景材料简略地描述一遍，然后再次提醒本次会议的议题。这个时间不要花费太多，要把更多的时间留在会议议题的讨论和商榷上面。会议主持者一定要严格把握会议时间，控制讨论者的话题和方向，任何偏题、跑题的言语应该及时引导回到正确议题上来，或者强行制止，以便提高会议的效率。

最后一个阶段就是会议结论阶段。任何会议都必须召开得有意义和目的，也就是针对议题要得到相应的结论，同时要在会后把这个结论形成总结报告，发送到每一个参与会议的人员手中。

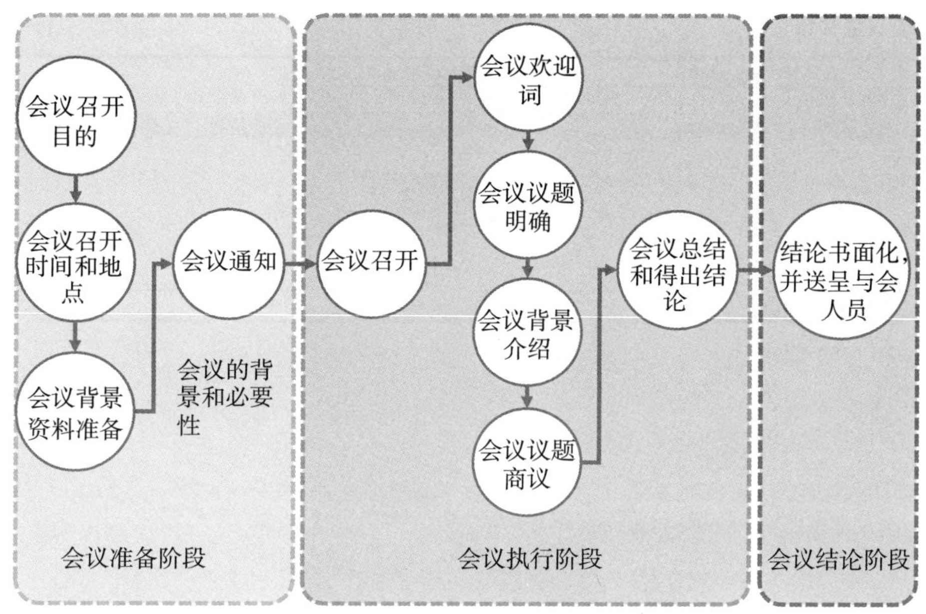

图 12–1　会议召开流程图

3. 会议通知和会议记录的下达和抄送

会议信息的送达是会议成功和高效的保证。很多本土广告企业所召开的会议，以临时性质居多，导致很多与会者是满脸糊涂，带着一头雾水参与到整个会议之中，在这样的情况下，根本谈不上跟随会议的节拍进行思考，更不能发表自我的意见和建议了。因此，下达会议通知成了至关重要的环节。

这还仅仅是公司内部的会议，要是和客户进行有关会议呢？如果没有会议通知单，客户会随叫随到地参与会议吗？答案是很明显的，作为广告企业的我们根本不可能马上把客户叫到会议现场；不仅如此，因为没有事先通知，我们很有可能还会被客户狠狠地批评一顿。试想这样的结局会有谁愿意看到呢？根本原因都是因为我们没有在第一时间发出会议通知。

会议通知单

会议时间Meeting Date：		会议地点Meeting Location：	
公司 Agency		客户 Client:	
会议参加人员 Attendants:			记录抄送 CC：
会议主题 Subject:			

主持人 Compere

会议长度 Timespan

会议准备资料 Prepare Materials

会议议程 Agenda：

报告人 Reported：　　　　客户确认 Confirmed By：
日期 Date：　　　　日期 Date：

注意：如果对此份会议记录有任何疑义，请在收到此份记录后的一个工作日内，与记录报告人联系。如无疑义，此份记录将视作客户与本公司之间达成的确认凭据。

图 12–2　会议通知单

这是一张典型的会议通知单，不管是广告企业内部还是外部，它是进行有效沟通的基本工作之一的体现；对于给客户发送的会议通知单，需要通过书面和电话的形式与客户主要负责人员进行确认。

会议通知单的撰写必须遵循 5W1H 原则：

Who（参加会议的人员是哪些？他们的职务分别是什么？）

Where（会议地点在哪里？应该怎样安排座次？是不是需要附上座位图？）

When（会议时间是什么时候？我们必须什么时间到场？客户需要什么时间到场？）

What（会议主题是什么？这样的议题存在什么样的重要性？）

What（在会议议题指导下，有哪些是需要确认的事项？这些事项涉及的下一步工作有哪些？）

How To（会议流程是怎么样的？会议由谁主持？讨论的时间大约是多长？）

会议通知单发出之后，在广告企业内部也要及时和即将参与会议的人员进行沟通和确认；而对于客户，一定记住在出发前1个小时，应再次以电话形式和客户确认会议是否能正常、如期地召开，如果可以，就安排及时出发；如果不可以，应该及时和客户重新约定会议时间，并第一时间通知其他将要参与会议的同事。

会议通知单的填写分为两个部分，第一个部分是基础资料，主要是填写参与会议的企业和人员资料，以及会议时间和地点，当然还有最重要的会议议题。

第二个部分就是会议的主要内容，它的详细填写方式请参见图12-3。

会议记录单

会议时间Meeting Date：		会议地点Meeting Location：	
公司Agency：		客户Client：	
会议参加人员Attendants：			记录抄送CC.：
会议主题Subject：			

会议议程Agenda：

下一步Next step：	执行者Action：	重要日期Key Date：

报告人Reported：客户确认Confirmed By：

日期Date：日期Date：

注意：如果对此份会议记录有任何疑义，请在收到此份记录后的一个工作日内，与记录报告人联系。如无疑义，此份记录将视作客户与本公司之间达成的确认凭据。

图12-3　会议通知单填写方法

会议记录是一项很重要的工作。本土广告企业对此相当的不重视，很多时候召开的会没有任何记录，以至于后面突然想起要寻找这些会议资料的时候，大家一致茫然，谁也想不起这个会议是什么时间在什么地方召开的？会议究竟谈论了一些什么？这些信息统统都没有，特别是客户询问的时候，总是以“大约”“可能”等含糊的词汇拼命回忆着。事实上，很多时候客户对我们的不信任，就是从这些细微的小细节中产生的。广告公司一直讲求所谓的专业，但是严格来说，注重细节也是我们专业实力的体现要素之一，也是最为重要的要素之一，我们作为广告从业人员，却总是忽略掉，这不能不说是一件十分遗憾的事情。

会议记录单

会议议程 Agenda:		会议地点Meeting Location:	
会议时间Meeting Date:		客户 Client:	
公司 Agency:			
会议参加人员 Attendants:			记录抄送 CC:

会议主题 Subject:

下一步Next step:	执行者 Action:	重要日期 Key Date:

报告人 Reported：　　　　客户确认 Confirmed By：
日期 Date：　　　　　　　日期 Date：

注意：如果对此份会议记录有任何疑义，请在收到此份记录后的一个工作日内，与记录报告人联系。如无疑义，此份记录将视作客户与本公司之间达成的确认凭据。

图 12-4　会议记录单

会议记录单和会议通知单格式是基本一样的，只是填写的内容会有所变化，因此在准备会议通知单的时候就可以把会议记录单一起准备完善，这样就可以提高工作效率，在第一时间把会议记录整理汇总到会议记录单上面了，也就保证了第一时间把会议记录抄送到各个与会人员的手中。

当我还在深圳工作的时候，日本人总是要求我们在会议召开之后的 24 个小时，也就是 8 个工作小时之内，把会议记录抄送给自己的客户、上司和与会者，他们一直认为，超过了这个时间，也就是超过了客户的有效期待时间，会给客户带来不良的印象。

会议记录单的填写同样分为两个部分，第一个部分和会议通知单一模一样，都是基础资料的填写。

会议记录单

会议时间 Meetomg Dete:	填写会议时间	会议地点 Meeting Locotion:	填写会议召开的地点
公司 Agency:	填写广告公司名称	客户 Client:	填写客户企业名称
会议参加人员 Attendants:			记录抄送 CC：填写会议通知单需要抄送的领导和协助部门人员
填写参加会议的双方人员			
会议主题 Subject:	填写本次会议的主题		

图 12-5　会议记录单填写方法（一）

第二部分是填写会议执行的内容，包含会议是由谁主持的，会议的流程是怎样进行的，讨论进行时的主要发言和意见，以及最重要的内容：会议得到的结论和所安排的下一步工作。

会议议程 Agenda：

填写会议的进展状况和主要议题：

1. 会议时间
2. 会议地点
3. 会议主持人
4. 会议主要议题（包含要解决的事项和问题）
5. 会议流程
6. 会议讨论的发言人极其主要发言论点
7. 会议结论（包含需要解决的事项和问题的解决方案和下一步行动安排）

下一步 Next step：	执行者 Action：	重要日期 Key Date：

报告人 Reported：填写会议组织人姓名。	客户确认 Confirmed By：客户收到会议记录单之后在此签字确认通知到位。
日期 Date：	日期 Date：

注意：如果对此份会议记录有任何疑义，请在收到此份记录后的一个工作日内，与记录报告人联系。如无疑义，此份记录将视作客户与本公司之间达成的确认凭据。

图 12-6　会议记录单填写方法（二）

4. 利用会议管理广告企业

广告企业的会议往往包含两类，一类是行政会议，一类是项目会议。项目会议包含策略沟通会议和创意发想会议，之前我们已经谈到了不少，下面我们谈谈广告企业的另外一个重要会议类型——行政会议。

广告企业的行政会议，应该包含周例会和月度例会，这两个会议都是广告企业对于行政管理和员工管理的重要会议。营业 AE 最常见的会议也是这两个，可以说，这两种会议已经成为营业部和 AE 的例行工作。

周例会和月度例会召开的时间根据每个企业的特征而不同。还记得在深圳的时候，公司规定的周例会的时间是每周一上午 9:30 召开营业部例会，因为往往这个时候，在我们隔壁的科健市场部也正在召开周例会，也就是说，往往在周一上午，营业部的办公室不会接到客户的一个电话，这个时间段召开会议是最恰当的。

公司的整个办公间设计成开放式隔断办公场所，除了总经理办公室和会议室，因此会议的地点绝对是设立在会议室，往往这个时候，来自台湾的营业群总监王露华会召集营业一部和营业二部的所有人员齐聚会议室。我依然记得当时服务中国联通的营业二部总监席小青是一个很干练的女性，她始终说着一口标准的京腔，但是她本人又不是地道的北京人。她的笔记本上总是密密麻麻地写满了字，每一次例会，她作为总监，总是能够把公司上周服务中国联通的各项工作叙述得相当仔细，我最欣赏她的一点，就是任何叙述都深具逻辑性，内容或许有点多，但是绝对不会让听者感觉晕头转向。

一般来说，周例会也好，月度例会也好，不外乎涉及以下几项内容。

本周或者本月的工作进度，以及有关工作的总结，要把其中的得失真实地反映出来，这样做的好处在于，小组与小组之间，小组与公司之间，都能够清楚地了解项目的进展，公司也有利于协调各个小组之间的专业力量，保证项目的顺利进行。不要忘记了，虽然不同的项目是不同的小组服务，但是所有小组工作的目的都是为了企业盈利，因此专业力量在小组之间的协调和调动是必要的。

本周或者本月待解决的工作和需要协调的问题。这是项目服务过程中常常遇到的情况，作为任何一个项目小组都必须正视这样的问题，自己小组内能够解决的，要在会议上陈述解决的办法和原则；如果仅靠本小组难以解决的，应该及时向公司高层提出，以便协调相关力量来找到解决办法。作为AE，一定要记住一个原则：出现问题不是最可怕的，最可怕的是不能找到解决问题的办法。

对本周或者本月工作不足的总结。人最怕的是不会反省和总结，AE需要特别关注这一点。对于自己在一个时间段的工作不能进行总结和反省的AE，往往在项目服务过程中，遇到问题的时候，会显得异常的不知所措。我曾经遇到一个年轻的AE，在服务一个乳业企业客户的时候，遇到了一个问题，她安排制作小组为客户制作和安装一个卖场的促销设施，在电话沟通的时候因为是直接说卖场名称，由于一字之差，竟然把卖场搞错了，把本来在某百货公司一店安装的设施，错误地安装到了这家百货公司的二店去了。客户当时就勃然大怒，严厉地批评了这个AE，而这个AE唯一能够做的，竟然是趴在桌上大哭起来。我想，如果对自己的工作有足够的审视的话，作为AE的她就应该想到对这上百个卖场做一个数字编号，或许就可以避免在电话沟通时，直呼卖场简称，而导致出现了最终的错误。

对本职工作的建议和反省。这是完全对个人工作的一个反省，在这个环节，可以把对公司的建议和对本职工作的思考，统统地讲出来。我时常要求我的同事在每周的工作周报上写下一个对自己发展有帮助的小目标，我会要求他在下周的工作中坚持做到这个小目标，并在下周的工作总结中反省自己，是不是已经做到了？如果做到了，成功的经验在哪里？如果没有做到，是什么原因导致了自己不能做到？

我在办公室的墙上悬挂了一个标语：每天进步一点，每周前进一步！我希望我的同事能够不断地对自己的工作和人生都进行思考，因为人参与一项工作，仅仅是为了钱的话，可以这样说，他的人生会黯然失色，他的工作将毫无激情可言。在不断的思考中，这样的员工也会渐渐养成和企业同呼吸共命运的习惯，他会为了自身的需要，来思考企业的哪些地方还需要改善，就会自然地为企业的发展提出自我的建议，不管这样的建议是不是适合企业，但是只要能够为企业的发展来思考，这样的员工，企业还不值得拥有吗？

周例会和月度例会的时间，一般最好在40分钟内完成，以保证会议效率，当然特别情况除外。会议时间不要过长，人的精力毕竟是有限的，时间过长的会议最终导致的是与会者的严重身心疲惫。所以会议主持人一定要严格控制会议，抓紧时间处理当下的议题，不要出现偏题和跑题的议论。最好的办法就是在会议开始的时候，会议主持人指定一名“会议计时员”，专门负责时间的管理，随时提醒与会者会议时间的重要和消耗，保证整个会议的紧凑性。

第十三章 提案和演讲，征服客户的有利工具

1. 演讲的力量

说到提案，这应该是广告从业人员的职业生涯中，最不可缺少的工作了。我个人认为一个广告企业，有三分之一的时间都是在提案，为了获得客户和项目而提案，为了广告策略获得认可而提案，为了作品能够顺利出街而提案。2010年的时候，我的一位朋友给我介绍了一个客户，这个客户准备在四川生产一种清香型白酒，并且注册了一个在四川相当出名的品牌名字——跟斗酒。

我和几个同事花了一个多星期的时间来准备整个提案，在多次的演练之后，我和一个公司年轻的AE在约定好的时间来到了客户的办公室。我们被邀请到一个临时的办公室里面小坐，接待人员告诉我们，今天下午三家广告公司都集中一起提案，我们这家广告公司被安排在了最后。

接过接待小姐递过来的茶水之后，我只能安静地等待。很快第一家广告公司被客户请到总经理办公室去开始提案了，我实在百无聊赖，唯一可以做的事情，就是把客户放在茶几上的几十个小包装酒瓶翻来覆去的把玩在手中。很明显这是客户为了自己产品上市所做的市场研究工作，于是我也仔细地看了每一个酒瓶和包装。

坐在我右手边的是一个穿西装打领带的男子，我猜测他的年纪应该是大约33岁，看到我把玩这些酒瓶，他用四川话问道："兄弟，你也是广告公司的？"我礼节性地回答他："是的。"看到我回答，他于是接着询问我："什么时间提案？"我告诉他我们应该是在最后一家为客户提案，他点了点头，告诉我："你们应该是在我的后面。"

说完这句话之后，他很骄傲地和我交换了名片，他所在的广告公司在成都名气不小，我刚回到成都的时候就已经听说过了。"你干了几年广告

了？”他很骄傲地望着我，继续询问：“我看你的样子应该没有我大吧！”我微笑着回答他：“你应该比我大，你应该比我大。”说话间，接待人员已经过来邀请这位男子前往总经理室提案。

他的提案大约在 10 分钟之后就结束了，从客户总经理室出来的他完全没有了之前的高傲气质，满脸涨得通红，提着自己的手提电脑，怒气冲冲地走进临时办公室，一边走一边怒骂：“你们这个总经理太没有水准了！什么人嘛！我的提案才刚刚开始，就打断我的提案，说我的东西太宏观了，他不需要宏观的东西，而要实实在在可以执行的方案！我不给你讲政策，你知道怎么运作酒产品吗？况且你还没有给钱，我肯定只能给你宏观的东西了！什么总经理嘛，一点没有水平！”客户的接待人员在他身后微笑着劝慰着这名男子，一直到他拿上自己留在临时办公室的外套，依然怒气不减地走向电梯。

如果我是客户，我想我也会毫不客气地打断这样的广告提案。任何提案都必须清晰地展现自己公司的实力，这就需要我们对自己公司的优势有很明确的了解和把握。上面的这位仁兄就是忽视了这一点，一来就给客户讲市场宏观局面，这不是客户所关心的内容，如果你在提案的过程中不能一语中的地陈述自我的优势和能够带给客户的好处，没有任何客户会关注到你的，被客户打断并结束提案就成为十分正常的事情了。

美国作家卡迈恩·加洛在其著作《乔布斯的魔力演讲》里面曾经介绍过一个经典案例：“9 月的某一周，技术博客 TeehChunch 主办的第三届 TeehChunch50 创业大会在美国旧金山拉开帷幕。……技术博客 TeehChunch 的组织者认为 8 分钟是最理想的沟通时间。如果你不能在 8 分钟内把你的想法表述清楚，那么他们就很容易得出结论：你的想法还需要改进。”

8 分钟说清楚自己的优势，作为广告公司，你可以做到吗？如果你对你自己都不是很了解，我想你做到的可能性不大。那么应该如何做到深入了解自我这一点呢？

2. 提案前的自我审视

孙子兵法有云：“知己知彼百战不殆！”我在这里想给予大家一个非常实用的工具，以便大家在提案之前有效审视自己的优势和不足，正确发现竞争对手的优点和缺点，针对客户的需要，展示企业本身的真正实力。

这是一张提案之前的策略审视表，虽然标题写的是“比稿策略思考”，但是针对不用比稿的提案，也是一样的实用。

目标：（提案后，你想让客户留下的是什么样的印象？是有策略思维？有创意？还是有整合能力？）
现状：（目前的人员、专业状态，确认自己的优势）
比稿对手：（竞争对手分析，确认自己的差异点和机会点在哪里？）
提案对象：（谁会购买我们的提案，他们的喜好及需求是什么？是解决问题？还是看思维？看创意？）
我们的必杀技：（我们提案的卖点是什么？）
提案前客户的期望：
提案后让客户可以感受的：
目前必须要做的工作：
以下为比稿时间安排表：

图 13-1　提案策略单

这张表格包含了以下的内容，通过详细填写以下的项目答案，作为AE的你就可以清楚地了解自己提案优势，更明白客户的需求在哪里，更能够一针见血地有效展示企业的专业实力。

目标（提案后，你想让客户留下的是什么样的印象？是有策略思维？有创意？还是有整合能力？）：这是一个很关键的问题，也是提案期望达成的目标。其实说白了，这一点就是奥美“九阴真经”里面的A点和B点，提案前客户可能会对我们有什么样的认知和看法？通过本次提案，我们是延续这样的认知和看法？还是让客户看到一个全新的我们？

广告公司很少有人去关注自己企业的核心竞争力，这和多数广告企业经营者一直深陷广告行业有关系，在和别的企业大谈核心竞争力的时候，往往会忽略反省一下自己是不是也有核心竞争力。

现状（目前的人员、专业状态，确认自己的优势）：在确定给予客户什么样的核心竞争力之后，就要以这个核心竞争力为圆心，从人员和专业素质等各个能够落地的方面来展现自我企业的优势，特别是团队和专业方面的独特点，这是客户非常关心的一个方面。

比稿对手（竞争对手分析，确认自己的差异点和机会点在哪里？）：如果本次提案不是比稿的话，这一点就不用填写。某些地方的广告行业最不好的一个习惯，就是一说到其他广告同行，先贬低了再说。试问，有这个必要吗？孙子兵法不是也教诲我们，在竞争中要知彼吗？所以，存在必然是合理的，人家能够存在，就必然有他过人或者与众不同的地方，我们还是先想想别人的长处吧。学习和借鉴，永远是成长的契机！

提案对象（谁会购买我们的提案，他们的喜好及需求是什么？是解决问题？还是看思维？看创意？）：了解和熟悉客户永远不会错，那就把你了解到的客户资料和哪些职位、级别的人参与本次提案，谁是关键决策者都填写在这里吧，顺便写上他们的爱好和需求，这是孙子兵法中谈及知彼的重要环节，千万不要忽视了！

我们的必杀技（我们提案的卖点是什么？）：只要是企业，就有产品，不管这个产品是实体存在的，还是以脑力服务形式存在的，都必然存在独特的优势点，这个优势点必须是和竞争对手形成差异的，更是企业广告宣传的核心所在。回忆前面我谈到的，你能在 8 分钟之内说出你所在广告公司的优点吗？独特的优点，只能是一个让人记忆深刻的独特销售主张！这里是体现我们广告企业自己 USP 的地方，好了！你找到了你所在公司的 USP 了吗？

提案前客户的期望：给客户打一个电话，约好时间，亲自走到客户的办公室，很诚恳地向客户展开询问，客户会相当乐意告诉你的。除非提案之前你和客户连交流都没有，那我就请上帝来保佑你吧！

提案后让客户可以感受的：看看你之前填写的目标，不要产生前后矛盾！这是我能够给你的第一个忠告，如果你只是抱着随便的态度填写这一个选项，我敢保证你的提案绝对失败，因为这个选项将百分之百地体现你想达成的提案目标，根据这个目标，你才能确定你需要在客户面前展示公司的何种专业实力？是骄人的成绩？还是严谨的工作流程？抑或者是强大的品牌管理能力？我再次恳请作为 AE 的你认真对待这一个选项！

目前必须要做的工作：提案（特别是品牌的年度提案）不是一个人的事情，除非你是超人中的超人，那么恭喜你，你的任务不是在广告上面，而是保卫宇宙的和平！

合理的工作分配是提案成功的关键，往往客户希望的提案时间是很紧的，没有团队的配合是不足以成就优秀的提案的。最后你需要做的就是制作一张提案时间进度表，没有忘记甘特图是怎么样制作的吧？如果你还没有完全学会，就继续把甘特图学习透彻吧，那是一个非常有效的时间管理和工作分配工具。

下面是一张提案前的自我审视说明表，希望能够通过这个案例，给予大家一定的启示，也能够帮助大家熟练地掌握这个工具。

目标：（提案后，你想让客户留下的是什么样的印象？是有策略思维？有创意？还是有整合能力？）

赢得客户是我们的最终目的，百佳是来自香港的品牌，在没有进入成都之前，已经具有一定的知名度（至少在业界），与其他进入成都的外资百货零售企业一样，注重品牌的整体建设，所以通过本次提案，要让百佳认识到黑弧广告的整合品牌规划能力！

现状：（目前的人员、专业状态，确认自己的优势？）

百佳刚刚进入成都市场，而成都作为历来商业发达的城市，其量贩店的竞争是非常激烈的，所以百佳需要一家了解和深谙当地市场的广告企业进行整体品牌的贴身服务；
多数管理人员来自家乐福，整体专业能力强悍，具有不一样的热情；
从我们的竞争对手来看，成都广告企业多数重在执行和单一的媒体经营方面，真正具备策略性规划能力的广告企业不是很多；
百佳在本年度和下一年度，期望可以在成都站稳脚跟，有效扩张，面对劲敌家乐福，以及好又多和欧尚等企业的激烈竞争，百佳最重要的工作就是如何寻找到准确的卖点，吸引目标消费群体；

比稿对手：（竞争对手分析，确认自己的差异点和机会点在哪里？）

瑞狮广告：是成都市发展较快的广告公司，由原来的麦肯光明成都部分人员创建，是成都市为数不多的坚持专业建设的广告企业，目前成都公司负责人为吴海波和汪洁，强项是市场分析和策略建设；他们属于综合性广告企业，长期服务快速消费品，截至目前没有真正服务过商业零售企业；
三七广告：是一家长期从事房地产广告服务的企业，在房地产行业小有名气，设计是他们的长处，缺乏服务商业零售企业的经验，参与百佳的比稿，说明他们也正在积极寻找和创造机会，让公司有一定的转型；
黑弧广告
●差异点：拥有服务家乐福经验的人员，以及商业零售业界工作人员；汇集深蓉两地的精英人员；
●机会点：来自深圳，熟悉百佳在广深经营之现状；在成都多年，对当地市场有较好的了解；

提案对象：（谁会购买我们的提案，他们的喜好，他们的需求是什么，是解决问题？还是看思维？看创意？）

百佳中区主管、百佳成都店主管、百佳成都店贩促部门
从百佳的比稿邀请来看，他们注重的是两个环节：开业规划和长期服务的能力；
●在开业规划方面，百佳贩促部门的反映是重在创意，兼具以创意为基础的解决问题的综合能力；
●在长期服务的能力方面，百佳重在创意和价格，很明显，他们需要服务好创意好，而支付成本又不高的广告企业；
成都店目前的主管为女性，来自广州，是百货行业的老将，特点是常常深入卖场一线，注重消费者的感受；

黑弧必杀技：（我们提案的卖点是什么？）

拥有熟悉百货零售业的工作人员，项目小组的配置上面，能够保证提出完善的整体解决策略，并以此发展良好的创意；

提案前客户的期望：

寻找一家熟悉成都市场，可以长期贴身服务的广告企业；

提案后让客户可以感受的：

黑弧广告具有热情和专业，是值得长期合作，共同成长的伙伴型企业；

目前必须要做的工作：

竞争市场的调查：
1.各个量贩店的广告品；
2.各个量贩店独特的销售主张，以及他们的Logo和Slogan；
3.各个量贩店的商圈影响力和辐射区域；
4.各个量贩店的特色点在哪里？
消费者洞察：
1.成都女性消费者购物的习惯；
2.成都女性消费者如何看待购物场合；
3.成都女性消费者选择购物场合的因素是什么？
4.成都女性消费者如何看待购物企业的广告宣传？
5.成都女性消费者对待促销活动的观点和态度？
6.成都女性消费者如何参与促销活动？
需要确认的主题和项目信息：
1.百佳进入成都市场的目的在哪里？
2.百佳进行成都市场最大的优势在哪里？
3.为什么百佳进入成都市场同时开两个店，战略意义是什么？
4.百佳为什么以女性购物者为主？
5.百佳做为香港百贸业的名牌，在成都会利用这个优势进行宣传推广吗？
6.百佳提倡“做减法，不做加法”，对此百佳员工是如何理解其中含义和在行为上践行此原则的呢？

图 13–2　自我审视说明表

	项目/日期		执行方	2005年6月																					
				1	2	3	4	5	6	7	8	9	10	11	12	13	14	15	16	17	18	19	20	21	22
1	消费者行为研究	百货业消费群体细分	黑弧广告	■																					
		百货业市场状况	黑弧广告		■																				
		主要竞争对手确认	黑弧广告/百佳	■																					
		竞品资料收集	黑弧广告	■																					
		FGD	黑弧广告			■			■																
		企业内部访谈/产品资料收集	黑弧广告/百佳			■																			
2	品牌策略分析	现有市场发展状况资讯分析	黑弧广告/百佳						■																
		竞争品牌状况资讯分析	黑弧广告						■																
		竞争品牌品牌力分析	黑弧广告						■																
		企业访谈资料整理分析	黑弧广告						■																
		企业现有品牌力分析	黑弧广告						■																
		研究调研结果、梳理策略方向	黑弧广告						■																
3	品牌策略形成	品牌策略方向性研讨	黑弧广告							■															
		品牌形象核心确定及概念提炼	黑弧广告							■															
		品牌形象定位及内涵与外延	黑弧广告							■															
		形成品牌形象传播核心	黑弧广告							■															
4	创意策略及执行	品牌形象传播概念提炼	黑弧广告								■														
		创意会议	黑弧广告								■														
		主画面设计	黑弧广告								■	■	■	■	■										
		延展创意设计	黑弧广告								■	■	■	■	■										
		促销活动物料设计	黑弧广告												■										
5	汇总提案阶段	提案汇总	黑弧广告													■									
		第一次内审	黑弧广告													■									
		意见整理	黑弧广告													■									
		修改提案	黑弧广告													■									
		第二次内审	黑弧广告														■								
		与客户约定提案时间	黑弧广告														■								
6	正式提案及后续跟踪		黑弧广告															■	■	■	■	■	■	■	■

图 13-3　工作安排进度表

3. 选择怎样的提案方式

提案是一个动态的过程，它是通过极具现场感的表演，与客户达成一种思想上的互动，说服客户接受某种想法或观点。我一直敬佩一个演讲大师，他的提案和演讲总是充满了无穷的魅力，一次又一次地震撼着台下听众的心灵，狂热的听众一次又一次地被他的激情所感染，一次又一次地爆发出热烈的掌声和欢呼声！他是谁？

大家认识照片上的这个人吗？如果不认识这个人，那么位于照片右边的那个斗大的标志应该认识吧，不错，这个演讲大师就是来自 Apple 的 Steve Jobs，一个具有狂热创新激情的沟通大师。

我的英语水平并不足以让我听懂英语对话，但是当我每次点击土豆网上面 Steve Jobs 的演讲，都能够被他的激情所感染。我通过电脑屏幕也能够感受到 Steve Jobs 那富有魅力的演讲魔力！我一直在思考一个问题：为什么 Steve Jobs 的演讲总是如此精彩，以至于每一年的 MacWorld 大会上的主题演讲，都吸引了众多的听众，成为了名震世界的“史蒂夫简报”。

卡迈恩·加洛在《乔布斯的魔力演讲》一书中做了精辟的分析和总结，他形容聆听 Steve Jobs 的主题演讲就好像“拥有一次不同寻常的体验”。为什么 Steve Jobs 的演讲能够做到这一点呢？我举一个关于 Steve Jobs 推荐产品的重要例子。

Apple 在 2001 年 10 月推出了 iPod 这个重要的 MP3 产品。ipod 的重量不到 0.19 千克，但是容量空间却达到了 5GB，对于 2001 年来说，这是一个方便好用的产品。但是对于不太了解电脑硬件知识的普通消费者来说，GB 是一个什么单位？对于消费者来说意味着什么？

10 月 23 日，当 Steve Jobs 公布这个产品的时候，他并没有把 GB 这种专业术语放在他的演讲词汇当中，“他只是简单地说：‘iPod 播放器，能够把 1000 首歌曲放进你的口袋里。’”这句话实在太经典了，一语中的地指出了 iPod 这个全新产品的优点，让众多的消费者一下子就明白了 5GB 能够带给他们的好处。

这句经典的语言，在后来的各种新闻报道中反复出现，越来越多的消费者认识了 iPod 这个产品。Steve Jobs 并没有把生硬的专业术语强加给消费者，他是以一个消费者感知的角度来解释产品的优点，简单、直接，是每一个消费者都能够理解和体验到的。

把生硬的专业术语转化为消费者可以理解和体验的具象比喻，这是我从 Steve Jobs 的魔力演讲中学习到的第一个重要原则。但是在现实之中，太多的广告人忘记了这一点，不仅在给客户提案的时候大谈广告术语，更在广告宣传中写出了“容积率能达到 5%”的广告语。这个广告公司的创作小组，还真的以为在中国人人都是建筑专业毕业的，可以轻易知道什么是容积率。

这是一张让我记忆深刻的照片，我终于明白为什么 Steve Jobs 的演讲始终富有感染力，而 Apple 公司的产品为什么总是走在了创新的前列。

始终从听众的角度出发来组织演讲，这是我从这张照片里面看到的第一个感想，也印证了我从 Steve Jobs 身上感受到的第一个重要原则。而第二个重要原则也是从这个照片上感受到的，Steve Jobs 演讲使用的 PPT 总是相当的简洁，几乎已经达到了惜字如金的地步，相比较之下，那些密密麻麻堆满了文字的 PPT，显然无法让人在第一时间抓住重点。合上本书吧，给自己 10 分钟的时间，去打开自己的电脑，随便点开一个 PPT，看看你是不是也把众多的文字密密麻麻地挤在一个页面上呢？ PPT 的页面一定要返璞归真，文字尽量抓住重点，简单明了，多用画面，这就是演讲的第二个重要原则！

我们始终需要牢记的是，演讲的关键在于言语和画面的有机结合，缺一不可，只有当二者有机地形成一个整体的时候，我们的演讲才能够发挥最大的魅力，来征服台下的听众。其实这个道理和广告设计的道理是一模一样的，只有当创意画面和广告标题有机结合在一起的时候，广告才能真正发挥促动目标消费者心弦的传播作用。

4. 如何制作满足提案需要的 PPT 模板

一天，我的一位朋友在他的电脑上给我演示了一个 PPT，这是一个房地产广告公司为客户制作的提案书，里面的页面制作得非常炫，大量地使用了各种动画特技效果。我的朋友对于这样的 PPT 一直赞不绝口，如果从动画应用的角度而言，我承认它是一个非常不错的 PPT，但是从 PPT 本身设计的角度和实用的角度出发，我不会认可这样的 PPT。

事实上，太多的广告企业工作人员在设计制作 PPT 的时候，都严重忽略排版上的一致性和统一性。多数广告人都必须要接触到企业形象识别（CIS），其中就包含了一个非常重要的部分，视觉识别系统（VIS），这个系统严格要求企业的任何文件都必须保持视觉上的统一，比如标志的摆放位置，标志的使用规范，文件整体页面的设计，文字字体以及文字字号的规范等，同样的道理，在 PPT 的规划设计当中也面临这样的问题。

PowerPoint 2010 是一个更加智能化和具有强大功能的新版本，使用上更加人性化。打开该软件，点击工具导航栏上面的“视图”菜单，在出现的界面里面选择“幻灯片母版”选项，这是开始规范幻灯片统一排版的第一步。

点击“幻灯片母版”之后，整个页面会调整到幻灯片母版的工作区域。在母版设计区域的左边，大家可以看到导航小页面，在这里可以选择 PPT 母版的各种类型。大家可以看到只有一个稍微大一点的页面，这是一个 PPT 内页总页面，设计好这个页面就可以让第三页之后的所有内页页面保持统一的视觉效果。

在这个稍微大一点的页面之下，是标题页面，这个页面是专门做标题用的，因此在设计上建议和内页有所区分，这样比较有利于阅读。

PPT 母版设计需要注意两个方面，一方面是视觉上的统一，这个可以参照自己公司的视觉识别系统来进行，只要符合视觉识别系统的要求和管理规范，应该不会出太大的视觉差异；第二个需要注意的方面就是文字，这是制作 PPT 的广告公司工作人员时常忽视的一个很重要的方面。我时常看到一些广告公司撰写的 PPT 文件，各个页面中不仅字号大小不统一，字体也是严重不一致，一会儿使用宋体，一会儿使用黑体，一会儿使用楷体，简直是字体万国大会。不知道制作这样 PPT 的广告工作人员，有没有仔细考虑过，这样的 PPT 能够代表你们广告公司的专业实力吗？能够让客户赏心悦目吗？

大家可以去看看微软公司的 PPT 专用母版，画面设计相当的统一，内页统一使用了的色彩和扁平化图形放置在页面适当的位置，整个页面显得干净整齐，非常大气。微软作为产品品牌标志统一放置在页面的显眼位置。内页的总页面上，设计者并没有专门安排文字规范的设计，这样可以促使第三页开始的内页设计可以有不同的变化。

PPT 内页页面统一设定为一种字体，其中标题设置为整体字体可以加粗，并统一放置，字号统一设置为统一规格的字体，而内文字体一级到第五级则统一也必须设置为一种字体，字体规格较之标题可以相对缩小，为了美观把各级字体之间的行间距离调整成了 1.5。

那么在哪里可以调整字体的行间距离呢？先选择需要调整字体行间距离的文字框，然后请点击“开始”菜单，在出现的界面里选择字体行间距离调节按钮，接着会出现一个下拉式的菜单，菜单上面分别写着“1.0　1.5　2.0　2.5　3.0　行距选项(L)”,在这里你就可以自由选择字体的行间距离了。根据我制作 PPT 的经验来看，一般选择 1.5 的行间距离是最合适的，当然你也可以根据自己的需要去调整。

中国移动 G3 专用 PPT 母版的标题页设计得和内页完全不一样，但是保持了视觉上的统一和完整。首先是波浪形的彩色色带被移至页面的中间，同时左上角多了一个中国移动的企业标志，而 G3 作为产品品牌标志依然在右下角保持位置不变。标题上的字号和字体也做了相应的统一设定。

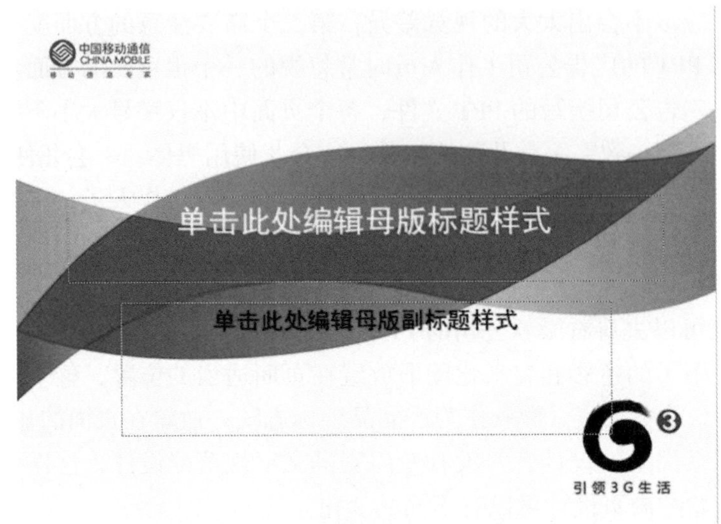

图 13-4　图中国移动模板首页

图片来源：2014 年中国移动 3G 模板

PPT 母版设计完成之后，可以点击“幻灯片母版”选项，在弹出的菜单界面里选择“关闭母版视图”选项，关闭母版设计视图，就可以进入到正常的 PPT 设计页面了。

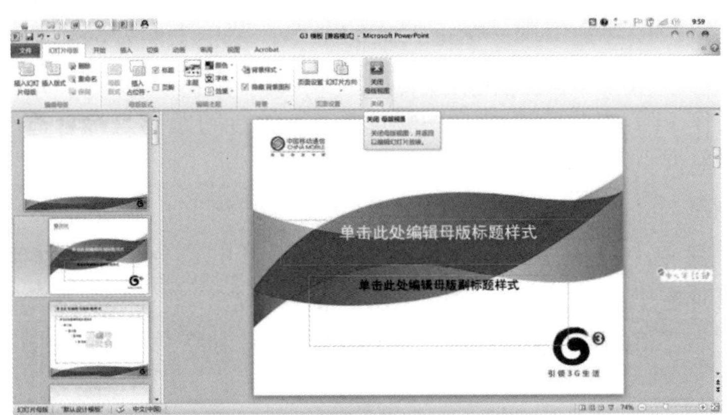

图 13-5　中国移动模板首页工作界面

图片来源：2014 年中国移动 3G 模板

这就是关闭母版设计界面以后的正常 PPT 设计页面，大家可以看到界面上出现了标题页和一个空白内页，这个时候，作为 AE 的你就可以开始设计页面了。

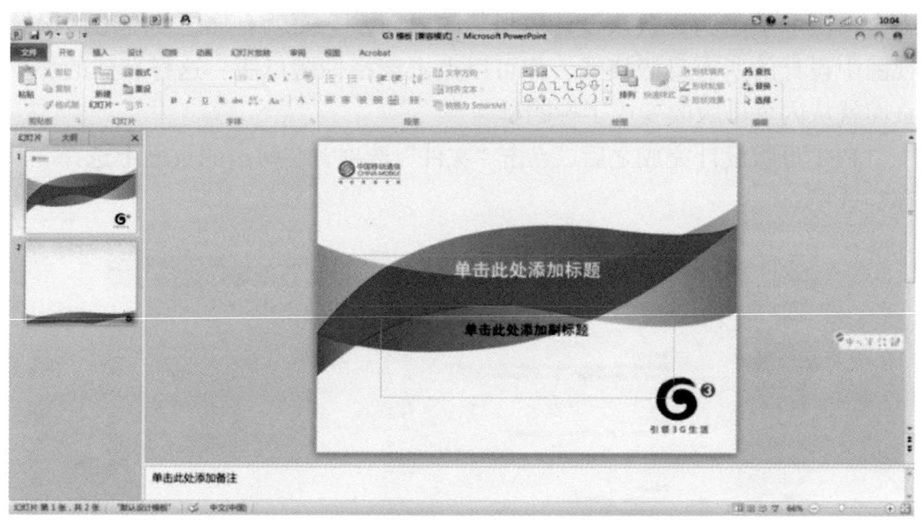

图 13–6　中国移动模板首页工作界面

图片来源：2014 年中国移动 3G 模板

如果你想新增一个页面，可以直接按“Ctrl+M”快捷键，当然在左边导航小页面里面点击右键，也是可以增加的。

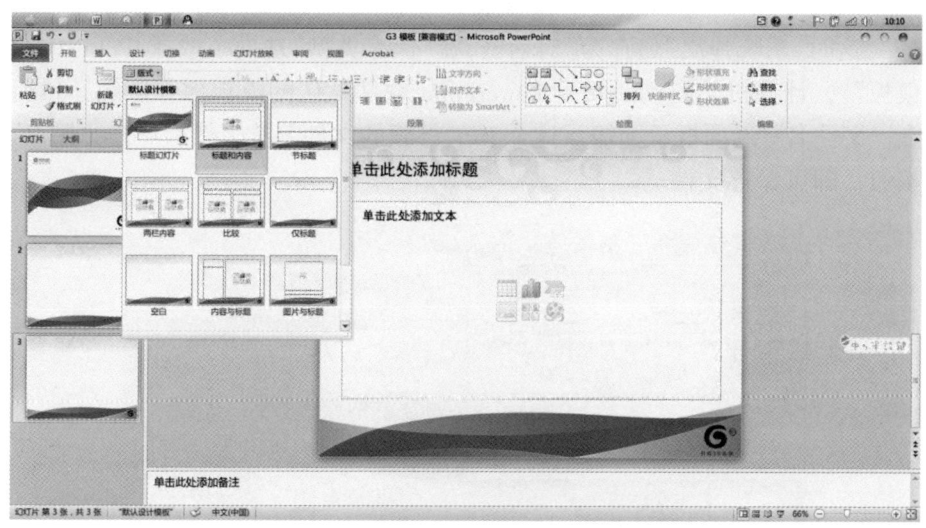

图 13–7　中国移动模板首页工作界面

图片来源：2014 年中国移动 3G 模板

如果你增加了新的页面，但是想把这个页面调整成为标题页面，应该怎么做呢？可以选择“开始”选项，在弹出的页面上点击“版式”按钮，就会弹出一个名为“默认设计模板”的界面，上面就有你之前在母版设计视图中设计的所有母版格式，你可以点击选择标题母版，这样新建的那个页面就从内页母版改变成了标题母版。

PPT 母版设计完成之后，点击“文件”选项，在弹出的页面上选择“保存”选项。

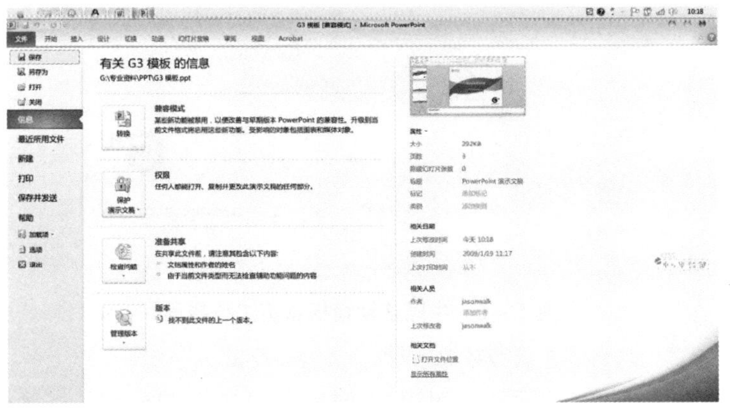

图 13-8　中国移动 PPT 保存界面

图片来源：2014 年中国移动 3G 模板

这时，系统弹出“另存为”对话框，在“保存类型”选项中选择“PowerPoint 模板”，计算机会自动跳转到 PowerPoint 软件默认的模板保存区域，然后在“文件名”选项框里面输入这个 PPT 母版的文件名称，然后点击“保存”按钮，即可保存文件。

图 13-9　中国移动 PPT 保存界面

图片来源：2014 年中国移动 3G 模板

5. 撰写 PPT 文件的四大原则

PPT 的撰写是 AE 工作过程中十分重要的一个环节，多数的提案文件和策略文件都是需要使用 PPT 来撰写的。撰写 PPT 不是一件很轻松的事情，至少这是我经过很多年撰写 PPT 以后获得的一个警示。一直以来，我都听说 Apple 的 PPT 制作是相当精良的，遗憾的是我一直没有亲眼见过，一直到在土豆网上看到 Steve Jobs 的演讲视频，于是终于有机会从上面一睹 Apple 制作的 PPT 的芳容了。

每一次演讲，Steve Jobs 刚刚走上讲台的时候，就会出现 Apple 演讲幻灯片的第一个页面，一个深蓝色的背景之上，白色的 Apple 标志显得异常的夺目。一直听说 Apple 的幻灯片制作的非常简洁明快，从第一张引导页面已经可窥一斑了。

进入第一个页面，整个 PPT 页面上没有一个文字，是非常简洁的画面，相信熟悉 iPod 的人只要看上一眼就知道，这个画面来自于哪里？这就是我想谈到的第一个重要原则：让幻灯片返璞归真，创造视觉的魅力！

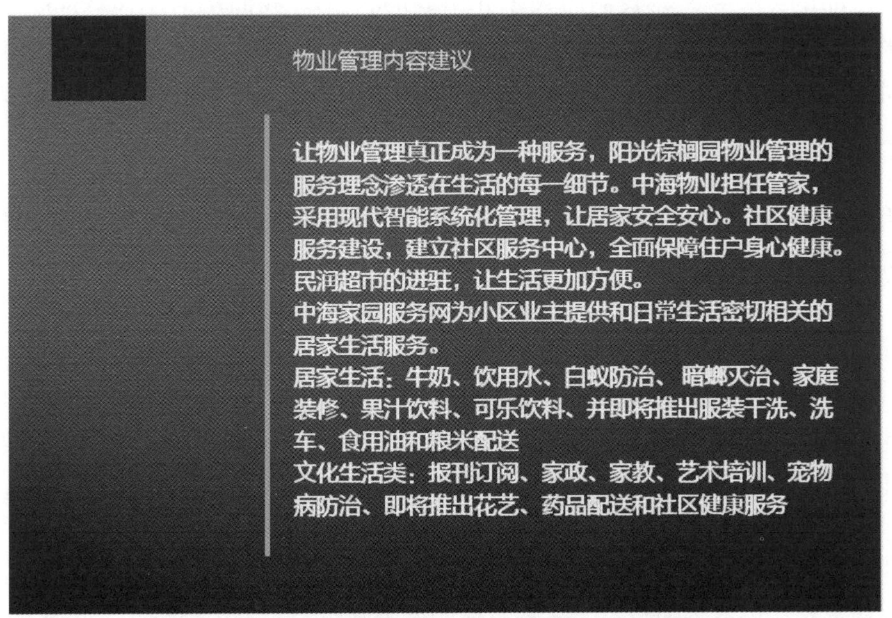

图 13–10　不要让过多的文字掩盖你 PPT 页面的主题

要做到这一点，确实不容易，请大家看上面的这张本土广告企业制作的 PPT，对比 Apple 的演讲幻灯片，你有什么感受？太多的广告人习惯于在撰写 PPT 的时候堆砌大量的文字和图片，一个页面上的空间总是被密密麻麻的文字占满了。似乎 PPT 的一个页面上不把文字和画面写满和布满，不足以表现出所要传达的信息似的。其实这是非常错误的，任何一个 PPT，只是演讲的一个辅助工具，不是演讲的主要表现载体，因此你需要让台下来宾更多的是听你的演讲，而不是把更多的时间关注到 PPT 页面的文字上去，这是其一；其二，堆砌这么多的文字在一个 PPT 页面上的意义何在？你是需要用这些文字来提示作为演讲者的你，需要讲些什么吗？如果真是这样，你岂不是在照本宣科了，那还讲什么呢，让观众自己看好了！

那么如何创造视觉魅力呢？这就是我想谈到的第二个重要的原则，多多使用和演讲有关的图片。一个人有 85% 的信息是来自于对视觉图片的接受，也就是说，相较于文字信息的传递，人们更乐于接受图片信息，这就是为什么在日本，成人漫画也拥有很庞大市场的缘故。我还是给大家展示一张 Apple 的幻灯片吧，依然是符合 PPT 制作的第二个重要原则。

当 Steve Jobs 讲到 Apple 推出的新品 iPhone 的时候，他是这样介绍这个产品的："今天，我们向大家介绍 iPhone 3G。我们从第一代 iPhone 中吸取了很多经验和教训，经过改造生产出了 iPhone 3G。它美轮美奂。"（来自于卡迈恩·加洛所著《乔布斯的魔力演讲》）而这个时候的幻灯片画面上只有一个大大的 iPhone 手机的图片，一切尽在不言中！

第三个重要的原则，依然和不要堆砌过多的文字有关系。PPT 只是演讲的辅助工具，不能当作 Word 来使用，堆砌大量文字，相较于文字不多。画面排版有吸引的 PPT，你觉得哪一种能够更加让人记忆深刻呢？

不言而喻，我相信依然会有不少人选择 Apple 的幻灯片，选择它的原因就在于简洁明了。幻灯片上放置大量的文字，会让台下的听众忙于阅读页面上的文字，而忽略演讲者本身正在演讲的内容，这样就不能达成演讲的目的了。因此，第三个重要的原则就是，使用简洁明了的短文字，不要让太多的文字干扰你面对的听众的注意力。

最后我想谈到的第四点重要的原则，就是一定要善于利用数字！ PPT 的重要目的就是要说服对方，而说服对方最重要的工具之一就是有效地利用和本次演讲有关的数据。《乔布斯的魔力演讲》一书中介绍了一个案例，2008 年的时候，Steve Jobs 在"我们来摇滚"发布会上进行演讲，当介绍到 iTunes 的时候，Steve Jobs 说道："现在的 iTunes 能带给你 850 万首歌曲，令人叹为观止。一开始，我们拥有20万首歌曲，现在已经达到850万首了！”与此同时，幻灯片页面上出现了硕大的8，500，000这个数字，令到场的听众记忆深刻。

6. 撰写出优秀的PPT文件：不要八股文式的提案文件

还在深圳工作的时候，我获得了一次前去一个巧克力生产企业提案的机会，这是一个重量级别的客户，如果提案成功，将成为公司在当年年度的一个突破性月费客户，不管是对于深圳公司而言，还是对于我们团队而言，这都是一个重要的挑战。

这一次提案让我有了一次刻骨铭心的记忆，因为这是一次典型的失败提案。在准备提案上，我的准备不可谓不用心，大量地收集资料，在撰写提案的时候也是逻辑性突出，从国家政策到行业状况，从市场环境到竞争对手分析，从消费者洞察到定位结论，似乎每一个环节都没有疏漏，看上去非常严谨和完善。但是当我花费了1个小时又10分钟讲完整个提案以后，我注意到客户对这个提案似乎是不怎么满意。

最终我们失去了这个客户，提案的整个过程让客户感受不到我们的实力和对客户产品的深入了解。他们认为：“你们这种八股文式的提案，我们每天都要接触很多，这样的提案再好，都很难给我们留下什么好的印象。”通过客户内部的一个关系，我们在事后了解到客户是这样对我们评价的：“我们更希望听到逻辑缜密，能够真正体现广告企业专业实力的提案，这种八股文式的提案让我们很难相信你们可以做出令人信服的广告来。”

这几句话深深地刻在了我的脑海当中，在以后的几年里面，我一直思考着客户的这几句话，什么才不是八股文式的提案？2006年的时候，我在成都再次获得了一个商业地产的提案机会，这是我加盟一家相当出名的深圳地产广告企业的成都分公司以来，第一次独立对一个房地产项目进行提案。

对于地产项目，早就在业界听闻一种传言，说地产广告和快消品广告的服务截然不同，至于怎样的不同，很难听任何一个人说得清楚，一般解释会集中到地产广告似乎很难用一个卖点说得清楚，而快消品则是可以用一个卖点说得清楚的。这样一个奇怪的结论是怎样得到的，我不太清楚，但是我不愿意让自己也陷入这样一个奇怪的结论中去。

这个项目对于我来说，既有优势也有劣势。劣势在于，这之前我完全没有接触过地产广告；优势在于这个地产项目是一个典型的商业地产项目，和零售百货有密切的关系，因为它是以服装及其饰品销售为核心的地产项目，而我恰恰是从零售百货转型到广告的，熟悉零售百货是我独有的优势。因此我关注到一点，不管那个奇怪的结论怎么表述，和零售百货有关的广告战略必须从目标消费者着手，这是零售百货的重要特点，作为商业地产项目，也无法回避这一点。

就在我不断深入成都类型商业形态了解消费者的过程中，我渐渐产生了一个想法，这次的提案为什么不能变得独特一些呢？我们面对的是两家长期从事地产广告的广告企业，在客户的心里，之所以邀请他们，就是看到他们一直标榜的专业实力。我于是有意识地通过朋友和网络，收集了不少这两家广告企业的以往提案，让我觉得欣喜的是，他们的 PPT 制作基本都是八股文式的提案书，这让我有机会来对自己的 PPT 提案书进行创新，但是这必须是建立在竞争对手不改变的基础之上。

这次提案对于我而言就是一场赌博，我没有按照市场政策、竞争对手和项目优势、客群分析和定位结论这样的八股结构来撰写，毕竟客户要在一天之内听完三家公司的提案，而且我们的提案时间相当不利，既不是最早的第一家，也不是最后一家，恰恰是中间一家，而且时间是下午 2 点开始提案，正好是人们最为疲惫需要午休的一刻。

怎么样来进行不一样的提案呢？客户不是常常说，期望广告公司能够了解项目的情况比客户还要多吗？那么他们期望了解什么呢？作为商业地产，最期望了解的是商户们的想法，而商户们的想法又是什么呢？很简单，希望销售能够快速提升，要做到这一点，就需要深入了解购买者的想法，也就是说明确购买者是谁，他们为什么要光顾这个商业地产，为什么要在这里消费等三个核心问题，就能够阐述清楚我们的广告策略应该怎么样来进行。

想通了这一点，我立即决定和整个专户小组一起杜撰一个目标消费者，这是一个年轻的女孩子，她喜欢拉着自己的男朋友逛街，女孩子爱美的本性让她非常享受寻找自己喜爱的商品的过程，因此给她们这样的群体创造一个舒适的淘宝的空间是非常重要的，这也是给予商户销售信心的关键所在。我发动所有小组的成员，包括创意人员，到网络上寻找到了同一个女孩子的大量照片，以便加入 PPT 制作里面。

整个下午的提案非常成功，前来听取提案的所有客户人员，包含客户总经理在内的5个客户人员，没有一个因疲倦而昏昏欲睡。提案结束以后，客户的总经理一直强调，我们对目标消费者的洞察非常深入，他询问我这个女孩子是不是我们的朋友，他很想当面和这个女孩子聊一聊，详细了解一下像她这样的目标消费群体是怎样看待这个商业地产项目的。

我只能遗憾地告诉客户的总经理，这是一个我们杜撰的女孩子，但是总经理并不相信我的话，他始终认为这个女孩子是真实存在的："不然你们怎么有她那么多的生活照片呢？"听取提案的客户后来告诉我："那天就好像看了一场电影，很精彩，是他们听取过的广告提案中最出色的一个。"我很感谢客户给予我们这样的评价，但是我也从客户的言语中感受到，广告的专业实力不是能够靠八股文式的PPT可以展现的。

7. 撰写出优秀的PPT文件：巧用图表

我在提案过程中曾经仔细观察过，如果PPT提案文件里面，一个页面上布满密密麻麻的文字，当讲到三个页面的时候，台下的听众往往开始昏昏欲睡，即使是在寒冷的冬天，情况也是一模一样。为什么会出现这样的局面呢？是因为人们阅读文字的习惯使然，人们在听取提案的时候，重要的是听演讲者的演讲，而不是观看PPT，PPT只是演讲的辅助工具，这就是Steve Jobs演讲的魔力所在。

但是在现实当中，太多广告企业的PPT制作实在不敢让人恭维，他们总是堆砌密密麻麻的文字在一个狭小的幻灯片页面里面，更糟糕的是，PPT的演讲者总是喜欢偷懒，当他们面对密密麻麻的文字页面的时候，他们不再和台下的观众有眼神的交流，而是一个人抬头凝望着投影在墙上的幻灯片，把密密麻麻的文字机械地复述一遍，这样做有什么意义呢？与其演讲者用并不悦耳的声音来重复文字，不如把PPT设定为自动播放，让坐在台下的人们自己阅读，岂不是更好？

如果真这样做的话，任何一个演讲者都会说，这样会失去演讲本身的意义，但是照本宣科式的演讲，难道就有意义了吗？我曾经遇到一个客户的总经理，闲聊之中，他告诉我，他最怕的就是听取广告公司的提案，本来是一个展示广告企业专业实力的机会，但是一看到那些广告企业制作的PPT，他感觉头都大了，每一个页面塞满了密密麻麻的文字，于是他的企业每一次广告招标之际，他都要求营销部先把参与招标广告企业的PPT提案书收集上来，他当文字资料先看看，然后再决定是不是安排提案。

如果广告企业的 PPT 提案书都最终获得这样的下场，那将是一件很悲惨的事情吧。或许这也不是广告企业所愿意看到的，那么应该怎么样改善呢？ Steve Jobs 给了我们最好的启示，大家可以打开 Steve Jobs 的每一次演讲看看，仔细观察一下 Apple 的幻灯片是不是密密麻麻堆满了文字——没有。当 Steve Jobs 开始介绍最新的 iPhone 之际，整个幻灯片上面只有一个巨大的 iPhone 的照片，并没有多余的一个文字。

多多使用图片和图表，这是我想给予大家的一个重要建议。人们接受信息的 85% 的途径，都是通过图形，而不是文字，同样一个内容的两本书籍，一个是文字书籍，一个是漫画书籍，可能你首先选择的是漫画书籍，而不是文字版本的书籍。我曾经阅读过龙之媒总经理许智明的一本书籍，名字是《我爱做书店》，这是一本我阅读过的最有趣的书籍，本来书店这个行业距离我很远，俗语有云：隔行如隔山，本来我阅读这个距离我太远行业的书籍应该是有难度的，但是这本书阅读起来却是轻松有加，只因为整本书里加入了不少漫画，可爱之致，一边阅读一边看着这些搞笑的漫画，行业再生疏，也感觉容易接受。

这就是图形的魅力！

我自己在制作 PPT 的时候，总是希望加入大量的图片和图标，这样可以保证我的听众们不至于看到我的提案书之时，感到百般的无聊和无趣，毕竟图形是在不断变化的，他们从图形很难准确地猜测出我到底想要讲什么，而当我围绕图形讲出观点或者寓意的时候，他们会露出会心一笑，原来如此，这张图片真是有意思，原来这个含义早就深藏其中，稍加思索，便能展现出来！

2009 年年中的时候，我受朋友委托，协助修改一个 PPT 提案书。当我拿到原本的PPT的时候,不禁目瞪口呆,每一页PPT都是密密麻麻的文字，足足一百多页，好家伙，简直是一本小说了。客户的时间也是相当宝贵的，如此之多的文字，他们有这个时间来消化吗？这是第一。第二，页页都是密密麻麻的文字，重点在哪里呢？每一页想要表述的重点都无法准确而及时地找到，这样的 PPT 能不让人沉睡过去吗？

请大家永远记住，PPT 始终是演讲的辅助工具，是让台下听众记住你演讲内容的关键要素，而不是瞌睡虫释放机器，所以大家不要急于在 PPT 展示自己认识很多中国文字。

8. 提案的准备工作（一）

提案是 AE 必须学会的一个重要工作技巧，因此必须做到两点：一是说得清楚，二是说得漂亮！这是两个对提案演讲者的基本要求。广告提案不外乎两种，一种是策略提案，一种是执行（包含创意）提案。

策略性的提案，要求演讲者能够清晰地通过演讲，展示明确而简单的逻辑线索，能够直观、全面地向客户展示策略思路和解决方案。这种提案过程中，最切忌的是给予听众太多的信息而总结不足，导致听众最终不知道演讲者到底想传递一个什么信息，无法知晓演讲者到底在讲什么。下面和大家分享两种关于策略提案的方式。

一种是逻辑推导型，这种方式具有很强的逻辑结构，从市场整体环节到竞争对手，到产品优势和消费者洞察，都是一条线索跟踪下来的，得到的结论很容易让人理解。这种方式比较简单，也是多数广告企业采取的撰写提案的方式。这个方式最大的劣势在于，多数广告企业会把它演变成为八股文式提案书，呆板而缺乏新意。

另外一种是问题解决型，这种方式非常考验广告企业的问题捕捉能力，要求广告企业能够在繁多的信息中准确判断出客户目前存在的问题，然后提出解决方案，并围绕解决方案提出广告执行的各个阶段和步骤。这种方式目前广告企业使用不多，最大的特点就是具有可操作性，但是对于策略方向的把控，可能会略显不足。

为了保证提案的成功，必须有一个良好的准备过程，因此绝对不能简单地把提案理解为，做好 PPT，然后上台演讲，就可以了。提案并没有这么简单，它是一个复杂的过程，从准备到演练，到最后的正式演讲，必须有足够的准备。我常常看到广告企业盲目地答应客户：“好！今天晚上我们加一个夜班，把提案书赶出来，明天一早来给你们提案！”似乎这样的迎合客户，才是体现了广告企业的专业实力，其实不然，这正是广告企业缺乏专业实力的体现。

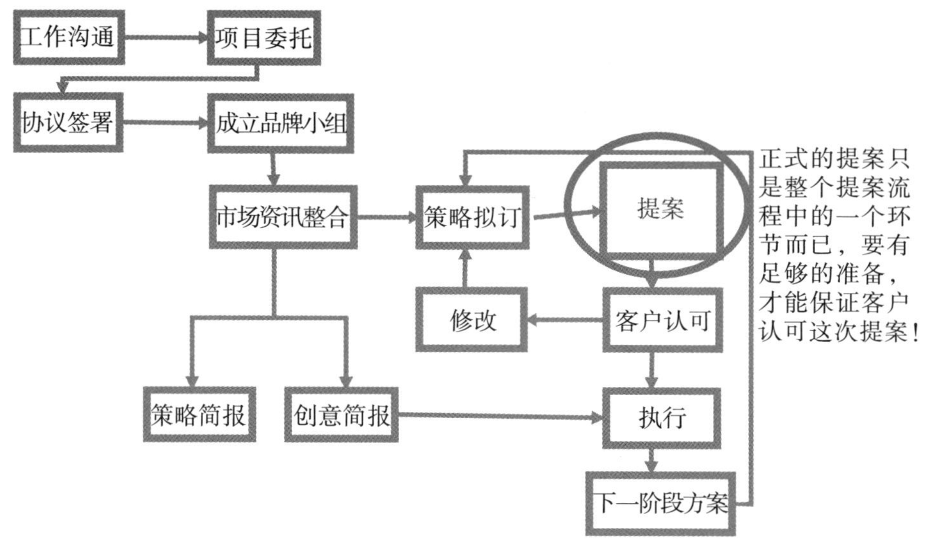

图 13-11 提案工作流程

在正式提案之前，一定要亲自演练一遍，最有效的办法就是自己站在镜子面前，把整个提案 PPT 演讲一遍，在演练的过程中，注意自己的措辞和动作，这是第一个要关注的要点；其次，就是通过自己在镜子面前的试演讲，关注一下自己之前撰写的 PPT 还有哪些不足，比如哪些内容是多余的？哪些内容还需要完善？重要的是，排列类似观点，突出演讲主题。其实就是一个字——砍！

一边试讲一边要不断思考两个问题：

什么是你要告诉听众的？把演讲的核心精炼到一个字、一个词，或者一个短句，让听众能够一下子明白，并且记得住。

怎样才是最佳的表达方式？用一种适合而巧妙的方法传递信息，让每一个听众乐于接受你的信息，并且能够从你的演讲中找到核心主题，这就是表达方式的重要作用。

任何一个演讲者在开始演讲之前，还必须增强自己的信心。如何做到这一点呢？只要通过审视两个重要的问题就可以做到！

第一个问题就是来倾听你演讲的将是哪些人？亲自去客户那里了解一下，客户不会对这种事情进行保密的。另一个问题就是他们会怎样理解你的话？他们的理解是否符合我们提案的愿望？任何听取提案的人，都会有自己的想法和见解的，通过客户对应人员了解一下，听取提案的客户人员有怎样的爱好，以及什么样的特征，听取提案的时候有怎样的特点，所谓知己知彼，百战不殆！

9. 提案的准备工作（二）

提案的准备工作是相当烦琐的，最重要的一项工作就是到提案现场的实地考察，这不是每一次提案都可以做到的。在我的职业生涯里面，前前后后提案的次数也是上百次了，但是真正做到提案前实地踩点的，其实并不多，大约也就是 50%，但是在无法提前预知提案现场的前提之下，也可以通过以往的提案经验，来对临时出现的提案场所进行判断，并迅速找到对自己提案有利的要素。

但是有条件的话，还是非常有必要提前对提案现场进行详细的勘察，做到对提案现场的熟悉。提案就是一场表演，要想表演成功，不对舞台进行熟悉，那怎么行呢？如果还有条件的话，甚至可以在提案现场进行提前的试讲，这样更加能够增加提案成功的砝码。

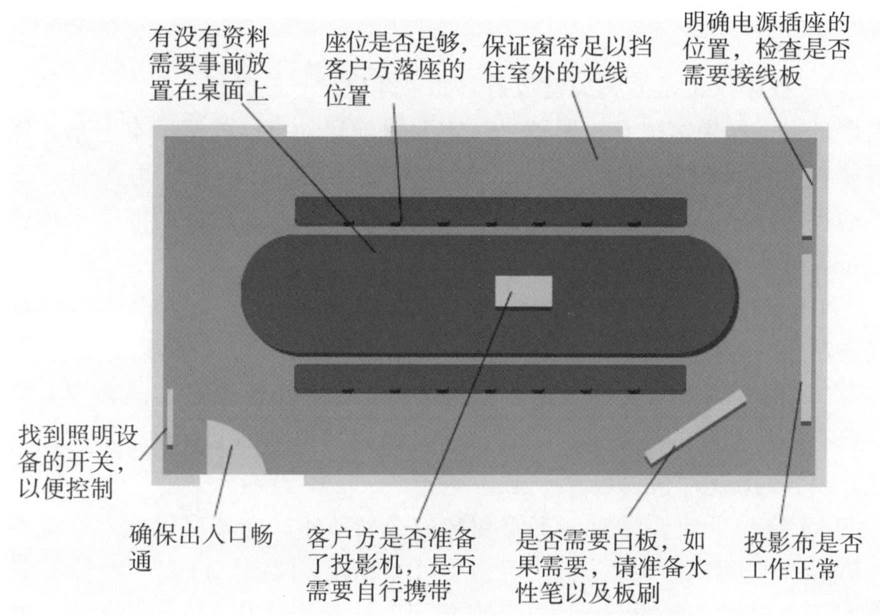

图 13–12　提案工作的准备和座次安排

对一个提案现场的考察，包含以下几个方面：

一是演讲现场的面积有多大？

二是演讲现场的桌椅是如何安排的？

三是演讲现场的电源是如何分布的，需要增加延长电源和备用电源吗？

四是现场的照明是如何进行管理的？有控制装置吗？

五是现场是不是有投影设备？

六是现场是不是有白板，如果有，是不是还需要准备白板笔？

整个提案的时间应该控制在 75 分钟内。为什么有这样的要求，在后面将详细谈到。在提案开始前 30~45 分钟抵达演讲场所，首先要求所有参与提案的人员记住关掉手机，或者把手机调至震动状态。

到达会场后，需要做好以下几项准备。

（1）现场电源一定要检查，保证能够使用，如果电源不够，还需要准备接线板，保证各种设备能够使用。

（2）笔记本电脑是提案的关键设备，出发之前要检查一下 Windows 系统能不能启动，或者电脑能不能正常开机，软件有没有故障，谁也不能保证平时比较正常的电脑硬件或者软件会在提案之前的关键时刻出现故障。最好的办法是多携带一台笔记本电脑，同时把文件拷贝在多准备的笔记本电脑上，另外准备一个 U 盘也拷贝一份，保证提案文件有多余准备。

（3）投影仪也是提案关键设备，如果客户没有投影仪，就自己准备，并携带过去；如果客户有投影仪，一定要提前启动自己的笔记本电脑，连接投影仪，保证投影成功；一些投影仪需要在 Windows 系统里面另行安装驱动程序，这是需要特别注意的，Windows 在即插即用方面的能力相比 Macintosh 不是很好，这是我个人的感觉。

（4）名片一定要携带，因为今天听取你演讲的不一定都是你曾经拜会或者熟悉的客户人员，因此这也是一个增加你和客户人员熟悉的渠道。

（5）提案的纸质文件一定要记得携带，每一个听取提案的客户人员都应该有一份精简的提案书，要保证这份精简的提案书上有对于本次提案的核心内容的汇总。

（6）座位一定要注意，不要和客户交叉落座，应该尽可能地保证客户人员落座于便于进出的一边位子，尽可能靠近会议室门口。

好了，应该准备的都一一准备到位了，让我们打开文件，关闭所有照明设备，准备开始我们精彩的演讲吧，不要紧张，深呼吸，放松，微笑，从容地开始演讲！

10. 完美陈述（一）

时常看到一个新人，第一次踏上演讲台，个人的紧张难以掩盖，脸红脖子粗不说，说话也显得语无伦次，似乎完全不知道应该说什么。而坐在台下的公司领导唯一能够劝慰的只有，你大胆一些！这样的话，在这样的情形下，说了等于没有说，不通过刻意的训练，要想消除第一次登上讲台所面临的紧张，是绝对不可能的。那么应该怎么消除演讲时的紧张心理呢？

首先应该做到的就是减轻自己的担忧。登上演讲台，演讲者最担心的就是出现这样或者那样的状况，而这种状况可能是无法事先预估的，一旦出现，总是让演讲者手足无措，陷入一片慌乱之中。因此，打消不必要的顾虑，成为演讲者最重要的课题。一般可能出现的担忧都是有方法来一一化解和消除的。

症状：演讲者很容易过于紧张，导致自我无法放松，往往这个时候会让头脑一片空白。

解决方案：镜子试验法——站到镜子面前，放松自己，然后深吸一口气，保持你的微笑。

症状：演讲者很容易担心听众感到厌倦，对自己演讲的话题不感兴趣，坐立不安，交头接耳。如果出现这种状况，演讲者往往开始把注意力转移到听众上去，而完全忽视了接下来应该继续的演讲内容。

解决方案：主题突出法——首先应该让自己的注意力从听众身上转移到演讲内容上，保持语调的抑扬顿挫，并时刻和观众保持目光接触。

症状：演讲者很容易担心听众出现对立情绪，特别是面对听众带有挑衅口气的责问之时，演讲者很容易变得不知所措。

解决方案：礼貌反击法——演讲者要始终保持礼貌得体，千万不要与之正面争辩，如果发现听众中有人对你所讨论的问题具有一定的专业知识，不妨请他来发表意见。

症状：演讲开始之前，难免遇到设备出现问题，设备一旦出现问题，或者根本不知道如何操作，很容易导致听众产生不满和厌烦情绪。

解决方案：事前熟悉法——不要使用你不熟悉的设备，事前一定要检查所有要使用的设备。比如投影设备，尽可能使用广告企业自己的投影设备，或者经常和你要使用的笔记本电脑相搭配的投影设备。

为了保证提案的顺利进行，一定要记得事前对前来听取提案的客户人员进行一个详细的了解，因此在前面我谈到的了解提案听取者要素的基础上，需要进一步了解更多关于提案听取者的资料，这些需要了解的要素包括：

会有多少人来听这个提案？

听众的平均年龄是多少？

听众的男女比例是怎样的？

听众了解你要演讲的主题吗？

听众有什么样的共同点？

听众有什么先入之见？

听众的学历特点是怎样的？

所有的听众或者其中部分是否认识你？

在上述要素了解完成的基础上，必须进一步调查，了解他们更加详细的爱好，可以通过向客户方提出要求和观看电视新闻节目、查询近期报纸新闻、上网搜索来达成。

向会议组织者索取参会人员名单：

姓名 / 性别 / 年龄；

职务 / 学历 /（爱好）；

查阅最近的新闻，寻找有趣的话题；

再次了解企业的状况。

一个成功的提案，涉及的要素很多，其中一个就是对于听取提案人数的把控。人数不多的提案应该怎样应对？人数众多的提案又应该如何处理？这些都是非常重要的，最忌讳的莫过于，演讲者面对人数不多的提案，自己都没有了兴趣，演讲有气无力，无法引发听众的互动和参与；当面对人数较多的听众时，演讲者又出现不知所措的局面，演讲中更是语无伦次，导致演讲效果不佳。

因此，演讲面对人数的多少，将影响演讲者采用什么样的方式和听众进行交流和沟通，下表列出了不同的交流和沟通方式。

听众人数	提案风格	提案技巧
听众人数不到15人（提案中比较常见的数字）	正式	● 提案开始以后，与每一个听众保持目光接触； ● 一直面对听众，保持他们的注意力
	非正式	● 允许听众做简短的发言； ● 争取多的和听众交流的机会
听众人数在15人或15人以上	正式	● 要保证所有听众都能够听清楚你的发言，特别是在后排的听众； ● 联系、总结、突出和重复要点
	非正式	● 保持较慢的语速，力求清楚； ● 内容要广泛、扼要和简单，当别人提出要求的时候，再进行具体阐述

图 13-12　提案工作的人员控制和管理

11. 完美陈述（二）

演讲者一定要在演讲之前对自己的整个演讲过程进行演练。Steve Jobs 在自己的演讲之前，总是精心准备和演练，保证每一个环节都能够顺利进行。这是非常必要的，常常见到很多本土的广告提案人员，匆匆走上讲台，神情始终充满着紧张，语句里面自然地流露出不安和惶恐，习惯性的口头语言不断涌出，很明显就是事前准备和演练不足。

那么提案和演讲的过程应该怎样控制呢？最关键就是要把准备工作和演练工作进行到位，当你感觉准备好的时候，不妨邀请公司同事来试听，请他们指出需要改进的地方。这是一个很有效的方法，这些公司的同事会帮你发现一些你可能忽略的小细节。为了保证试讲的效果，你必须注意以下几点：

试讲的时候，尽可能地记住演讲材料，少用提示，以便保证试讲过程的流畅和完整；

注意作为“听众”的公司同事们的身体语言，以便了解他们是否对话题感兴趣；

如同正式演讲一般，注意使用手势加强你的话语，让现场气氛更加融洽；

作为“听众”的公司同事会注意任何一个分散他们注意力的行为习惯，试讲的结果就是让他们给你指出，并纠正这些习惯。

通过试讲，你可以发现自己的不足，在正式演讲之前有足够的时间来重新调整状态，弥补不足，保证正式演讲的顺利进行。仪表是正式演讲之前首要关注的要点，当你站在讲台上之际，你必须有足够的气势来震撼整个到场的听众，如果你的仪表不足以支持这一点的话，演讲还没有开始，你就已经给听众不太好的印象了。

仪表的准备涉及以下几点：

头发要保持整齐清洁，不能留长发，不得染异色；

男士着灰色或深色服装，最好是西服，洗熨妥当，会见客户时衣扣要扣好；衬衫领口、袖口注意干净；

随时确定领带打正、打紧、不要松垮；领带长度垂至皮带扣为宜；如果没有打领带，注意领口应自然松开，体现商务式的休闲；

如果佩戴公司徽章，徽章应戴于西装左领适当位置，工作证佩带于左口袋下方；

鞋子要得体、擦亮；袜子要与鞋子搭配得当，不得穿与鞋子颜色反差太大的袜子。

仪表准备完毕之后，就是从心理上对自己的另一个准备，必须时刻让自己充满着信心，以便自己走上讲台的时候，能够坦然面对台下的每一个听众：

让自己看上去状态很好，权威的站立姿势激发自己的信心；

必须保证自己对材料很熟悉，不需要经常看提示；

通过试讲，保证听众感兴趣，非常专注，并乐于提问；

通过试讲，调整自己的演讲技巧，促使听众很喜欢你的演讲，乐意于进一步了解。

人际沟通有三分之二完全是非语言的，通过手势、表情或者别的身体语言来传递信息，良好的身体形象从姿势——站立的架势开始。

怎样的站姿是演讲者必须拥有的呢？头抬起，并且要正；双肩后收并保持水平，背挺直，收小腹，双臂放松，并且在身体两侧自然下垂，略微收臀；两手放松，手指自然分开，腿要站直，千万不要哆嗦，膝关节放松，不要僵硬，两脚自然分开。

良好的站姿是成功演讲的开端。必须确保你的身体语言反映你将要说的内容，正确的站立不仅有助于提高声音的清晰度，更能够强化你的精神面貌。这样做的结果，就是你更加的自信。因此在正式开讲之前，请反复审视你的站姿！

12. 完美陈述（三）

提案和演讲中，嗓音也是非常关键的。很多演讲者在演讲过程中，声音越来越小，这是一种典型的缺乏事前准备和自信的表现。另外一个关键点就是，演讲最好使用普通话，很多地区，特别是在成都，许多演讲者习惯使用本地语言来进行演讲，这其实是对听众的不尊敬。

如何保证演讲的嗓音洪亮而充满自信呢？请使用下面的办法。

控制呼吸：

站直站稳，放松脸部肌肉，均匀分布体重；

左手放在横膈部，听自己的呼吸，呼吸时感觉胸廓的起伏；

双脚与肩同宽。

吸气：

头稍后仰；

用鼻子吸气；

胸廓扩张，屏住呼吸直到感觉难受为止。

呼气：

用口深而长地呼气；

胸廓复原；

重复练习；

继续呼气，尽量把嘴张大。

在每两次练习的中间做短暂停顿。

开始演讲之前，人们难免会感受到各种各样的紧张，如何识别这些紧张的征兆，是消除紧张、成功演讲的关键所在。紧张有很多表现形式，比如感到恶心、口干、眼角跳动，还有双手颤抖、掌心出汗，特别是有些演讲者甚至会心烦意乱的拨弄头发或者衣服，在演讲开始之前左右摇摆、身体紧绷，这些都是紧张的表现。如何消除这些表现呢？在这里我交给大家一个小小的方法，这是我从国外的一本书籍里面阅读到的：

双手交叉放在头部的枕骨上，肘部尽量后拉，让头尽量往后靠紧手心，保持 10 秒左右，身体尽量放松；不断重复进行这个动作就可以了。

在开始演讲之前，我最后想提醒大家一点，如果你的提案或者演讲是在夏日的午后，请准备杀手武器——渔夫之宝含糖，专门对付下午提案或者演讲中可能出现的瞌睡听众，十分有效，不信你可以试试！

有感召力的演讲，完全基于放松。即使你没有感到紧张，也要在即将开始演讲之前的 30 分钟找一个安静的地方整理一下思绪，放松自己。这是一个必要的环节，千万不可以忽略。

当你走上讲台的时候，就意味着你的演讲就要开始了，这个时候，不管你注意到台下听众有怎样的举动，都千万不能影响你的情绪和状态。如果你是主持人介绍，或者经他人介绍出现的，请确保你被恰当的介绍给听众，这样能树立你的信誉，并且让听众清楚你将要给他们讲些什么。这个恰当的介绍，就必须在事前和主持人或者介绍人进行沟通，明确他将要介绍你的内容。

许多人在演讲开始的时候，总是很呆板地对听众问好，其实开场的方法有很多种。为了拉近和听众之间的距离，我常常讲一个我相对比较熟悉并与演讲有关系的轶事，一来我对故事的熟悉能让我在开始演讲之际感到自在和轻松；二来可以拉近我和听众之间的距离，让听众和我之间有一种放松的氛围。

在演讲过程中，放松的身体语言能够传达自信，因此我一再强调在开始之前放松自己，自信就在放松之间不知不觉地产生了。有信心的身体姿势表示你对主题有全面的把握并能在听众面前树立权威和信誉，Steve Jobs 在这一点上给予了我们很好的范例，每一次演讲的时候，他的表情和动作总是十分丰富，他习惯充分利用张开的手势强调他的演讲语句，促使吸引所有听众注意他的演讲。

演讲者的目光也是十分重要的，目光是演讲者与听众交流的核心所在，作为演讲者最后能不能和听众形成互动，目光起了关键的作用。因此演讲者应用目光扫视全场听众，一定要顾及最后一排，在讲话开始时就友好地与听众建立目光接触，而不要从听众头顶上看过去。

演讲者的目光千万不能停滞在某一个听众那里，即便这个听众非常赞同演讲者的观点，也绝对不能停滞在他那里。最好的办法，就是演讲者的目光缓缓从左边扫视到右边，又从右边慢慢扫视到左边，始终保持和每一个台下听众的目光交流，让台下任何一个听众都能够感觉到，演讲者的目光似乎是在和自己交汇。

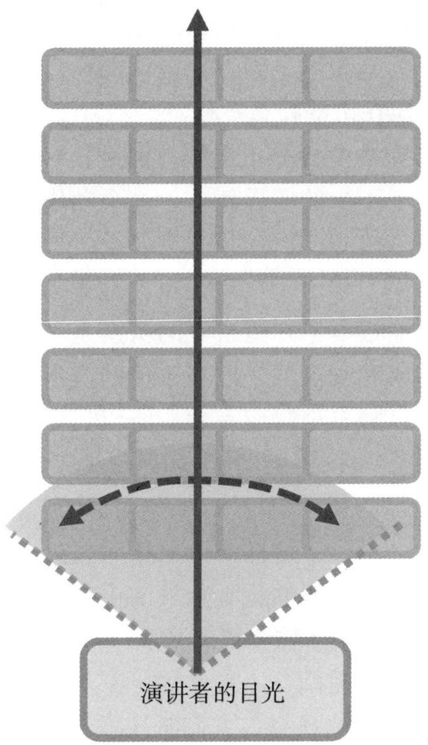

图 13-13　演讲者的目光

13. 完美的陈述（四）

开始演讲的时候，有一个问题要特别注意，就是千万不要站在幻灯片的前面，这样即挡住了听众的视线，也不利于自己的演讲，很容易分散听众关注演讲者言语的注意力。所以千万不要用自己的身体挡住了幻灯片，特别是当演讲者需要提示听众注意幻灯片上的某段文字或者重点之时，应该使用红外线指示棒，以免挡住听众的视线。

另外一个需要演讲者注意的就是，不要背对听众，这样会分散他们的注意力，也是导致自己无法观察听众反映的大忌。

开始演讲之后，始终记住的一个要点就是不断地放松。我记得曾经在成都万科参加过一个广告网站的周年庆祝活动，期间安排了不少的同业演讲，其中就有一个成都某知名广告设计公司的领导演讲。本来大家对他寄予了不少期望，毕竟这个人是业界是比较出名的，但是非常遗憾的是，他一走上演讲台，便始终低着头对着自己的笔记本电脑。更糟糕的是，他因为头一直对着讲台上的笔记本电脑，使说话的声音越来越低沉，导致后排的人越来越听不清楚他在讲些什么。

本来他的专业形象在业界是不错的，但是长时间的低头，让他慢慢地垂下了双肩，那天来了不少的业界新人，这个动作让本来专业形象不错的他显得不专业。

由于长时间低头对着讲台上的笔记本，他失去了和听众之间的目光接触，整个演讲下来，他根本不知道台下的听众是不是喜欢他的演讲，有哪些听众是愿意和他沟通和交流的，以至于他的演讲接近结束之时，台下的听众早已交头接耳，自顾自地聊成一片。所以当他演讲结束，询问听众有没有人提问之际，大家一片茫然，什么问题也提不出来了。

之后的演讲者更加糟糕，不仅演讲内容枯燥乏味，演讲者站在台上，更是两脚交叉显得站立不稳，这样的形象顿时显现出这个演讲者既不稳定又不权威，这样的结果，只能够让听众从演讲者身体的不平衡感觉到他的思维混乱，于是台下的听众陆陆续续离开了一半的人。

演讲者还必须控制好时间，一般来说，一场有效的演讲，最好控制在45分钟之内。根据科学家的研究，人们听课或者听演讲的精力是有限的，开始的15分钟会全神贯注，到了30分钟的时候就会逐渐出现疲惫的状态，这个时候开始进入总结阶段是恰当的时候。这就是为什么学校的课程总是设置为45分钟一堂课的原因。

所以在你的演讲开始之前，你一定要给自己设定好提醒时间，一般的方法有几种：一是直接在现场看看有没有挂在墙上的时钟，如果有，就不要看手腕上的手表，直接可以看墙上的时钟；另外一种就是事先安排一名同事给你计时，每到一个事先约定的时间点，就请他以一个动作，或者一张小纸条来提醒你。

当演讲进入一定时间节点的时候，我建议最好在30分钟之时，请告诉听众你还要讲多少时间，让他们知道还要保持专心多久："只剩下10分钟了，让我们直接进入……"这也是对自己的提醒。

进入演讲收尾阶段的时候，你可以再次提醒他们，你仍注意着时间："只有5分钟了，让我来总结一下。"这样的提示，可以让听众注意到，你要回顾今天的演讲核心了，之前没有完全听清晰的听众也可以借此机会，把没有听清楚的做一个再次的了解。

还有一个情况需要注意的是，不要因为在演讲过程中，有一个听众想提问或者显得不同意你提出的观点，而把注意力从你准备好的演讲主题上离开，直接告诉他们什么时间你会回答他们的提问，然后继续你的演讲。

14. 完美的陈述（五）

曾经有一次，我所在的广告公司接到一个比稿，于是我们苦心准备了三周，然后飞抵厦门提案。这是一次白酒产品的提案，沿海的人很少有喝白酒的习惯，而客户是一个准备在厦门上市的山东白酒企业。

提案的是公司的总经理，一个给人印象很干练的女人，她的口才相当不错，一站到演讲台上就滔滔不绝地讲了两个小时，演讲完毕之后，客户给予了比较中肯的评价，然后是客户人员的提问时间，其中一个客户主管提出了一个问题，这个问题很明显带有挑衅的意味。

总经理很坦然地回答了这个问题，但是很显然这个回答并不能让人满意，于是这名客户主管也提出了他的反驳意见，我所在公司的总经理于是又站了起来，用她的言语再次反驳这位客户主管的意见，问题就出在这里。之后这名客户主管也毫不客气地再次反驳，本来是气氛融洽的提案演讲，突然之间变得剑拔弩张，我所在公司的总经理和那位客户主管一来一往之间，大家都变得面红耳赤，顿时整个提案现场的气氛变得紧张起来了。一直到中午时间，餐厅把盒饭送到，客户方的总经理正好调和了双方，招呼所有人吃饭，才算了结。

离开提案现场之后，大概是我所在广告公司的总经理自己也意识到了不妥，一路上不断地给我和同去的同事解释，需要维护公司利益和专业形象。但是我们其实都很清楚，客户铁定不会选择我们了。

这样的结果真的是很令人遗憾的，在整个提案过程中，总经理本人也付出了不少的心血，就这样白白浪费了，我相信也不是她所愿意的。但是真的在提案中，遇到意见不一致的听众应该怎么办呢?

中医一直讲求的就是，不能头痛医头，脚痛医脚，提倡的是病症的根源，对症下药。解答听众的问题也是一样的道理，必须要从演讲的准备着手。在准备阶段，就要认真研究和修改讲稿；定稿以后，通读几遍，注意其中悬而未决的问题，努力弥补空白。

最好的办法就是预讲几遍，让自己的同事或朋友都来听听，请他们提问，汲取他们的意见；说不定客户要提出的问题，就在他们曾经提出的问题之中。

面对听众提出的问题，一定要显示出信心，如同演讲一样，回答问题时还是要用洪亮、清晰的声音来回答；同时作为信心的体现，更是对客户和听众的尊敬，必须要站立起来回答问题；站立回答的时候，千万不要摆弄双手，或者将双臂交叉在胸前，这样会显示你的紧张。想想 Steve Jobs 丰富的肢体语言，你一样可以使用呀。

回答客户或者听众的提问是需要技巧的，因为大多数问题在全面预演中是可以预料到的；演讲者需要明确的一点，就是客户或者听众的问题绝对不会针对你个人；在听到客户或者听众的问题之后，请先认真思考一下，这是一种放松，紧张会使你匆忙做答，这样的答案很容易让提问者抓到漏洞。就如同参与交通一样，紧张总会使驾驶员判断失误，错把油门当成刹车，事故就是由此诞生的！

我记得在广州听过一间 4A 公司的香港客户总监提案，他面对客户的提问，回答显得十分的睿智。当有一个客户经理提出了一个相当尖锐的问题的时候，我都为他大捏一把汗，唯恐他的回答会引发客户的不满。但是我看到他首先微笑着面对客户提问的经理："你这个问题问得非常好！"这是他说的第一句话，然后他举起了双手："让我们为他提出这样好的问题鼓掌！"

他率先鼓掌，于是会场上顿时响起了一阵热烈的掌声。掌声之后，他依然微笑着说："这么好的问题，为什么他能提出来呢？我们在座的都是他的同事，为什么我们没有想到？我们可以回答他的提问吗？"说完之后，他微笑着用目光扫视整个台下的客户们，他的目光中始终充满着鼓励，于是我看见台下有人举起了手。

这次经历让我明白了，在演讲中，某些问题可能需要听众来解答，作为演讲者需要发掘支持你的听众。

提案结束之后，我和这位香港总监做了一下简单的交流，我很诚恳地向他请教，他很高兴地给予了我另外两个建议：

第一个建议是一次只能回答一个问题；人的思考是有限的，任何一个人都不可能同时考虑两个问题，所以不要当自己是超人；因此千万不要让一个以上的人同时说话，否则局面很快会失控；局面一旦失控，你的努力和辛苦就全部白费了。

第二个建议是对于诘难者和难以回答的问题，千万不要和客户去纠缠，这个时候演讲者可以坦然地告诉对方："我不知道答案，但是我能为你找到它，你可以告诉我怎么联系你吗？"或者"我不能确信我知道那个问题的答案，也许我们可以结束后继续讨论，我非常乐意这样做。"始终记住，演讲者要用你的知识来赢得听众！面对诘难者和难以回答的问题，必须礼貌而坚定，因为你的目标是让其他听众站到你这边来，所以在任何情况下，不要发脾气，不管诘难者再怎么反驳你所讲的内容，不管问题再怎么难以回答，不要跟提问者争辩。

15. 对提案的总结

提案之后对于整个过程的回顾和控制是非常有必要的。1999年的时候，我和一个台湾ICON公司的同事前往宁波为当地的卷烟厂客户做一个重要的提案，但非常糟糕的是，这次提案并不成功，我的演讲不仅没有打动客户，反而引发了客户高层的集体反驳。在提案现场，我和那位同事当时已经尴尬到了极点，我们无力地表示着自己的意见，不断针对客户的各种质疑，做着苍白的解释。

这次提案让我毕生难忘，在提案结束之后，我和这位同事一起走到了三江口附近的江边，坐了很久，我们开始谁都不想说话，但是两个人都想对这次提案做一个总结，于是我们慢慢开始讨论这次提案，对每一个环节做了完整的回顾，渐渐地我们明白了这次提案的失败原因。

本来我们对这次提案的准备是相当充足的，但问题也恰恰出在这个上面，由于这次提案涉及很多全新的企业管理概念，我们忙于介绍这些全新的企业管理概念，而忽视了一个很严重的问题，那就是客户能够从实施这些全新的企业管理方法中，获得什么样的好处？可以为企业带来什么利益？从头到尾，整个提案，我们就压根儿没有说清楚这个问题，回顾整个提案书，似乎更像是一个教科书，而不是针对客户的一次提案。

自此之后，我不敢在提案书里面轻易地加入让人看不太懂的专业术语或者图表，因为我明白了一个道理，在看似专业的背后，其实只是一种浮华和虚幻，客户最终会以他什么都得不到的感受来完全否定你，不管你曾经付出过多少努力。这次对提案的总结，更让我知道一次提案的失败并不是什么可怕的事情，真正可怕的事情是在失败之后，没有去总结和回顾。

对提案的总结和回顾，一定要从事前的准备、执行环节和正式提案演讲、客户反馈等四个方面来进行，分门别类地对整个过程进行细致的分析，找到其中的优势和不足，以便在下一次提案的过程中保证扬长避短。

那次提案之后，客户的徐总经理后来在一次吃饭的时候，专门拉着我聊了聊："知道上次提案为什么失败吗？"我把那天在三江口的反省告诉了他，他直言不讳地告诉我，作为提案者的反思，我们已经看到了问题的一半，另外一半就是不要用所谓专业的眼光来看待所有的人，特别是你提案的对象，因为你的专业对于你来说是熟悉的，但是对于其他人就不见得了，始终不能忘记“隔行如隔山”这句老话。

徐总的这番话顿时让我有一种被棒喝的感觉，一时间，我突然感觉领悟到了什么，对于客户的提案，是需要说服客户，说服的技巧在哪里？就在于心神的传递，而心神的传递最有效的方法莫过于讲故事，如果能够把提案演绎得犹如故事一般精彩，那么提案的效果不是就达成了吗？

在那天之后，我开始探索一条与众不同的提案道路。2008 年的时候，我的一个朋友委托我修改和调整一份关于成都安德某地产项目的提案，当我刚刚拿到提案书的时候，我的第一反应就是，整个提案书很传统和公正，严格按照行业政策、市场分析、项目优势、消费者分析、定位等结构来撰写的。我觉得作为客户来说，每天要见到这样八股文式的提案书实在太多了，久而久之他们早已厌烦了这样的提案，在第一感知里面，他们就已经印象不好了，他们是不愿意对这样的提案书多花一分钟的精力和时间的，表面专业，但是实际上是无法说清楚，这样运作到底能够给自己的项目带来什么样的好处？

我于是对整个提案书做了全面的调整，从成都修建快速铁道，建立 15 分钟经济圈谈起，以消费者的眼光来看待这样做对自己生活的改变，从这样的改变谈到生活要求的提高，生活要求的提高正好吻合了这个项目的一些优势，体现了对目标客户群生活品质的提高，最后得到的结论就是将项目定位在提高目标消费者的生活品质上面。虽然品牌定位的结论一点没有改变，但是整个提案书变成了从一个现实中的消费者眼光来看待项目，从目标消费者的角度来谈到项目能够带给他们的好处，点出了他们愿意购买开发商项目产品的直接原因，也道出了这样的定位为开发商带来的直接经济效益。

当我那位朋友看到这样修改的提案书，第一时间就否定了，他认为这不是专业的体现，这样撰写提案书显得很幼稚，像看故事书一般，“客户会认为我们没有专业性的！”他这样评价我，于是我不得不把提案书修改回了原有的结构，只是简单做了一点美化。

提案的结果是客户从此没有了回复，尽管我这位朋友反反复复找了客户几次，最终都没有任何结果。我修改过的提案书也最终没有在客户面前展示过，有没有说服力，我已经没有机会再知道了，但是我始终坚信，它会吸引客户的。

第十四章　信息时代，AM 的管理能力

1. 作为 AM 所应具备的基础管理能力

AE 的工作历程是一条并不平坦的道路，从 AE 助理启航，经历漫长的磨炼之后，方能修成正果。广告企业多数是中小型的企业，特别是本土广告企业，基本都实施粗放型管理，不仅企业本身存在各种各样的问题，而且对于企业未来的发展也是一无所知，常常见到不少广告企业成为人员高频率流动的场所，更常常见到各种中小型广告企业是皇帝轮流做，今年到我家，才刚刚立足于业界不到几年，就消失得无影无踪了。

事实上，这样的案例在中国多数城市，不是一个两个的特例，而是比较普遍的现象。在很多的中国城市，每天都会出现不少新的广告企业，这些企业的创始人，要么是从国际广告企业离职回来的，要么是在其他本土广告企业里面工作过的，大家多数是凭着一腔热血和对广告的喜爱，创立全新的广告企业，三五个人，四五条枪，有那么一到两个客户，于是广告公司就开张了。在这样的状况下，这更像是一个为了临时利益而组成的小团队，为了暂时的目的，委曲求全似的团结在一起，为了目前共同的利益而努力奋斗。

这一类广告企业的最大特征就是，公司最核心的项目管理者，也是企业经营和管理的核心人物，就是创始人，他们往往具备了一定的广告专业知识，但是却严重缺乏企业管理知识和项目管理知识，于是广告公司在经营之初，凭的完全是哥们儿义气，凡是出现问题，都是依靠兄弟情谊来化解，而公司面临的真正管理问题，却少有人来思考。

我接触到的不少本土广告企业，缺乏最严重的就是项目管理机制，本来这是一个广告公司的 AM 最需要来建立的，但是往往在这一类广告企业里面的 AM，却最为缺乏这一块的知识和执行能力。期间的原因主要在于

很多中小型广告企业的 AE 在成长成为 AM 的历程中，并不是凭借多元发展个人素质成长起来的，而是单一依靠所谓的和客户关系好坏来评定的。这和多数广告企业的观念有必然的关系，很多广告企业都认为 AE 维系客户的好坏，只有一个唯一的标准，那就是和客户核心人物的私人关系好不好，至于广告专业，其实是没有任何标准的。于是，在很多实际工作中，AE 演变成为一味勾兑客户的人物，而对于客户项目的管理基本谈不上，反正有单就下，创作部见单就开工，更缺乏管理的是，创作部由于没有项目管理者来统筹，经常处于加班状态，累死累活，似乎每一个工作单都是最着急的。问题是，难道每一个广告企业的业务真都好到了随时随地必须加班的地步吗？没有，很多广告企业里面不是时常闲到狂打电子游戏的地步吗？

AM 缺少的第二个企业管理机制，就是对于成本的控制。国际化的广告企业由于分工明确，组织机构合理，常常能够形成对成本计算的标准公式，比如在日本电通广告，就有专门的月费计算表。但是在本土的广告企业，往往都是通过预估来计算成本，无法精确地将成本计算形成标准。与其说是本土广告企业的 AM 和管理者无法精确化，还不如说是他们压根儿就没有这个意识，在一次和白酒客户谈判的过程中，白酒客户直言不讳："你们作为广告企业，有什么成本可言呢？不就是动动脑筋嘛，需要什么成本？"我当时就立即反驳客户的观点："任何产品的产生都是存在成本的，广告只是脑力产品。我的办公场地、办公设施都是需要计入成本的，每一个工作人员按照他在这个专户小组所投入的时间比，涉及的人力成本也是不一样的，还有和客户往来的各种交通、通信费用，以及专户小组正常运营的行政费用，这些都是明确存在的成本，和你们企业运营需要成本是一样的，因此在成本基础之上，加上合理的营业收入，形成我们目前的报价是应该的，而不是像各位讲的那样，我们广告企业只需要脑力成本，不需要什么其他成本！"

2. AM 的人力资源管理能力

在众多的本土中小型企业里面，似乎团队之间更多的讲求兄弟情谊，涉及真正人力资源的东西并不是很多。至少可以这样认为，多数本土中小型广告企业缺乏人力资源管理的标准，这也是说明本土中小型广告企业缺乏企业管理的特征。

多数的本土中小型广告企业是有经营无管理，因此是讲义气才走到一块儿来的，所以多数的本土中小型企业的高层也很难谈得出什么管理的方法和心得，这样造成了众多本土广告企业，今天还经营得风生水起，明天就很有可能消失得无影无踪。

长久以来，广告这个行业在不知不觉之中已经演变成为一个跳槽频率较高的行业，今天可能还在 A 广告公司，明天很有可能就已经到 B 广告公司了，缺乏对于人力资源应有的管理，是多数本土广告企业的一个重要缺陷。遗憾的是，时至今日，这样的缺陷依然没有被这个行业的多数本土广告企业所意识到。

广告从业人员也似乎很容易受到利益的诱惑，但凡给的钞票多过现在这个阶段的收入，那么心里就开始有各种各样的想法了，最终导致的也是跳槽。其实广告这个行业，需要的是能够潜心为客户服务的人员和团队，更需要能够长期和客户共同成长的个人和团队，但是过度频繁的跳槽，也最终导致了无法出现这样的理想局面。

每每翻开本城商报的招聘版，本土广告企业的招聘也是最多的，个个都是不大的版面，但是个个都显得急需人才，殊不知，都是因为本公司的人员又出现了流动，实在是不得已而为之。天天招聘，天天都有应聘，但是也天天会有离职，虽然不至于这么夸张，但是在多数本土广告企业，其频率也是相当高的。

事实上，我接触了不少的 AM，从内心感到他们并不是很有人力资源管理的意识。之前在朋友的公司，遇到了一个很有潜质的 AE，人非常勤奋，也非常好学。他在进入我朋友公司的时候，公司所给予的薪资并不是很高，但是他一直抱着先学习后成长（个人素质、业绩和薪资三个方面的成长）观念，默默地待在公司，这一待就足足待了三年多。在这三年多的时光里面，他学到了不少，业绩也是公司里面最好的，但就是薪资一直不见成长。

他几次提出薪资问题，都没有获得他的上司的明确答复，对此他感到十分的气愤，在独自忍受了一年之后，他终于向他的上司提交了辞呈。这个时候，他的上司开始每天积极主动地找他，和他谈心，和他讲公司的未来，并郑重承诺，马上给他加薪等。

但是此时此刻的他心里已经失望到了极点，背着公司，他其实早在提出辞呈的三个月前，开始悄悄地寻找新的工作了，恰好他遇到一个外资的手机生产企业正在本城招聘，于是他递交了简历，对方对他也非常感兴趣，已经邀约他前去面试。

从来没有和国际化企业打过交道的他，相当珍惜这次机会，在他看来，这是一次改变他人生的千载难逢的机会，于是他准备充分地去参加了面试。面试分为了三个部分：能力测试、态度了解和过去业绩，然后在面试的基础上对他进行定岗，以便确定岗位对应的工资。虽然他的能力和态度给予了面试企业良好的印象，但是由于他之前没有手机生产企业的工作经历，所以最终的岗位确定不是很高，薪资也仅仅比原来只略高 10%，低于他所在广告公司上司的承诺提薪幅度。

他并不在乎薪资，这次面试给了他很好的一次体验和感受，他真正意识到了一个企业对他工作能力和工作态度的重视，他觉得，光凭他参与面试的整个过程，都十分严谨和科学，他相信进入这家企业，一定有不少值得他学习的地方。于是他离开了他一直钟爱的广告界，尽管广告公司的老板和上司一再挽留他。

广告行业和其他行业都是一样需要人才的，如果因为公司不大，仅仅因为哥儿们义气和兄弟情谊，能够维持一时的团队关系，并不能建立一世的长期合作团队，建议 AM 从端正自己对员工的管理心态开始，不要简单地用一个标准去衡量一个员工，要从态度、业绩和能力三个方面综合考虑，这是建立团队所需要迈出的第一步，也是最关键的一步。

3. 如何建立团队管理体系

AM 在不断的成长过程中，逐步要担负起管理一个项目和一个小组的重任，这就决定了一个 AM 不仅仅具有强大的专业能力，还必须拥有良好的管理能力，最终能够建立一个有战斗力的团队。这个世界上，沟通是最艰难的事情，在保持良好沟通的基础上建立一个团队，更是难上加难的事情。

翻开招聘广告，但凡广告企业招聘 AM 这个职位的人员的时候，要么是不强调管理能力，要么就是以一句含糊的“有团队管理能力”带过，其实在招聘的过程中，广告企业并没有形成真正的评价 AM 管理能力行之有效的标准，这也造成了多数本土中小型广告企业，在招聘 AM 或者提拔和任命 AM 的时候，多凭直觉，而不是依靠标准。

团队管理的核心是谁？不错，就是人，管理好了人，就能够管理好这个团队。1998 年的时候，我踏上了深圳这一片热土，一下飞机，深圳的热让我难以适应。所以一走进充满冷气的办公室，我顿时感觉舒服到了极点。但是我们部门的办公室却冷冷清清，没有几个人，一问才知道，我们营业部的经理以及其他员工都出差去了，要明天下午才回到深圳。

第二天下午的时候，我被部门仅剩的那个同事拉到了公司的花园里面，在那里已经坐着三个人了，经过他的一番介绍，我终于见到了我们部门的AM——付昆经理，我伸出自己的双手，很谨慎地喊了一句："付经理！"老实说，这个称谓始终感觉怪怪的，似乎人家永远是副职一般。

这个个子比我高大，相貌比我英俊，年纪仅比我大一两岁的年轻人，也一下子握住了我的手："叫我老大就行了！"就这样，这一叫就叫了很多年，直到今天大家天各一方，他也不再是我的经理和上级了，但是我们依然保持着这样的习惯，一通电话，绝对叫他老大。

付昆是一个特别肯学习的人，他每一次出差，总是带上几本书阅读，在他的影响下，整个营业部演变成了公司最爱学习的一个部门。每每遇上出差，不管是不是跟随付昆，我们都习惯性地带上一些书籍在旅途中阅读，也在夜晚阅读。多年以后，我重返深圳，和付昆在蛇口见面的时候，依然看到坐在肯德基餐厅里面等待的他，抱着一本书阅读着。

付昆在日常的工作中喜欢以身作则，每一次和客户召开工作会议之前，不管会议手册是不是他撰写和准备的，付昆都会在会议手册制作出来之后，仔细阅读并积极召开预演会议，以便保证和客户的正式会议得以顺利进行。他的这个习惯也在整个部门里面慢慢传播开来，每一次递交给客户的文件和材料，部门的每一个员工都会仔细检查，尽可能保证不要出现错误。

最重要的是付昆很善于指导部门员工的工作，还在宁波服务烟厂客户的时候，付昆一再叮嘱我要认真服务客户，务必做到令客户满意。他很少以盛气凌人或者指挥的口吻来命令我或者部门其他同事去做什么工作。付昆一直提倡的是诱导式的工作技巧，每次接到烟厂的工作指令，付昆会在说出他的意见之前，先询问我："你觉得应该怎么去处理呢？"一开始我并不理解这样的询问，心里琢磨着：你是领导，你说怎么做就怎么做！但是今天回过头来想一想，付昆这样的询问，迫使我不得不去努力思考应该怎样回答领导提出的问题。在不知不觉之中，我养成了任何工作先进行思考的习惯，而这个习惯也最终促使我为了做好工作，而不断地学习。

付昆在我的职业生涯中，成了一个令人难以忘怀的经理，他在我们当年的营业部里面建立了一个平等、上进而又实干的团队管理核心，保证了这个团队的每一个成员，都能够在工作和学习中得到应有的进步。付昆后来成为了公司的客户总监，在我离开公司的那一年，也又成了公司的副总经理。

事实上，付昆的这些做法，放在今天依然是成效卓著。我现在的一个营业部同事，在上周致电给我，询问客户的某个事情应该如何解决的时候，我依然很和气地询问着她："你能不能先告诉我，你觉得应该怎么样来处理，比较好呢？"

这件事情让她处理得很好，客户也比较满意，她事后告诉我："我感觉到了一次公司的信任和一次学习的机会！"

4. 对业务申请单的统计

AM 除了对项目和人力资源进行有效的管理之外，最重要的就是财务管理能力，千万不能忽视这项工作，如果不做这项工作，你顶多只能算是个不称职的 AE。AM 对业务申请单的管理目的，在于合理地控制成本，并保证人力资源得到合理的运用。或许听到这句话，你感觉十分难于理解。这个相当正常，对于习惯了感性思考的广告从业人员而言，理性思考的习惯还没有真正建立起来，而恰恰管理多数是属于理性思考的范畴。

我和合作伙伴开始创业的第一年，合作伙伴邀请了一位自诩为资深专业人士的策划人员加盟，由于公司没有设立专门的策划部，再加上这位策划人员一直强调自己的客户服务能力也相当不错，于是我和合作伙伴商议，决定让他作为客户服务部经理，并借机在公司实施 AP 制度，让 AE 来撰写策划。

在他加入公司不久，我们接到了一个客户，由于这个客户对出品的要求很多，公司先先后后多次派人到客户办公室沟通和交流，以便确定最后的出品。就这样在反反复复中，不知道修改了多少次，最后终于确定出品的稿子，客户付款也十分痛快，开出发票的十个工作日之内，就把应该支付的款项支付了，当会计把收支表交到我和合作伙伴的手里的时候，我们当时的心情，突然变得有一种说不出的感觉。

整个项目共计为客户设计制作了三个广告，总共营业额达到了好几万，但是税后毛利由于客户的一再压价，仅仅只达到了 13% 多一点；更糟糕的是这位号称资深策划人士和拥有多年客户服务经验的经理，任意同意 AE 打车（出租）到客户那里，多次的往返再加上误餐补贴，以及招待客户就餐的公关费用、AE 人员和设计部人员应得的提成，整个项目不仅一分钱没有赚到，公司为此还倒贴了一千多元。

当我们叫来这位经理，询问他："难道在为三张业务申请单签字之时，没有仔细阅读和计算过收益状况吗？”这位总监很爽快地回答：“财务的事情和我没有关系，我只负责专业。”而在三张业务申请单上面，我清楚地看到了财务部对于成本过高的提醒，但是他却置若罔闻，坚持按照自己的想法行事。

由此可见，任何一个公司的成本管理，都和营业部的经理以上人员有密切的关系，因为毕竟 AM 要对项目收益负责，必须合理地控制项目运营中的各项成本。因此对业务申请单的统计，成为 AM 财务和成本管理工作的核心。

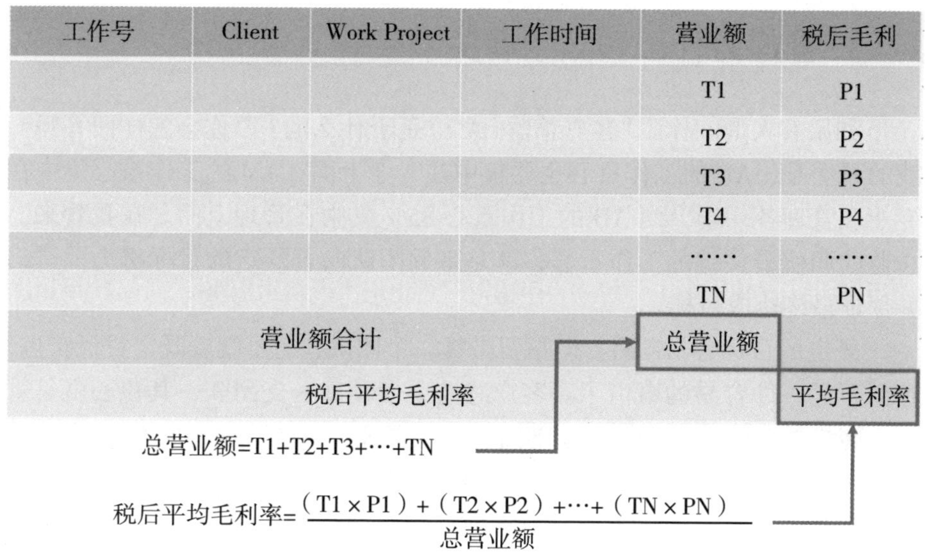

工作号	Client	Work Project	工作时间	营业额	税后毛利
				T1	P1
				T2	P2
				T3	P3
				T4	P4
				……	……
				TN	PN
营业额合计				总营业额	
税后平均毛利率					平均毛利率

$$\text{税后平均毛利率}=\frac{(T1\times P1)+(T2\times P2)+\cdots+(TN\times PN)}{\text{总营业额}}$$

图 14–1　项目利润控制和管理汇总表单

通过上图，大家可以看到如何对一个阶段的业务申请单进行统计。需要填写的是“工作号”“Client（客户）”“Work Project（工作项目）”“工作时间”和“营业额”“税后毛利”等项，总营业额就是将营业额所在列的所有数字，汇总相加所得到的数字，另外需要计算的就是税后平均毛利率，计算公式就按照上图所示，得到的结果一定要符合公司对利润的管理规定。

这个工作应该不会花费太多的时间，其执行的关键点，就在于要求 AM 在对业务申请单签字确认的时候，需要详细关注一下项目的收支状况，并及时在自己的业务申请单统计表上面登记和记录下来，保证项目合理的收益。

第十五章　团队的领导能力

1. 管理为什么和数字有关

如果有人询问你："客户总监（AD）是干什么的？"你会怎样回答呢？我的看法是，AE 的工作重心主要集中在专业上面，AM 的工作重心集中在专业和管理各一半，而 AD 的工作重心 85% 集中在管理上面。在我看来，总监的职位最关键的工作重心，就是带领团队向着既定的目标努力前进，并保证最终达成目标。

既定的目标容易制订，但是要带领一个团队，还要朝着既定目标奋进，这就不是一件容易的事情了。客户总监要带领好一支团队，其核心就是管理。客户总监的管理分为三个部门：专业管理、行政管理和成本管理。

专业管理很容易理解，多数客户总监都把工作重点放在这个上面，这个管理涉及项目管理、出品质量管理和素质提升（培训）管理三个方面。项目管理是非常容易的，前面已经介绍到业务申请单，这就是客户总监对项目进行有效管理的基础。前面已经谈到 AE 必须向财务人员提交业务申请单，以便申请必要的项目工作号，这个工作号虽然是由公司财务部门的财务人员核准并发放，但是不要忘记的是，财务部是客户总监进行管理的有利助手！

很多的客户总监，似乎觉得自己和财务毫无联系，一切关于财务的工作和问题，和自己统统不相干。这种想法是严重错误的，任何管理都是建立在数字基础之上的。自从泰勒提出了科学管理原理，企业管理界就一直没有停息过对科学管理的研究。二战结束之后，查尔斯·桑顿、罗伯特·麦克纳玛拉、法兰西斯·利斯、乔治·摩尔、艾荷华·蓝迪、班·米尔斯、阿杰·米勒、詹姆斯·莱特、查尔斯·包士华和威伯·安德森十人加盟了福特汽车公司，他们在二战期间，成为美国空军后勤英雄。他们卓有成效地将数字化管理模式用于战争，为盟军节余了10亿美元的耗费，大大提高了美国空军的轰炸效率。

他们加盟福特汽车公司之后，把数字化管理引入现代企业，拯救了衰退的福特事业，开创了全球现代化企业科学管理的先河，推出了美国历史上最惊人的经济增长期。他们的骄人成绩，也令他们的企业管理模式名垂青史，后人更尊称他们为“蓝血十杰”，以纪念他们为企业管理创新所做出的杰出贡献！

正因为有了他们的数字化管理模式，促使现代企业管理得到了迅速的发展，而今天的企业管理也和数字形成了密切的关系，那种凭感觉的粗放型管理模式，早已经不适合现代企业发展的需要了。不知道从什么时候起，中国企业管理界突然刮起了中国风，大言要走出一条具有中国特色的企业管理之路，所谓结合了论语、孙子兵法等中国传统文化的管理模式层出不穷，似乎老祖宗们几百年以前，甚至几千年以前，就已经大彻大悟现代企业管理，早就在自己的文字里面留下了种种方法和技巧。

紧接着又是各种执行力的理论流行于坊间，这个理论更加有趣，一味地把力量的砝码偏向于一边，只要求员工的大力付出和绝对忠诚，而绝口不提领导阶层应该怎样去做。

不管这些理论看上去有多么炫丽，听上去有多么富丽堂皇，似乎还是脱离不了凭感觉的管理套路，始终不愿走上数字化管理的道路上来。但是很遗憾的是，不仅是广告行业里面的客户总监们，就是中国很多本土企业的领导们，都热衷于凭感觉的管理方式。

作为企业管理的重要方式之一，平衡计分卡（BSC）管理模式是一种重要的管理模式，它可以有效地运用在战略管理、项目管理和人力资源管理等方面。平衡计分卡的创始人Robert Kaplan（罗伯特·卡普兰）教授指出：“无论是在哪个市场的企业，都面临着如何描述、沟通、执行战略的问题。其实，不少管理工具的理念也是从东方国家学来的——例如日本，因为日本人很强调如何从一线员工（包含中层经理人）那里去了解新的想法。我们需要一个可以让员工的创新知识力被挖掘出来的结构。”

但是长期以来在中国企业界一直有所争论，争论的焦点就是平衡计分卡是不是适合于中国企业。Robert Kaplan教授就此问题曾经直言不讳地表示：“如果中国的企业一味地强调节省成本而忽略战略，那么其能从BSC中受益就有限。”换句话说，就是“中国企业家并不习惯与员工分享自己的目标和战略。”

其实在广告行业里面也存在这样的问题，作为广告公司的老板或者客户总监，在带领团队奋斗的时候，很不容易和员工分享自己的目标和战略，员工是在茫然之间跟着总监或者老板前进，从他们的角度来看，当然是愿意事不关己高高挂起了。

其实说句直白的话，不是客户总监或者老板不愿意分享自己的目标和战略，只是因为他们太习惯于凭感觉的粗放型管理，当需要和员工谈及目标和战略的时候，总是以口号似的言语来表达，员工们早已经麻木了，他们走到哪间企业不是这样的口号，具体的战略数字和目标数字，在他们看来是听不到的，因为口号似的战略和目标永远是不直观的。

2. 协助你的员工规划职业生涯

很多的广告企业老板或者总监，都严重忽略了一个问题，那就是下属的职业生涯规划，似乎这个词汇对于多数的广告企业的管理者而言，是一个陌生而遥远的名词，往往在这个事情上，他们总是一副事不关己高高挂起的样子。本土中小型企业的跳槽频率一直居高不下，就其根本原因就在于管理者严重忽视了员工的职业生涯规划。

我认识一个相当杰出的小伙子，他一直在广告行业里面摸爬滚打，始终在一家地产广告企业里工作。恰好我距离他们的公司很近，于是常常去他们公司坐坐，也和他们的老板聊聊。应该说这家公司的老板还是相当有专业实力和发展见地的，他原来是成都某家相当有名的设计公司的创作总监，离职之后，相当艰辛地创立了这间广告公司，而他本人也从创作型的人才转型成为项目管理和企业管理人才，在公司里又当老板又做 AD，这期间的艰辛，也应该是可想而知的。但是也恰恰因此，他始终忽视了一个重要的问题：员工在你的公司里面能够获得什么？

这不仅仅是他所忽视的一个问题，还有很多广告企业的管理层严重忽视这个问题，或许你会毫不犹豫地回答，员工来这里不就是为了挣钱吗？如果你是这样回答，那足以证明你对这个问题的忽略和对员工的不了解。我始终认为，任何一个行业，任何一个员工，特别是刚刚进入某行业不久的年轻员工，到一家企业里面就职，无非是想在企业里面获得两种不同的结果：一是可以挣到钱，二是可以学习到未来足以支持他发展的知识和经验。

这一点，在我刚才提到的那个小伙子身上获得了印证，他加入这间广告公司的时候，薪资并不是很高，而且在他就职这间广告公司几年之后，公司也基本没有给他涨过薪资，但是他并没有什么怨言，他更多的是期望能够在这间广告企业里面学习到更多的知识，积累到更多的经验。抱着这样的信念，他始终坚持了下来，但是他也渐渐地感到了迷茫，而这种迷茫，相信对于多数年轻的广告人而言都是存在的。

这个迷茫就是作为员工，我的发展方向到底在哪里？在一段时间的积累之后，这个小伙子渐渐发现公司的知识体系和服务体系相对简单，似乎只有那么一点可以学习的，他根据自己的实际运作经验，提出了不少改进的措施和建议，公司似乎对此一直也未置可否，而更重要的是，因为缺乏职业生涯的规划，他几乎看不到作为 AE 自己应该走向何方，自己未来的出路和发展方向也是迷雾重重。

在反复思考之后，他相当郑重地向老板提出了离职的请求。当时他的老板相当吃惊，因为长久以来，公司规模不是很大，员工与员工之间的关系还是相对融洽的，特别是老板和下属之间，关系也是比较好的，在公司里面，几乎是看不出老板和员工的差别，何况公司还常常组织各种娱乐活动，还有各种各样的聚餐，按理说，员工不会应该觉得差在哪里呀？但是员工为什么还是要辞职呢？

事后我再和这间公司的老板通电话的时候，他始终认为一定是这个小伙子觉得薪资低了，“钱少了，可以谈谈嘛，只要有能力，给你涨起来是不成问题的。”他这样对我说，但是我却始终觉得问题的根本不是在于薪资，如果这个小伙子真的觉得薪资低了，按照他的性格，他不会忌讳来向老板直言提出的。

后来我从这个小伙子的口中，明白了他离职的真实原因，就是感觉自己在这间公司干得越久，就越感到前途迷茫。他在内心不断地询问自己，这样下去，自己究竟会走向何方？其实，作为广告企业的管理层，AD 应该特别重视这一点，跟着你做事的员工，不仅仅是简单地听取命令，然后执行，他们也期望通过你的带领，积累到应有的经验，学习到更多的知识，在奠定个人素质基础的前提之下，有你的大力协助，他们能够规划出自己的职业生涯，这样他们可以看清楚未来的路究竟在哪里。

相信一个好 AD，不会让自己的下属迷失在前进的道路上。

3. 伸手摘星，至少不会弄脏双手

这句话来自于著名的 Leo Burnett 广告有限公司，“When you reach for the stars you may not quite get one, but you won't come up with a handful of mud either.”第一次听到这句话的时候，我还在成都人民商场下属的广告公司里面任职，当时我一个人在位于成都春熙路的外文书店，翻阅着台湾版的广告书籍，其中一本就是关于 Leo Burnett 一百句广告名言的书籍，当时唯一的印象就是 Leo Burnett 广告的标志是一只摘星的手，那个时候的我并不了解这句话的含义。

在那之后不久，我就背着自己的行囊，独自踏上了深圳的土地。对于当时年少的我而言，我所加入的那间台湾公司到处充满了激情，这种激情是 70 年代的群体所独有的。我们整个部门大约五、六个人，都是 20 多岁的年轻人，来自四面八方，为着自己执着的专业理想走到了一起。平日里，大家要是工作上有点什么问题，都喜欢拿出来一起讨论，这个习惯就是来自于部门的总监付昆，这个湖南人似乎在工作上有着常人难以超越的更多激情，他可以就某一个工作上的问题，一直和你讨论，直到寻找到满意的答案，或者大家都取得共识。

直到今天，我依然很怀念这样的氛围，因为往往争论到最后，大家都突然意识到，自己能够从别人的身上学习到不少知识。

还记得，我当时服务的客户是宁波的某一个卷烟厂，这个企业的徐总经理是一个相当有魄力的人，他的眼光非常具有战略性。当时卷烟厂的效益已经是相当不错了，而且还在蒸蒸日上，应该说对于一个企业管理者而言，是非常满意的。但是他不是这样想的，他已经着眼于如何管理品牌，如何将品牌愿景推销给消费者，并在员工中渗透，他的这种思想在当时的中国同行里面非常超前，甚至在整个企业界里面也是超前的。我后来进入日本企业，日本的企业管理界给了这种做法一个贴切的名词——全员品牌！

就在那段时间里面，我和这位总经理交流很多，他的这种意识和观念也不知不觉地影响着我。我突然意识到自己对品牌十分地感兴趣，于是我每周都跑到位于宁波新江厦大楼上面的书店里，开始留意和购买各种关于品牌的书籍。这一点被经常来宁波检查工作的付昆都看在了眼里。

有一个傍晚，他约上我一起去宁波的小街上吃海鲜，我们一起喝着啤酒。我们几杯酒下肚，聊意上来，谈得最多的还是专业。他说到了对我专业知识的看法，“兄弟，我看你对品牌很感兴趣呀！”他直言不讳地对我说。老实说，当时已经看了几本关于品牌的书籍，但是个人的感觉却是好像完全没有看明白。反正对于当时的我来说，品牌就是一个很玄乎的东西，太高深了。

付昆马上制止了我的这种想法，“有什么高深可言，只要能够写成书的，你就可以学习到！”这句话给了我很大的震撼。他说：“兄弟，你想，学习这个东西和其他不一样，只要想学，就像伸手去摘星星一样，即使学习不成功，也不至于有什么损失呀，大不了我们可以重新来过。”我后来一直在想，付昆是不是看过 Leo Burnett 的这句名言，因为就在那天晚上，他始终对我说：“兄弟，你既然对品牌感兴趣，我觉得你应该努力在品牌这条路上走下去，即使最后不成功，只要自己付出了努力，都是值得的。因为我们在 ICON 的每一个人，都应该确定自己的专业定位，而不是继续做什么都知道一点的伪通才，这样对自己的人生不利，也对自己以后挣钱不利，更对公司不利。”

那一天之后，我开始花费大量的精力在品牌这个知识的学习和经验的积累上，也因此在加入日本企业之后获得了管理层的认可。多年以后的付昆，在杭州创业成功，我也明白了，当年他作为我们的总监，给每一个人都指出了一条适合自己发展的专业道路，而他自己也选择了企业管理来作为他发展的专业道路，在这一点上，他远比我们都要成功！

把团队打造成为学习型组织！

我现在的工作和 3G 技术有密切的关系，准确地说，就是 3G 产品中的一种，其涉及的知识面更加广泛，需要通过大量的学习才能够跟得上这个产品的发展步伐。而公司里面的员工大多数都是 80 年代的，他们其实可以更容易掌握这些新技术，但是恰恰他们掌握的程度，截至目前都无法适应市场的需要。

于是我决定在每周周末开设培训课程，由我自己和中国电信的有关人员来对他们进行培训，讲授涉及 3G 产品的有关知识，同时辅之以品牌培训，逐渐提高他们的专业技能。我从来不认为这是一件不让人满意的事情，因为要做好自己的工作，提高业务素质综合能力是一件必需的，也是非常基础的事情。但是这只是我的想法而已，问题就出在这个培训上面。

这是一个来自四川某知名大学广告系的学生，她加入公司的时间也有两年多了，但是每一次培训的时候，她都显得无精打采，整个人就如得了软骨病一般，瘫趴在会议桌上。每一次提醒她之后，她会端正地坐好几分钟，但是几分钟之后，她犹如浑身上下没有了力气一般，再次瘫趴在桌面上。每一次培训，她也始终不愿意做笔记，面前摆着的笔记本和笔，犹如观赏的花瓶一般，形同虚设。

更糟糕的是，一次品牌培训结束之后，公司布置了一个作业，要求大家写下对专业是怎么理解的。几天之后，所有同事如期交上了自己的答卷，而她才匆匆忙忙花了上午时间来草草了事，交上来的答卷一看，让人顿时目瞪口呆，因为她回答的题目不知道什么时候变成了——什么叫做广告？

我看到这样的情形的第一反应就是“完全是心不在焉”，于是在一天出外给客户设置体验中心的时候，我向同去的同事详细地询问并了解她的状况，同事也比较坦诚和客观地向我做了说明。同事告诉我，从公司开展培训以来，她一直对这个培训感到非常厌恶，她所追求的是一种稳定的工作状态，不希望工作有什么变化，特别是我要求员工积极提高自己的专业素质，这是第一方面；第二个方面，她始终认为自己的工作方法是正确的，对于培训中提到的很多全新的工作方法，她始终不认可，她认为这些方法都不符合她的工作习惯，所以她也不想听，更不想尝试；第三个方面，她认为工作做了就行了，至于做得对不对，那是公司管理层考虑的事情，与她没有任何关系，所以不要跟她谈什么把工作做好的观念；第四个方面，至于什么 3G 可能带来的变化，她不想知道，她始终觉得在 QQ 农场里面偷菜，绝对比坐在那里听什么 3G 可能实现的数字生活，要有趣得多。

听到这样的一些反映之后，我决心要找这名员工谈谈。在我对公司部门的管理规划中，培训是和协助员工规划个人职业生涯一样重要的事情，因此我不希望任何一个特例的出现，因为它的出现，极有可能影响其他员工受训的积极性。但是面对今天日益变化的社会和市场环境，我想象不出还能找到第二个比培训更好的办法来适应这个变化了。

翻开《奥美的数字营销》和《奥美的观点 6》这两本书，我第一个感觉就是，这个社会因为数字化时代的来临，变化已经超过了我们的想象，如果不及时更新自己的知识，要想跟上这样的变化，实在是非常艰难的一件事情。

奥美集团大中华区董事长宋秩铭先生在大中华区创意总监大会上的讲话，就提到一点：“必须面对和拥抱新媒体（Internet、Mobile 和 IPTV 等）。”他也谈到了一个案例：“……我最近在上海碰到一家公司，这家公司有 250 个人，由一个 31 岁的年轻人所领导。他们只做 4 个客户，他们很完整地了解新媒体。他们把广告、公关、行动、互动，甚至包括 TVC（电视广告）

的制作都整合在网上，是一个 360° 的网络奥美！”

我很想把这段话分享给我的这位同事，我很想询问她，当你看了这段话之后，你有什么感触？你所服务的是中国数一数二的大型乳业企业，面对他们在本地的推广业务，你能够针对信息时代消费者的特征，来利用网络或者新媒体为客户规划全新的、更加有效的推广方案吗？

但是我也很担心，因为按照我对她性格的了解，她 99% 的可能性会回答我说：不能！

如果真是这样，这个人我是不需要的，我不想因为一个人，影响我把整个团队打造成学习型的组织！

4. 不要做头脑发热的 AD

有一段时间，我和一些地产广告企业来往密切，自己也深处其中，在他们的一旁和他们一起工作。其实他们的每一个想法都是非常好的，至少出发点是绝对正确的，他们无时无刻不在想，为客户做到最好，在客户面前尽可能地展现自己的专业。我相信这样的想法，不管是哪一个广告企业都是有的，遗憾的是，他们似乎并不知道自己的专业究竟体现在哪里？

一个地产的广告企业，在他们的眼中和实际操作中变得全能无比，产品户型的设计，他们要介入；项目园林的规划，他们也参与；项目的建筑规划设计，他们一定要发言和指导；办理各种土地和建筑手续，他们有通天的关系；项目的销售代理，更是非他们莫属；而恰恰是他们本行的广告推广，在他们的口中成了最可有可无的东西。

一个名叫“清水竹一”的网友在他自己的博客里面撰写了一篇关于“全能型地产广告公司”的文章，写得相当不错：“……哈尔滨广告公司的全能是前无古人，后无来者的。有时，我甚至浮想联翩，也许这将是个划时代的开始。哈尔滨的地产广告公司们，将开启一个行业的先河。

‘全能’，用白话说就是什么都会，什么都能干的意思。所以，除了广告，我们还得说点别的。大凡地产项目的广告提案，除了广告，一定要说点别的。大到项目定位、规划、营销策略、产品建议、销售策略，小到户型、建筑小品，好像你要不说你就不专业，好像不说你就不重视，好像不说你就不配做广告！……

起初，我很惊奇，我惊奇于哈尔滨的地产广告公司能力如此之强，人才如此之多。一个广告公司竟涵盖了顾问公司、代理公司、规划设计院、园林公司的所有人员配置。不要说国内诸如中原、世联、同致行、思源等一线代理、顾问公司无法做到，就是国际的5大行也不行。我弱小的心灵被深深地震撼了。我猜测，有朝一日哈尔滨的地产广告公司们，一定会冲出亚洲，走向世界的。对于想象力丰富的人，很容易让人联想这是一个预谋的开始，哈尔滨的地产广告公司们正在酝酿着一场行业的变革，他们要把顾问、代理公司们赶出中国房地产业的版图，取而代之。以后在中国，你将看不到代理公司和顾问公司的身影，言必称‘广告公司’。

也许是惊喜来得太快，也许是现实和幻想本就有着很远的差距，现实把我从美好的憧憬中无情地拉了回来。所谓的项目定位原来是自己坐在办公室拍拍脑袋出来的，反正开发商自己也经常拍，广告公司自然也不能落后；所谓营销策略也无非是大谈空谈……以此类推，诸如什么规划、产品建议、销售建议啊，自然是照虎画猫，草草了事。有甚者，就是打着这样的旗号开展‘顾问’服务的。我忍不住深吸一口凉气，佩服！佩服！”

我很佩服这位网友，他写出了目前中国广告界的一个真实现状，当很多广告从业人员沉醉在这种“全能型”空想之中的时候，很难有几个人能够清醒地认识到这些真实，其实也不乏作为管理层的AD，但往往也正是AD的头脑发热，导致了这些“全能型”广告企业，在中国大地的泛滥成灾。

AD是项目和团队的领头羊，如果领头羊的头脑发热，开始胡干加乱干，估计受罪的多半也是团队里面的成员，拿着微薄的薪资，成天奔波于客户办公室和广告公司办公室之间，还必须干着很多自己并不熟悉的专业中涉及的工作，这其中的郁闷，我想只有他们是最了解的吧。

其实，目前中国大地上这样的“全能型”广告企业实在是太多了，又岂止是在哈尔滨和成都才出现呢？说得透彻一点，就是AD自己都不清楚自己的专业应该展现在什么地方？他们无法知道自己和团队应该给予客户展示什么样的专业标准，于是他们不得不把更多的精力投入到客户产品的各个方面，以便来证明客户选择自己是有价值的，可能对于客户，特别是地产客户而言，这是相当受欢迎的，毕竟聘请一家公司，把需要很多公司来完成的事情都完成了，何乐而不为呢？做企业的，哪个不愿尽可能地控制和降低成本呢？问题是，这些涉及不同专业领域的工作，一家所谓的“全能型”广告公司就真能做得到吗？

回到广告行业，我只但愿，作为管理层的AD不要去头脑发热，更不要严重忽视自己的专业标准，你的下属都在用期待的眼神注视着你呢！

5. AD 千万不能忘记的概念

太多的 AD 们早已经忘记了，我们的本行是做广告推广，更忘记了广告是做给谁看的。阅读《奥美的观点 6》的时候，我被奥美集团大中华区董事长宋秩铭先生在大中华区创意总监大会上的讲话所震撼：“卖（销售）东西不完全是技巧的问题，而是依靠对生意的独特看法、对消费者的洞察，以及针对客户问题有很好的掌握。”这让我想起了大卫·奥格威先生始终、不断强调的一个观点：“一切为了销售，否则我们一无是处！”广告是销售的促进因素，因此广告必须为销售服务，而不是仅仅把一个概念推到消费者面前。为什么这样说？因为广告的直接动力就是引发消费者内心的共鸣，当他们看到这个广告的时候，不是说这个广告还不错，而应该说这个产品不错，是我（我们）想要的。

要做到这一点，最关键的就是对消费者内心需求和观点的洞察，要做到这一点，实在不是容易的事情。而太多的 AD 也严重地忽略了这一点，一些网友于是才有机会把广告的种种特征总结出来：

偏远地段——远离闹市喧嚣，尽享静谧人生；

郊区乡镇——回归自然，享受田园风光；

紧邻闹市——坐拥城市繁华；

挨着臭水沟——绝版水岸名邸，上风上水；

挖个水池子——东方威尼斯，演绎浪漫风情；

地势高——视野开阔，俯瞰全城；

地势低洼——台地叠景，冬暖夏凉；

……

似乎这些都成为消费者们见惯不惊的套路了，走在大马路上，对于这些广告语，都足以熟读于心了，但是似乎消费者们更喜欢的还是那些“滴滴香浓，意犹未尽”“神州行我看行”和“我的地盘听我的”，既朗朗上口又贴近生活的广告标语。

我常常听到不少的 AD，言及地产广告就是和快消品广告不同，始终强调的就是地产广告不能够使用快消品广告的方式，所以也就产生了“零售紫金山”“50 万以下身价者，恕不接待”和“老子在山里”等让消费者观看后感觉莫名其妙的广告语，我实在不知道这样的广告语能够给予目标消费者什么样的承诺？这样的广告语能够引发消费者怎样的共鸣呢？其实在我看来，这样的广告语，空洞大过实际，对产品的销售一点没有帮助。为什么会出现这样的现象呢？我想不了解消费者的内心需求，就是根本的原因。

“5·12汶川大地震”之后，成都市政府委托WPP集团旗下的达比思阿佩克斯广告公司创作了一套成都形象设计稿，我开车路经成都江汉路的时候，第一次偶然看见了这个广告，广告画面上有一名人民警察，在成都他是一个家喻户晓的警察，因为主持电视台的《谭谈交通》而异常出名，他就是谭乔警官。他在画面上一个标准的敬礼，广告语非常简单：“因为有你，成都更美好！”这个广告出现的时候是大地震过去不久的日子，我相信很多人看了这个广告，都同样被广告所震撼了，因为广告语下面的文案，朴实而真诚：“当上千辆出租车在一瞬间变成救护车、消防车、物资运输车时，我看到了爱在涌动的速度。”

如果你在成都亲历过大地震发生，你就会明白，就在大地震的当天，万千成都出租车放着生意不做，集体奔赴地震灾区，那种场景会是你永生难忘的。当我驾驶汽车赶往绵竹灾区的时候，成千的出租车就从我的车边掠过，他们为了去灾区尽自己的一份力量，开足了马力，谭乔所致敬的，就是这样一群很平凡、很普通的人。

我更相信，当时参与过这件事情的成都的哥们，看到这个广告的时候，内心的触动一定远远大过我，我也坚信，这个广告会在引发他们内心共鸣的同时，永远留驻在他们的心中。所以这一个系列的广告获得艾菲奖，是当之无愧的！因为它的一切创意都来自对民众内心的洞察！

图 15-1　2008 年汶川大地震后成都城市形象广告　谭乔篇

图片来源：以上广告由WPP集团成都阿佩克斯奥美广告有限公司授权提供

图 15-2　2008 年汶川大地震后成都城市形象广告　洁尘篇

图片来源：以上广告由 WPP 集团成都阿佩克斯奥美广告有限公司授权提供

图 15-3　2008 年汶川大地震后成都城市形象广告　孙静篇

图片来源：以上广告由 WPP 集团成都阿佩克斯奥美广告有限公司授权提供

图 15-4　2008 年汶川大地震后成都城市形象广告　张靓颖篇

图片来源：以上广告由 WPP 集团成都阿佩克斯奥美广告有限公司授权提供

6. 用对方法做对事

2006 年的夏天，我受邀给一些广告方向的研究生做了一堂专业交流，在会上我第一次总结了这句话：“找个好工作不如找个好领导！”望着台下众多迷茫的眼神，我明白，作为还没有走进社会的新人而言，他们还不是很了解这句话的含义。但是对于我，却是已经深深地感受到这一点对于我是多么的重要。

付昆作为我们营业部的总监，他为每一个营业部的员工指引了发展的方向，这一点是非常重要的，至少我最后定位在品牌这个专业上，需要感谢付昆。而当我在百货行业里面开始全新的职业旅程的时候，我又得到了摩尔百盛黄总经理的指引，他始终告诫我和众多的同事：“Do good thing! Do thing right!”当我加入日本企业的时候，我所在分公司的王总经理又再次给予了我更多的教诲，他对品牌的见解令我受益匪浅，深感听君一席话，胜读十年书！

我很庆幸自己能够遇到很多不断帮助我提高的上司，这里我不得不再次提到当年的客户群总监，那位来自台湾的王露华，她走进深圳办公室的第一个告诫，就是“用对方法做对事”！针对我所在的市场媒介部，她强化了整个部门的策略规划能力，为此，她专门把在台湾国华电通广告公司受训时的资料带到深圳，一一为我们详细讲解电通品牌蜂窝的原理和实用技巧。

在这一个时间段里，恰巧我们遇到了一个成都的客户，这是一间新兴的家具企业，作为创始人的总经理一直想寻求一家广告公司，能够有效地管理好产品品牌。在成都本地寻找未果的情况下，他亲自飞到深圳和广州，走访一些朋友推荐的广告企业，正好我所在的广告企业也在推荐之列，于是我和王露华前去他下榻的酒店拜访了他。

这是一次难忘的经历，在第一次简单拜访的基础上，王露华很快准备好了客户访谈表，然后安排了专门的时间飞抵成都，亲自到客户的工厂和销售部走访，访问产品管理负责人和营销负责人，对于产品和市场的每一个细节，都去仔细了解，并详细记录在了自己的笔记本上。

回到深圳之后，她并不急于安排我和部门同事开始撰写策略建议书，而是首先召开了项目说明会议，对没有飞往成都的每一个项目同仁，详细说明这次前往成都看到的和听到的信息，在此基础上，她向大家提出了各种疑问，要求与会人员都认真思考。

三天之后，她再次召开会议，这次的主题是策略研讨会议，会议在她的引导下，从分析客户的问题所在，一直到我们应该提出怎样的解决方案，这个方案的方向在哪里，她都很严密而富有逻辑地引导着我们的思考，直到最后全部小组的人员形成统一的共识。

在形成共识之后，她将整个专户小组的人员分为了两个部分，第一个部分的人员汇总市场资料，撰写策略建议报告书；第二个部分的人员继续在她的主持和引导下，召开创意发想会议，研究和探讨客户的创意表现应该怎样围绕策略核心点展开。

这一次的工作经历让我对广告有了全新的看法，也让我明白了广告是一个系统的工程，不是靠个人英雄似的单打独斗可以完成的。

所以在 2006 年夏天的那次和大学广告方向研究生做交流的时候，当他们询问我：“本土广告企业和 4A 广告企业有什么差别？”之时，我回答他们说：“4A 并不是神秘的，我们作为广告人，既不能神化 4A 广告企业，也不能过度贬低本土广告企业，其实本土广告企业和 4A 广告企业的差别就在于，4A 广告企业已经把广告形成了一个系统，在这个系统里面，各个环节能够很好地分工合作；而本土广告企业还处在探索和发展阶段，还没有形成这么一个系统。这，就是它们的区别！”

7. 奥格威留下的俄罗斯娃娃哲学

大卫·奥格威先生有一个爱好，这个爱好是我在台湾版的《奥格威谈广告》一书中看到的。

在书中，大卫·奥格威先生自己写到，“有人升任奥美分公司总经理时，我都会送给他一个俄国的娃娃。如果他很好奇地一层层打开，在最小的娃娃里头会有一张字条：‘如果你经常雇佣比你弱小的人，将来我们就会变成一家侏儒公司。相反的，如果你每次都雇佣比你强大的人，日后我们必定成为一家巨人公司。’”

大卫·奥格威先生在奥美要求，雇佣比自己强大、优秀的人，“如果必要的话，付给他比你付给自己更多的薪水。”俄罗斯娃娃成了奥美最著名的企业文化之一，我刚刚开始接触奥美广告公司的时候，就因为受到大卫·奥格威先生的影响，于是托人从俄罗斯边境给我带了一套俄罗斯娃娃回来，虽然也是俄罗斯民间生产的，但是毕竟少了大卫·奥格威先生的字条。

不过这也是一种象征，至少它可以让我随时想到大卫·奥格威先生的忠告。这是大师的忠告，他一直遗憾无法请到 Helmut Krone，一位奥格威先生认为很杰出的艺术指导；还有另外一位名叫 Bast Cummings 的年轻 AE，在《奥格威谈广告》一书中，可以看出大卫·奥格威先生对此感到无比遗憾："他最后成为 Compton 广告公司的主持人。"

在一些本土中小型广告企业里面，其实已经做到了雇佣比自己强大的人这一点，很多中小型广告企业里面都有比创业者杰出的人才，他们也努力地为企业赢利贡献着自己的力量。但是非常遗憾的是，似乎中国人习惯了"又要马儿跑，又不要马儿吃草"的定律，作为企业的管理者，往往就是不愿意给这些人才多一点福利，多加一点薪资，更何况，现在是经济危机期间，成本压缩变得十分重要！

而现实中的另外一种情况，则是一些本土广告企业为了压缩自己的成本，大批量的雇佣刚刚毕业、才走出校门的学生，他们什么都不懂，而所在的广告企业培训和管理又严重缺乏，导致服务始终无法令客户满意，于是总是会出现，服务某个客户两三个月之后，客户就换了广告公司的现象。这个情况的根源就在于，广告企业缺乏固定的团队，高频次的跳槽成了制约这一类本土广告企业发展的严重瓶颈。

2008 年我在服务中国电信客户的时候，作为公司的 AD 被中国电信邀请参加在四川省公司总部举办的品牌研讨会议，当时去了不少为中国电信四川公司服务的本土广告企业，我不知道这些企业的感受，但是我的一个感受就是，在信息时代来临的今天，客户对广告的认知已经远远超越了广告企业，广告企业在吸收新知和更新工作技巧方面，已经远远落后了。

据我所知，中国移动、伊利牛奶等大型客户都积极地把培训引入自己的企业，力争不断提高员工素质，期间不乏邀请很多的国际广告企业人员前去演讲，将更多的广告新知灌输到员工脑海当中。但很多的广告企业一直在忽视培训，在成都，很多的本土中小型广告企业连什么是 KPI 都不知道，当客户要求广告企业的服务必须和客户企业的 KPI 挂钩时，广告公司的 AD 一脸茫然，不知道应该回答同意还是不同意，因为他们连 KPI 是什么都不知道，担心万一回答了，会影响到自己的收益。

AD 要不断提高自身素质的最好办法，就是雇佣比自己强大的人。大卫·奥格威先生的这一条忠告，依然适合于今天的社会，因为这样不仅仅是让企业能够有机会发展壮大，更重要的是，作为领导者的 AD，才会有更强的动力去激励自己不断地吸取新知，积累经验，最终提高自身素质。

8. 如何进行营业预估和营业实绩的管理

能够从 AM 做到 AD，是一件很不容易的事情，其中需要重点考核的就是对项目财务的管理。其实在很多的行业里都是涉及营业预估的，特别是在零售百货，每一年的 10 月份开始，都必须对第二年的营业收入进行预估，零售百货为此专门观察每一年的销售变化规律，再结合市场可能发生的变化，来预测第二年销售的状况。

但是在多数的广告企业里面，却很少涉及营业预估，特别是位居 AD 的时候，多数本土广告企业的 AD 都最终和财务划清界限，似乎公司收益状况和自己一点关系都没有。这样的想法是大错特错，身为营业部的总监，甚至是客户群总监，如果对项目仅仅停留于专业的管理，那么这样的总监，只能算半个。

公司内部月度/年度预算管理表（08/第四季度） 营业担当： 填写时间：200 年 月 日

			AE	营业额	税后利润	目标利润率	第一季度			第二季度			第三季度			第四季度		
序号	工作单	客户名称					1月	2月	3月	4月	5月	6月	7月	8月	9月	10月	11月	12月
1				0	0	0.00%	0.00	0.00	0.00	0.00	0.00	0.00	0.00	0.00	0.00	0.00	0.00	0.00
2				0	0	0.00%	0.00	0.00	0.00	0.00	0.00	0.00	0.00	0.00	0.00	0.00	0.00	0.00
3				0	0	0.00%	0.00	0.00	0.00	0.00	0.00	0.00	0.00	0.00	0.00	0.00	0.00	0.00
4				0	0	0.00%	0.00	0.00	0.00	0.00	0.00	0.00	0.00	0.00	0.00	0.00	0.00	0.00
5				0	0	0.00%	0.00	0.00	0.00	0.00	0.00	0.00	0.00	0.00	0.00	0.00	0.00	0.00
6				0	0	0.00%	0.00	0.00	0.00	0.00	0.00	0.00	0.00	0.00	0.00	0.00	0.00	0.00
7				0	0	0.00%	0.00	0.00	0.00	0.00	0.00	0.00	0.00	0.00	0.00	0.00	0.00	0.00
8				0	0	0.00%	0.00	0.00	0.00	0.00	0.00	0.00	0.00	0.00	0.00	0.00	0.00	0.00
9				0	0	0.00%	0.00	0.00	0.00	0.00	0.00	0.00	0.00	0.00	0.00	0.00	0.00	0.00
10				0	0	0.00%	0.00	0.00	0.00	0.00	0.00	0.00	0.00	0.00	0.00	0.00	0.00	0.00
				0	0	0.00%	0.00	0.00	0.00	0.00	0.00	0.00	0.00	0.00	0.00	0.00	0.00	0.00
				0	0	0.00%	0.00	0.00	0.00	0.00	0.00	0.00	0.00	0.00	0.00	0.00	0.00	0.00
获得预算合计 I				0	0	#DIV/0!	0	0	0	0	0	0	0	0	0.00	0.00	0.00	0.00
1							0.00	0.00	0.00	0.00	0.00	0.00	0.00	0.00	0.00	0.00	0.00	0.00
2							0.00	0.00	0.00	0.00	0.00	0.00	0.00	0.00	0.00	0.00	0.00	0.00
3							0.00	0.00	0.00	0.00	0.00	0.00	0.00	0.00	0.00	0.00	0.00	0.00
4							0.00	0.00	0.00	0.00	0.00	0.00	0.00	0.00	0.00	0.00	0.00	0.00
5							0.00	0.00	0.00	0.00	0.00	0.00	0.00	0.00	0.00	0.00	0.00	0.00
6							0.00	0.00	0.00	0.00	0.00	0.00	0.00	0.00	0.00	0.00	0.00	0.00
7							0.00	0.00	0.00	0.00	0.00	0.00	0.00	0.00	0.00	0.00	0.00	0.00
8							0.00	0.00	0.00	0.00	0.00	0.00	0.00	0.00	0.00	0.00	0.00	0.00
9				0	0	0.00%	0.00	0.00	0.00	0.00	0.00	0.00	0.00	0.00	0.00	0.00	0.00	0.00
10							0.00	0.00	0.00	0.00	0.00	0.00	0.00	0.00	0.00	0.00	0.00	0.00
获得预算合计 II				0	0	#DIV/0!			0	0	0	0	0	0	0.00	0.00	0.00	0.00
预算总计（I+II）				0	0	#DIV/0!	0	0	0	0	0	0	0	0	0.00	0.00	0.00	0.00

图 15–5 公司年度项目业绩汇总表

上图是一张典型的公司内部预算管理表。表格分为了三个部分，最左面的三列分别填写“序号”“工作号”和“客户名称”；中间的四列分别填写“AE（营业担当姓名）”“营业额”“税后毛利”和“目标利润率”；右边的列是对应每一个客户在每一个月可能发生的营业额。

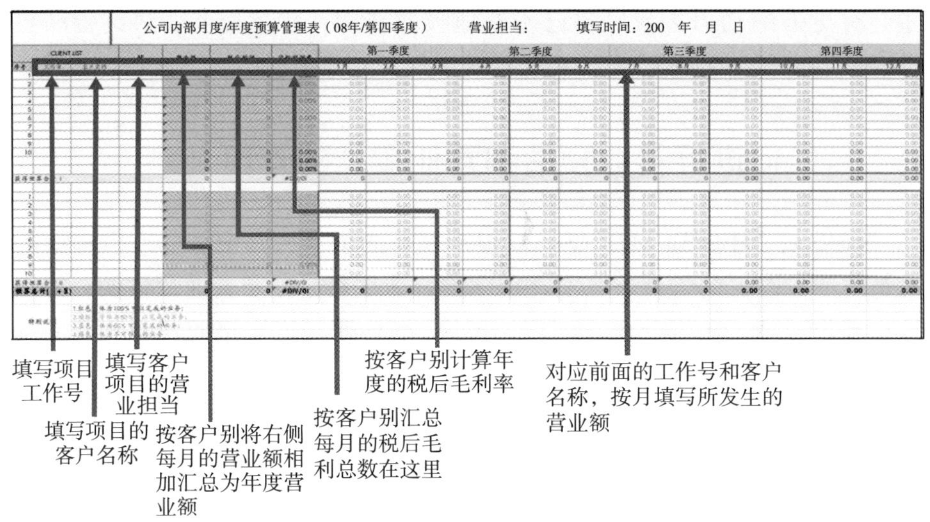

图 15-6 公司年度项目业绩汇总表的填写方法（一）

CLIENT LIST			AE	营业额	税后利润	目标利润率
序号	工作单	客户名称				
1				0	0	0.00%
2	在年	填写	填写	填写 0	填写年度业绩 0	填写年度 0.00%
3	度总	客户	AE	年度 0	0	业绩预估 0.00%
4	结后	名称	名称	业绩 0	预估税后毛利 0	的税后毛 0.00%
5	填写			预估 0	0	利率 0.00%
6	项目			汇总 0	0	0.00%
7	业务			0	0	0.00%
8	申请			0	0	0.00%
9				0	0	0.00%
10				0	0	0.00%
				0	0	0.00%
				0	0	0.00%
获得预算合计Ⅰ				0	0	#DIV/0!
1				0	0	0.00%
2	不填	填写客户	填写AE	填写年 0	填写年度业绩 0	填写年度 0.00%
3				0	0	0.00%
4	写	名称	名称	度业绩 0	预估税后毛利 0	业绩预估 0.00%
5				0	0	0.00%
6				预估汇 0	0	的税后毛 0.00%
7				总 0	0	利率 0.00%
8				0	0	0.00%
9				0	0	0.00%
10				0	0	0.00%
获得预算合计Ⅱ				0	0	#DIV/0!
测算总计（Ⅰ+Ⅱ）				0	0	#DIV/0!

图 15-7 公司年度项目业绩汇总表的填写方法（二）

在公司内部预算管理表中有两个横栏需要大家特别注意，一个是获得预算合计Ⅰ，另一个是获得预算合计Ⅱ，这两个预算合计有什么区别呢？获得预算合计Ⅰ是统计已经签约客户在某一年度的营业预算合计，而获得预算合计Ⅱ是统计潜在客户在某一年度的营业预算合计。

公司内部月度/年度预算管理表(08年/第四季度)　营业担当:　填写时间: 200 年 月 日

已有客户业绩预估的年度汇总

填写已有客户的每月业绩预估

未来可能客户业绩预估的年度汇总

填写未来可能签单客户的每月业绩预估

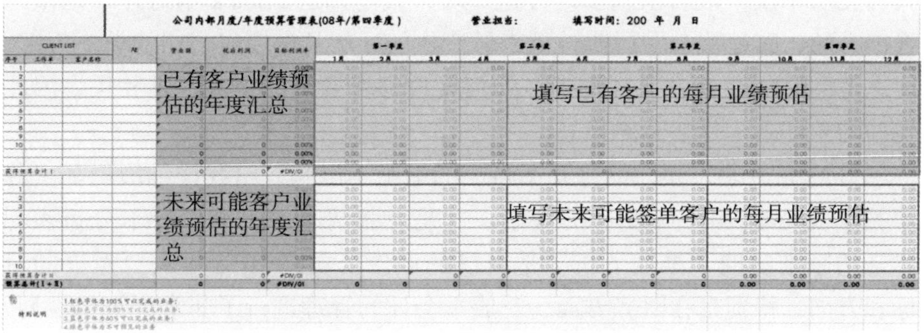

图 15–8　公司年度项目业绩汇总表的填写方法（三）

在使用这张表的时候，建议大家使用不同颜色来区分这张标准预估营业额的达成概率，这样很容易区分重点维系和跟踪客户，便于 AD 控制和把握客户的重要程度，合理调配人力资源投入：

红色字体预估为 100%可以完成的业务；这是重点关注的项目，也是公司既得利益的保证，是公司必须全力以赴，投入最大人力资源的客户和项目。

橘红色字体预估为 80%可以完成的业务；这是次重点的客户，是人力资源投入的第二重点，在来年的实际运作中，很有可能经过 AE 的努力变成 100% 可以完成的项目，以提高公司的既得利益。

蓝色字体预估为 60%可以完成的业务；这个是具有一定危险性的客户和项目，AD 在这种项目上必须合理把握，有效控制成本，否则很有可能演变成为投入巨大而最后无法获利的项目，因此需要 AE 特别关注。

绿色字体预估为不可预见的业务，也就意味着变数最大，是绝对不可预知的收益。

为什么在这里再次讲到了财务管理，事实上现代企业的管理核心之一就是成本管理，西方很多企业都是以成本会计为核心，展开对企业的全面管理。从成本会计出发，优化人力资源管理，完善工作流程，制订工作标准，保证工作的顺利开展。也就是说，现代西方企业几乎都是以数据作为衡量和推动管理的契机。

中国很多企业一直在探讨适合中国的企业管理之路，而相对于中国本土的广告企业而言，因为企业不是很大的缘故，很少涉及成本会计管理。2014 年的时候，曾经的 ICON 旧日同事郎巍给我介绍了一位广州的广告人——Franck，我们相约在成都一品天下大街的大蓉和小聚。吃饭席间，我们无所不谈，最后谈到了财务这一块，我才知道 Franck 本行并不是做广告出身的，而是从金融行业转型来做广告的。从开设广告公司的那一天起，他思考问题的很多方面都集中在如何管理好企业，让企业不断壮大，因此他站的角度基本是从金融出发。

临吃完饭的时候，他打开了自己的笔记本电脑，给我详细展示和解释了关于公司在 2015 年发展的规划，这是一张清晰的平衡计分卡分析表，非常清晰地从四个维度分析了他自己的广告公司在 2015 年需要发展的目标和方向，特别是在财务方面，对成本会计的管理进行了非常详细的规划。这张表单让我记忆非常深刻，因为在我所接触的本土广告企业里面，很少有管理者了解和熟悉平衡计分卡的运用，更谈不上利用平衡计分卡对自己的公司进行规划和管理了。

Franck 的广告公司已经成功上市小三板，我想这和他一开始就在公司里面强调数字化管理是密不可分的，虽然当时他的公司还不大，但是他非常重视营业收入和营业成本的管理，这和我在成都一直听到的论调截然不同。成都的朋友们总是批评我：公司又不大，搞那么多管理条例干什么？等到公司有了规模再说吧！

其实通过 Franck 和他广告公司的案例可以发现，公司再小，人情是要讲，但是管理制度依然马虎不得，特别是财务管理，这是公司赖以生存和发展的基础。日本会计师、优衣库经营稽核人安本隆晴撰写了一本《人人都要有会计思维》的书籍，其核心就是没有会计思维，一辈子都只能当基层员工。所以他认为做事之前，先思考“会不会有利润”才是正确的。这样的思维成了优衣库、丰田、松下和无印良品最重要的行为法则。

我常常和我的同事谈论到这一点，但是非常遗憾的是，这些 85 后的年轻人并不认同我的这个观点，他们始终认为有没有利润应该是老板一个人考虑的事情，和他们是无关的，因此在开展厅店营销活动的时候，他们并不积极，即使把他们的提成计算出来，他们只是觉得提成是他们应得的，至于利润始终不是他们考虑的事情。

第十六章　未来已来

1. 移动互联网时代，龙之媒依然存在

前几日，在微博上看到徐智明晒出的一张他在北京邮政广告工作时候的名片，不禁回想起了第一次和老徐在成都新华宾馆见面的场景，那个时候北京广告人书店才刚刚成立不久，老徐在新华宾馆大礼堂门口拼了两张桌子，桌子上堆放着整整齐齐的广告书籍。那个时候的广告书籍远不如今天有那么多的种类，但是对于刚刚起步的中国广告行业来说，已经算得上是久逢的甘露了。老徐和他的工作人员一直在那里忙碌着，因为之前通过几次电话的缘故，我上前招呼老徐，他非常热情地和我握了握手，然后又继续他的忙碌。

我就这样和徐智明还有他创立的龙之媒结下了不解之缘。现在看到书架上堆积如山的广告书籍，没有几本不是在龙之媒购买的，出差到北京和上海，不管时间再怎么匆忙，我都要去龙之媒书店走一走、逛一逛，那氛围，那气息，始终围绕在我的身边。

可以说，我们这一代从事广告工作的人员，就没有不受过龙之媒熏陶的。我已经不记得老徐是哪一年把广告人书店改名为“龙之媒”的了，但是从那一刻开始“龙媒选书”就出现在了广告行业的视野里面，但凡做广告的人就没有不知道这个名字的。

2010 年，老徐飞抵成都，距离我们两人在新华宾馆的第一次见面已过十余载。我们在老徐下榻的宾馆小聚。谈及广告专业，两人依然是意趣盎然。中途我给老徐展示了我在公司做内训使用的 PPT——《如何做好 AE 工作》，老徐看完就说：“好呀，AE 在广告行业里面太重要了，但是在这个领域的书籍很少，你能不能把这个 PPT 的内容扩展了，把它变成一本广告的专业书籍。”

说实在话，当时编写内训的 PPT 之际，从来没有想过把它撰写成一本书籍。于是在老徐的鼓励之下，我诚惶诚恐地答应了，从 2010 年底到 2011 年，开始了艰辛的写作历程。写作过程中，我时刻谨记老徐的告诫，多多翻阅《一个广告人的自白》，不要把书写成纯理论的书籍，应该像奥格威先生的《一个广告人的自白》一般，阅读起来让人觉得有趣又能够学习到知识。最终这本书于 2012 年 1 月作为“龙媒选书”中的一本出版了，作为一本入门级的书籍，获得了不少读者的好评。

我却犹如经历了一场洗礼，而这场洗礼正是老徐带给我的，我才明白知识的积累是多么的重要。我庆幸认识了老徐，认识了龙之媒。

让我吃惊的事情终于在 2013 年出现了，龙之媒广告人书店开始了 100 天倒计时的闭店活动，我当时就不停地在想，已经走过 13 个年头的龙之媒难道就要这样从我的生命里面消失吗？

其实老徐在他自己的作品《我爱做书店》里面，已经谈到了移动互联网时代来临对独立书店的冲击，电子书籍的大量出现使人们的阅读习惯已经发生了很大的改变，通过移动终端设备来阅读书籍，不仅携带方便，而且阅读体验和实体书一样。或许龙之媒走到这一天，是早就预见到了的，但是在我心里，依然存在着“龙媒选书”重要的地位。

可以说在移动互联网时代的今天，我能够继续汲取更多新知，完全离不开“龙媒选书”对我形成的知识积累。我依然记得最早接触互联网广告这个领域的书籍就是“龙媒选书”，这是三本对我非常重要的书籍，是由龙之媒和企业管理出版社联合推出的，分别是《数位达尔文主义》《网络广告第一课》和《许可行销》。三本书都是从中国台湾引进的，译者和作者都是台湾人。当我阅读完毕之后，一种感觉油然而生：我们开始步入一个巨大变化的时代了！

今天龙之媒已经结束了它应有的历史使命，“龙媒选书”也将永远停留在广告人的记忆之中，但是我相信，有着和我同样感受的广告人还很多，他们和我一样，能够和龙之媒一起见证中国改革的成长和发展，这难道不是一种难以忘却的记忆吗？

我在微博上给老徐留言，很想去北京龙之媒做一天的店长，里面有太多我想推荐给同行的书籍，也有太多我想阅读的书籍，可惜身体和工作两个方面的原因令我无法成行。翻看着 @ 好摄女所拍摄的龙之媒最后 100 天的照片，心里泛起的是种种的美好。

这林林总总的回忆始终萦绕在我的心头，最终演化为老徐脸上始终堆满的笑容，这笑容始终印刻在我的脑海中，是一份自信，是一份执着，更是一份对未来的展望。龙之媒始终不曾离去，它和老徐已经紧紧联系在了一起。虽然现在是信息高速发展的时代，获取信息和新知的手段和渠道更多了，但是龙之媒所倡导的不断学习和进取的文化，始终在空间、时间里面不曾消失。

2. 世界已经平坦

龙之媒为中国广告的发展引进和出版了大量的专业书籍，那个时候成立，广告行业就应该意识到世界不再是圆的，已经逐渐变得平坦。美国知名记者 Thomas L.Friedman 在其著作《世界是平的》一书中，对世界第二大的广告集团 WPP 集团针对移动互联网时代的客户服务需求有很精彩的描述。

书中写到："当通用电气公司 2003 年决定将保险业务剥离出来，成立独立的保险公司时，WPP 集团就特别组成一个工作小组来负责从给新公司命名（取名 Genworyh）到首次广告和营销宣传的整体服务。"

这是一个 WPP 集团组织的虚拟团队。"作为这个组织内的领导，你需要分析每个客户的特殊需求，然后在 WPP 的员工中找到适合给他们提供服务的专门人才，进而为客户组建一个虚拟的特别服务公司。在给通用电气公司提供服务时，我们甚至还给专门组建的这个虚拟团队起了一个名字：Klamath Communications。"小组领导亚当森对此解释说。

不难看出，在世界变平的过程中，WPP 集团也在不断地及时调整自己的办公结构和方式，尽管 WPP 集团旗下有奥美、JWT 和 Hill&Knowlton 等诸多的广告公司，但是 WPP 毫不犹豫地推倒了公司与公司之间、办公室与办公室之间的墙壁，让自己的管理管得扁平化。WPP 集团把下属公司的所有员工形成了一个巨大的专家资源库，根据项目的具体需求将他们组合为合作团队，这个团队可以成为拥有自己名称的事实上的新公司。不管你是身在美国纽约，还是身处中国北京，或者是法国巴黎，只要是适合这个项目的具体需求，通过互联网就可以把全球 WPP 集团中适合项目的人员组织在一起，形成全新的服务团队，时间和空间上的差异完全在这样的全球化服务中消失了。

这或许就是 Thomas L.Friedman 所谓的全球化 3.0 概念吧。像 WPP 集团这样的大型广告公司面对移动互联网的冲击，有强大的资源后盾开始调整自己的服务结构，而本土的广告企业应该怎么办呢？中国的广告企业正在处于一个最痛苦和最艰难的转型期，许多拥有自我技术的数字化广告企业如雨后春笋一般涌现出来，给予了众多的传统广告企业以沉重的打击。而未来的广告发布形式，也不仅仅是多选择几个网络媒体那么简单，更重要的是如何利用新兴的网络媒体和社交媒体，增加和目标客户群体之间的粘连度，正如电通的 Cross Switch 中所阐述的观点一样："信息时代，人们会悄然关闭接纳更多信息的大门，只接受自己愿意接受的信息。必须要促使消费者主动走出这个自我封闭的空间，主动寻找到自己需要的信息！"这成为移动互联网时代的关键要素。

主动吸引消费者的关注，说起来是非常简单的，但是当信息发布传递出去之后，要到达消费者的视野范围之中，却不是一件很容易的事情。AE 不事先做好应该做的工作，恐怕连信息传递的沟通动线也无法准确地规划出来。

沟通动线是将信息从众多资讯中脱颖而出，传递到消费者视野当中的一个重要渠道。如果今天广告从业人员依然幻想着广告一旦出现在媒体上就有人关注的话，那就大错特错了，而以噱头为吸引点的广告更是无法进入消费者的视野之中。我从 2012 年开始，在成都各大媒体上收集各类广告，到达 2015 年的时候，成都主流报刊上的房地产广告发布几乎达到了巅峰，一周之内经常有开发商以大手笔一天之内四个整版地投放广告，几乎是密集轰炸！但是到了 2016 年，形势却变得陡然下滑，几乎没有开发商再这样密集投放广告了，成都主流报刊上地产广告大大减少，而候车亭广告牌上出现的地产广告频次却不断增加了。这显然说明了开发商和为其服务的广告公司，在信息浪潮的冲击下，依然没有意识到过去消费者是被动接受信息，而现在他们可以自由选择自己想接受的信息，传统的广告做法已经到了必须要转变的时刻了。

英国巴斯大学管理学院教授 Robert Heath 所著的《我们在为什么样的广告买单》一书中，明确指出："要产生联系，信息就要和观众的生活和需要结合起来。要构建这种联系，撰稿人需要一个内在的目标任务，信息嵌入到一段对话中，直到这个人能够接受。（Kover 1995）"这段话充分说明，要让信息突围而出，必须规划好沟通动线，而要规划好沟通动线，最关键的就是 AE 必须不厌其烦地做好基础工作。

3. 信息时代，基础工作一样重要

《从零开始做AE》一书推出之后，有网友留言说："内容不错，就是不再适合移动互联网时代的需要了。"我不敢苟同这位网友的观点，Windows操作系统已经发展到编号10的版本了，其功能还在日益强大，但是组成Windows操作系统的底层依然是那些源代码，唯一不同的是基础的源代码随着时间的前行而不断地调整和增加。

同样的道理，虽然进入了移动互联网时代，各种先进的技术和工具纷纷出现，但是广告定位、消费者洞察、挖掘客户真正的需求，这些对于AE而言基础又基础的工作，依然不能随着时代的变迁而消失，只能说随着时代的进步，完成这些工作的技术和工具更多更丰富了，可以大大提高AE的工作效率。

财务管控、策略统筹、项目管理、协调统一和把控创意依然是AE最重要的五项工作，AE如果把这五项工作都放弃的话，试问AE到底应该做什么？移动互联网时代，在我的理解中，反而更要把基础工作做得更好更扎实，否则AE如何促使广告和客户产生粘连呢？

京东曾经发布过一个系列的广告，广告上接货的消费者不是等得满脸长满了胡子，就是已经等待得衣衫褴褛了。京东的这个系列广告所突出的就是配送快，不用消费者长久等待。我记得身边的一个朋友曾经说过，他不愿意网购，因为网购总是要等上二三天，有时候收到货品了还不一定满意。而京东正是洞察到了消费者心中的这个需求，才在广告中刻意突出了快的概念。

在2016年的"6·18"活动期间，京东又推出了一个摄影比赛，邀请了入围的15位摄影师和京东自己的15位摄影师，分别从用户和配送员两个不同的角度来展现，有用户收到货品时的种种笑脸和喜悦，也有配送员头顶烈日和暴雨送货的艰辛，京东将这些获奖的摄影照片通过朋友圈和网络传递到成千上万个消费者的视野中。

似乎严格来说，这只是一次摄影比赛，不应该是广告或者品牌形象的推广，但是仔细审视每一张获奖的摄影照片，无一不传递出京东的品牌内涵：网购是一件简单的事情，是一件让用户开心的事情，尽管每一个京东人为此必须付出艰辛的代价！

所以我想告诫广告从业人员，移动互联网时代的广告更要洞察消费者的内心需求，让广告的话语说到每一个消费者的心坎里面，消费者才会愿意主动关注你的广告及其所传递的信息，这是第一。其次，移动互联网时代的广告不是简单地选择一些网络媒体和社交媒体就草草了事的，没有互动的话题，消费者依然不会选择接受这样的广告信息；没有能够引发他们共鸣的信息，他们也会视而不见听而不闻的。第三，消费者心里都有一堵自己建立的防火墙，没有规划好的沟通动线，任何广告信息都难以逾越这道防火墙进入消费者的内心。

这本书不是来讨论移动互联网所产生的新技术，而是想实实在在探讨 AE 的基础工作应该怎么做好，世间任何事情的完成都是没有捷径的，即使工具再先进，技术再发达，必须由人员来完成的工作，还是要踏踏实实去做好，这让我想起了日本一直提倡的工匠精神。

2016 年 7 月，中国网络媒体都刊载了一条新闻——《扫出全球最干净机场，成了日本清洁行业的“国宝级匠人”》，新闻报道了一位出生在中国沈阳的日本大妈，名叫新津春子，她的父亲是二战遗孤，是个日本人，母亲则是中国人， 17 岁的时候举家迁往日本生活，那时的春子甚至一句日语都听不懂。由于对待清洁工作非常细致和周到，很快春子就得到了其他人望尘莫及的评价：“她的工作已经远远超越了保洁工的范畴，而是在干技术活。”

春子甚至凭借自己的努力取得了“日本国家建筑物清洁技能士”的资格证书，这背后是几十年复一日的不懈努力。

我并不同意对她的评论：“她的工作已经远远超越了保洁工的范畴，而是在干技术活。”因为在日本，每一个人做的每一项工作，他们都认为是在做技术活，而不是少数中国人所认知的那样，清洁工作是没有什么技术含量的，所以不算技术工种。其实这是完全错误的想法，正因为日本人对自己工作永远保持一丝不苟的态度，所以哪怕是一件小小的工作，他们都可以把它做得富含技术含量在其中。

当我的一个朋友阅读完《从零开始做 AE》一书的时候，询问我：“你做到了多少呢？”我很诚实地回答他：“我只能说做到了 80%，还需要继续努力才行啊！”

我始终觉得千万不要忽视基础工作，基础工作做好了，才能够产生 Big Idea！我想询问一下，现在每一个从事 AE 工作的广告人，相对于成田机场的新津春子女士，是不是把自己的基础工作真的做到了尽善尽美的地步了呢？